看！聖經中這些人

密迦 Micah W. Huang

推薦序一

井迎兆

　　前幾年我和姊妹一同去探訪《看！〈聖經〉中這些人》的作者。她健朗的身子和燦爛的容顏，至今仍縈繞在我腦海中。作者對我而言，原只是一位不知名的眾長者之一！我對她的認識始於我的婚姻危機。我在海外旅居十年，在我和姊妹關係最惡劣的時候，她是在我們背後的代禱使者。她和我姊妹一同為我們的婚姻禱告，她也為我的得救禱告。很神奇的，我們的婚姻有了轉機，我也信了耶穌了！因著我相信了耶穌，我才認識神的恩典，和這位長者在基督裡而有的愛心。

　　當我讀這本書時，我感覺好像這位長者就坐在我旁邊，用她中氣十足的聲音，向我講述一位又一位的《聖經》人物。作者在介紹每一位人物時，沒有贅述，言簡易懂，除了精要掌握分析人物特質、美德之外，更將成功人物蒙福祕訣與失敗人物引人惕勵之處點出。從她的書中，我能看見一個個活生生的實例，《聖經》被立體化，真也能貫串統一，因為許多《聖經》沒有明言的事理或情節，藉著她對《聖經》脈絡的掌握，將隱藏的事理與事件發展的邏輯，有合理的推演闡釋，使讀者更能明白真理。

　　此外，本書除了提供一般人物傳記成功祕訣外，更重要的是藉著這些人物，幫助我們明白神的旨意，神行事的法則，神的應許，以及神的對頭撒但魔鬼如何陷害人犯罪作惡，破壞神的計劃和見證。書中不只標出經節出處與內容，並且常對照世界景況、新聞與科學報導，配合個人見證與福音故事等，幫助我們認識《聖經》的啟示與世代的邪惡，叫我們得著智慧的靈，並且常懷感恩的心，使我們能謹慎行

事，過討神喜悅的生活。

　　本書的特點是，沒有高深的理論，僅有平實的故事與對事理的分析，對應著《聖經》經文，彼此串聯，互相印證，把人引導至對神話語的思考。從表層看，人物故事的演繹，不僅能把我們引到對現實生活行事的省察，檢視我們的心思意念、言行舉止的適切性。從深層意涵看，《聖經》中許多隱藏的奧秘與思想，一些核心的真理概念，透過對本書的閱讀，亦不覺有撥雲見日之效，可以看出《聖經》的真正作者，其實乃是神自己。

　　書中介紹的一個人物，保羅曾說：「**所以不要作愚昧人，卻要明白甚麼是主的旨意。**」這給我極大的警惕，我很感謝神安排這位長者藉著書跟我說話，也願此書能成為更多人認識神的幫助。

推薦序二

朱易

　　本書所記載的七十位人物，在人類歷史的長河中，只不過是一片微不足道的小小浪花，但這七十位人物在《聖經》中，將他們的事蹟記載下來，流傳後世成為上帝給人類啟示的一部分。因此，這七十位人物的分量就顯得格外的重了。

　　作者從《聖經》中挑選出這七十位人物，有君王，有奴僕；有戰士，有先知；有成功者，有失敗者；也有降尊為卑者，也有先卑後尊者；有成功在先，以失敗結局的，也有累累失敗，最後成功的，作者帶領讀者，用神的眼光來仔細看《聖經》中的這些人，讓讀者獲取不同於一般角度的觀點和觀念，對讀者認識歷史，認識人類和認識自己有全新的啟迪。

　　本書的作者長年沉浸在《聖經》當中，飽飲上帝的話語，以長達十年的時間，將其對《聖經》的理解和對上帝話語的熱愛傾注於這七十位人物身上，寫成了本書。

　　作者透過這七十位人物身上發生的歷史故事，為我們描繪了一幅歷史的畫卷，從中我們可以看到上帝的創造，上帝的計畫和上帝對人類的美意，也讓我們再一次體會到人類為何會失敗和人類如何獲得拯救。從這些歷史人物身上，我們也可以看見自己的影子，如何蒙了恩典，如何遭受挫折，又如何靠主得勝。讀者可以透過閱讀這七十位人物的故事，從中獲得安慰，鼓勵和盼望。因此，這七十個人物的故事，不僅僅只是七十個歷史的片斷，亦是個生命的見證和生命的信息。讀者將會有意想不到的收穫。

　　描寫《聖經》人物故事的書籍不少，但有深度的不多，因為《聖經》中的人物載負著不一般的信息，上帝要藉著這些人物的經歷和結局給人類啟示，因此在描述《聖經》人物的生平時，除非能真正明白上帝的旨意，否則就很難準確地把握這些歷史人物的真正本質。本書的作者能從屬靈的眼光，重新重視《聖經》中的這位人物，無疑使得本書成為一本出色的《聖經》人物介紹書籍，值得讀者反覆閱讀，將會使自己的人生如何去行是很好的啟迪。

自序

密迦

　　全世界銷售最多的書，就是《聖經》。因為《聖經》是神的話，其內容不僅說到宇宙萬物的來歷和結局，也說到人的永生與永死，更引導人認識真理，並且教訓人，督導人行義向善。然而有的人雖然信奉神和《聖經》，但行事為人卻不遵守《聖經》上的話。尤其近些年來，基督徒中間，不法之事層出不窮。這嚴重破壞了主的見證，也影響了福音的廣傳，更讓許多的聖徒被絆倒，這實在是一件嚴肅的事。每思及此，靈裡便覺憂傷，也常為此事屈膝主前。

　　有一次，在禱告中，突然發現：《聖經》裡敬拜神的人很多，表面看他們都在敬拜神，但最後的結局竟完全不一樣，這到底是甚麼原因呢？因此，有了負擔，願意把所看見的寫出來，與眾聖徒同分享共勉勵。特別選出《聖經》中的歷史人物，共計七十位人物。根據《聖經》記載的事實，按著他們各人的經歷，延伸至他們的結局，一一呈現在我們眼前，讓大家讀起來非常方便，可以一目了然。求主賜恩，願藉他們的例證，成為我們的借鑑，使讀本書的人都能得著警醒和幫助。阿們！

目次

舊約人物

人類的始祖──亞當

　　《聖經》告訴我們人是神造的（亞十二1，賽四五12，18）。達爾文卻說，人是由猿猴進化而來。他的學說公布之後，廣被各界接受，甚至寫在教科書上。因此，使很多人對神和《聖經》的信仰，受到非常大的攔阻。然而，經過若干年後，科學實驗證明，人和猴子並不是屬於同類血統。假如把猴子的血輸入人體裡面，人就會痙攣致死。可是人與人之間，儘管種族、膚色不同，血液卻是可以互相使用。這印證《聖經》上的話：「**神說，地要生出有生命的物，各從其類；牲畜、爬物、走獸，各從其類；事就這樣成了。**」（創一24）這說出，當初神所造的活物，包括人（創五1-2）都是非常有秩序的，各有各的祖先，絕無互變之理！

　　達爾文後來對他自己所提出的進化論也持懷疑的態度。「曾寫信給一位美國植物學家葛雷說：『進化論的神學方面，我實在模糊得很，不曉得怎樣解釋才好。我的著作沒有蔑視上帝的意思。……這個奇妙的宇宙，以及人類的意志、品行，若說全由無意識的勢力所造成的，那我是不能承認的。……越深入地想，我越覺得我的智力不能完全解決這深奧的問題。』」（摘自《達爾文傳記及尺牘》卷二311頁）。

　　《聖經》告訴我們，人是照著神的形象，按著神的樣式造的（創一26-27）。所以人非常美麗。神造萬物只說一句話就有了（創一3-25）。唯獨造人，可是費了一番工夫。神首先用塵土造了人的體，然後，向人吹氣，使人有靈和魂。人就成了一個有靈、魂、體的被造物（帖前五23）。其每一部分都有獨特的功用。體是生理層次，為著接觸物質界的人、事、物；魂是精神層次，為著接觸精神界的事物，

包括心思、意志、情感等；靈是人最珍貴的部分，為著盛裝神、敬拜神用的，所以稱人是「萬物之靈」（約四24）。靈裡包含著良心和直覺，還能與神直接交流！因此每一個人都有良心和直覺！

神把人造好之後，將生氣吹在人的鼻孔裡，他就成了有靈的活人。神給他取名叫亞當（創二7）。

他就是人類的老祖先。正因為人有靈，所以凡是人都知道拜神，即使是最野蠻，甚至吃人肉的野人也會敬拜神；他們把小孩子的頭割下來，去向他們所拜的神獻祭。但是從來沒有人看見一隻猴子或狗在那裡拜神，因為牠們沒有靈。有人說他不能信耶穌，原因是信耶穌的人不拜祖先。事實上，信耶穌的人才真正紀念祖先。

試問：人拜祖先，能拜到幾代？十代以上嗎？那恐怕連祖先的名字都不知道了。但是信耶穌的人敬拜祖先卻是從造人的源頭──神開始的。而且外面形式上的敬拜不算甚麼，裡面真實的孝心和愛心才實際。一個人在父母生前不孝順，等到父母和親人去世了，才大張旗鼓地表示他們的愛心和孝心，那有甚麼價值呢？

在人類中，古今中外，任何民族都有祭拜亡靈的觀念！有的燒香、焚紙，有的獻花、祈禱。儘管祭拜的方式有所不同，但是心願卻是一樣，都希望藉著這些祭拜，讓死去的長輩和親人在另一個地方，享受美福，得到安息！這證明人確實有靈魂的存在。然而這些祭拜果真會讓死去的親人得享美福嗎？恐怕未必。因為假如真的有「輪迴」存在的話，很可能他們都已轉世投胎，變牛變馬的不知流落何方去了呢？

難怪主耶穌會親口說：「……神不是死人的神，乃是活人的神。」（可十二18-27）所有的祭拜只是表達我們對死者的哀思與懷念而已。嚴肅的說，一個活著的人是無價之寶！所謂：人命關天！反之，一個死去的人是不值分文的。試問：有誰會要一具腐朽的屍體呢？可見，人的生命（靈魂）才是無價的。但願我們都能思考這嚴肅的問題。

主耶穌說：「賜人生命的乃是靈，肉是無益的；我對你們所說的話，就是靈，就是生命。」（約六63）巴不得我們都認識這方面的真理。

神將亞當擺在伊甸園裡，讓他修理看守，然後吩咐他說：「園中各樣樹上的果子，你可以隨意吃，只是善惡知識樹上的果子，你不可吃，因為你吃的日子必定死。」（創二16-17）由於神知道這棵樹上的果子裡滿了魔鬼的毒菌，所以預先警告亞當。不僅是警告也是命令！

神賜亞當權柄，讓他給一切的牲畜、空中的飛鳥和野地走獸都起了名字（創二19-20）。全地面上到底有多少種活物，恐怕沒有人能算得清楚，稀奇的是牠們竟然各有各的名字，而且從不改名也不混亂，這印證《聖經》確實是神的話。

美國總統林肯說：「《聖經》是神送給人類最珍貴的禮物。」這話一點也不假。

魔鬼又名撒但，本來是神面前的一位天使長，與神最親密，也具有權柄；在被造物中，是最美麗也最有智慧（結廿八12-15）。

根據《聖經》記載，神是先創造了天使。約伯記卅八章四至七節說：「**我立大地根基的時候……晨星一同歌唱，神的眾子也都歡呼。**」「神的眾子」即是指著「眾天使」說的。可見神還沒有立大地根基的時候就已經有天使了。其中的天使長由於長得太美麗、太完全，以致使牠產生驕傲之心。又因牠妒嫉神的榮耀，就蓄意背叛神，奪取神的王位。

牠心裡說：「**我要升到天上，我要高舉我的寶座在神眾星以上；我要坐在聚會的山上，在北方的極處；我要升到高雲之上，我要使自己與至高者一樣。**」（賽十四13-14）因著這五個「我要」，使這位天使長背叛了神。當時有三分之一的天使也有分於背叛的行動（啟十二4）。因此惹起神的震怒。

《聖經》上說：「祂在怒中把山翻倒挪移，……使地震動，離其本位，……祂吩咐日頭，日頭就不升起，祂又封閉眾星；」（伯九5-7）從那時開始，整個宇宙變成空虛混沌，淵面黑暗，被埋在深水裡（創一2）。而這個背叛的天使長也被神從三層天至高之處撣下來，變成了魔鬼，成了神的仇敵（結廿八13-18）。那些跟隨牠的天使，與牠一同組成了撒但的國度，其範圍包括地和空中（弗二2，約壹五19）。所以，不僅空中有魔鬼住著，地上也滿了魔鬼，海中更是滿了汙鬼（太十二43）。

牠們利用一切人、事、物，引誘人犯罪，陷害人作惡。人一旦被牠轄制，結局是很悽慘的。

有位弟兄作見證：他還沒信主之前，有個非常要好的朋友。那人有一雙陰陽眼，能看靈界的事物。有一次，弟兄問他說：「你說滿地上的人，背後都有鬼跟著，那麼信耶穌的人，背後有沒有呢？」那人想了很久說：「也有，不過樣子不太一樣。」

後來，這位弟兄信了耶穌，讀到《聖經》希伯來書一章十四節：「天使豈不都是服役的靈，奉差遣為那將要承受救恩的人效力嗎？」這句話使弟兄靈裡的眼睛被打開。他發現信了耶穌，身分地位竟是如此地尊貴和榮耀。於是，他撇下一切，作為傳道人。這些靈界的事物，不是屬肉體的人可以理解的（傳三21）。

如果我們也看見這個異象，我們的生活一定是天天讚美神，喜喜樂樂的到處傳福音了！

神將原始創造摧毀之後，無人能知曉，究竟過了多少年代，神又起意來恢復這個宇宙（創一2下）。神說要有光；就有了光；神說要有萬物；就有了萬物，並且造了頭一個人——亞當。

神造亞當有一個心願和目的，那就是希望他吃生命樹的果子。把祂自己的生命接受到靈裡與祂配合來擊敗魔鬼，毀滅仇敵，讓祂得著榮耀。但是，狡滑的魔鬼——撒但，牠完全清楚神的計劃。為了破壞

神的行動，牠設下計謀，隱入分別善惡樹裡，等待時機。

牠想：只要亞當吃了牠樹上的果子，神的計劃就完全瓦解。這也就是神何以嚴屬地警告亞當說：「**你吃的日子必定死。**」然而，何等令人傷痛！亞當竟然聽了妻子的話違背了神的命令，吃了分別善惡之果（創三6），給人類帶下了禍患之杯，就是「**死亡和審判**」（羅六23）。因為分別善惡樹上的果子裡滿了魔鬼罪惡的毒素。

亞當吃了它，就像將病毒輸入了血輪裡，沒有任何藥物可以殺死它。所以亞當的後代一生下來就帶著罪性，不用人教，也不用去犯罪學校，個個都會犯罪。幾個月的小孩子就知道妒嫉，如果他的父母抱了別人的孩子，他會立刻不高興，甚至大哭大鬧；長大之後，一旦被環境引誘，就甚麼罪都犯得出來，明明知道不應該做，卻是沒有力量勝過。若是你我有機會訪問監獄的受刑人，他們都會說：「我好後悔……」事實上，全世界沒有一個壞人，都是好人。

因為神當初造人時，是照著祂的形象，而神是全然良善（路十八19，傳七29）。所謂：「人之初，性本善也！」人心存有惡，乃是從吃了魔鬼的毒菌（分別善惡之果）才開始有的。因此人常被善惡之爭，理慾之爭所苦惱。

保羅弟兄說：「**我所願意的善，我反不作；我所不願意的惡，我倒去作。若我去作所不願意的，就不是我行出來的，乃是住在我裡面的罪行出來的。……我是個苦惱的人！誰要救我脫離那屬這死的身體？**」（羅七19-20，24）假如我們捫心自問，不得不承認就是如此，也許我們沒犯法，但最低限度也曾恨過人或批評過人罷？

《聖經》上說：「**立志為善由得我，只是行出來由不得我。**」（羅七18下）在犯罪的事上，沒有人敢誇口。有人犯大罪，有人犯小罪，但在神的眼中乃是：「**眾人都犯了罪，虧缺了神的榮耀，**」（羅三23）。

詩篇五十一篇五節說：「**看哪，我是在罪孽裡生的，我母親在**

罪中懷了我。」亞當犯罪，使神非常傷心，於是對亞當說：「你既聽從妻子的話，吃了我所吩咐你不可吃的那樹上的果子，地必為你的緣故受咒詛。你必終身勞苦，才能從地裡得吃的。地必給你長出荊棘和蒺藜來……你必汗流滿面才得糊口，直到你歸了土……」（創三17-19）。

假如我們仔細觀察人類的情形，就會發現無論哪一個國家，哪一種民族，或達官貴人，或販夫走卒等，哪一個人不是終日勞苦，汗流滿面才得糊口呢？人們為了求生存而絞盡腦汁，挖空心思，忙忙碌碌終其一生。最可悲的是，人生在世數十寒暑，瞬息之間就過去了。年日之短暫，實在令人哀嘆。

有一天晚間我正在看書，我的孫女突然跑到我面前抱著我說：「奶奶，我好羨慕您呀。」我說：「為甚麼呢？」她說：「您都不用去學校讀書，也不用熬夜啃書本到半夜……」我對她說：「奶奶小的時候讀書更苦，冰天雪地背著大書包，又沒有公車和腳踏車代步。每天早晨很早就得起來走路到學校，晚間回來天已經快黑了，那時正趕上八年抗戰，生活好苦，哪有你們現在這麼享受……」她聽了我的話之後，輕輕的說：「這樣子啊！」實在說，人是以哭開始來到地上，然後再以痛苦、哭泣、掙扎和無奈離開人間。請看！是不是如此。因為人人都懼怕死亡，除非他虔誠信耶穌。

主耶穌親口說：「你們心裡不要受攪擾，你們當信入神，也當信入我。在我父的家裡，有許多住處；若是沒有，我早已告訴你們了；我去是為你們預備地方。我若去為你們預備了地方，就再來接你們到我那裡，我在那裡，叫你們也在那裡。我往那裡去，你們知道那條路。」（有古卷作我往哪裡去，你們知道那條路）（約十四1-4）。

祂也親口說：「信入子的人有永遠的生命；不信從子的人不得見生命，神的震怒卻停留在他身上。」（約三36）難怪摩西感嘆的說：「我們經過的日子，都在你盛怒之中；我們度盡的年歲，好像一聲歎

息。……但其中所矜誇的，不過是勞苦愁煩，轉眼成空，我們便如飛而去。……」（詩九十9-11）。

一代過去又一代，凡是亞當的後代都活在沒有指望的境遇裡。到頭來，一杯黃土成了人的結局。而且這僅僅是肉體的死，人的靈魂並沒有死。

《聖經》上說：「**按著定命，人人都有一死，死後且有審判。**」（來九27）而審判，是要被丟到火湖裡，永遠受痛苦。火湖本是神給撒但和跟從魔鬼的天使預備的，但是因著人背叛神去跟從撒但，其下場也必須與牠們一同被丟在火湖裡（啟廿10-15，可九48）。

這也就是人懼怕死亡的原因！人類的結局是如此悲慘，有誰能施拯救呢？神在祂的公義裡不得不懲罰亞當，但神的心卻是深愛亞當。

《聖經》上說：「**亞當是神的兒子。**」（路三38）有誰不愛自己的兒子呢？可是神既然已經說：「**你吃的日子必定死。**」人就必須死，因為神的話決不徒然返回（賽五五11上）。除非有人替亞當付出死的代價，而這個人必須有資格代替全人類才可以。那麼除了神自己之外有誰配呢？最後，神為了愛世人，為了拯救人脫離「**死亡和審判**」只好道成肉身，降世為人，以聖靈成孕在童女馬利亞腹中。

《聖經》上說：「**神愛世人，甚至將祂的獨生子賜給他們，叫一切信入祂的，不至滅亡，反得永遠的生命。**」（約三16）馬太福音一章廿一節說：「**她將要生一個兒子，你要給祂起名叫耶穌，因祂要將自己的百姓從罪惡裡救出來。**」阿利路亞！這真是天大的福音，人類有得救的盼望了（賽九6）！

主耶穌原本是榮耀的神，竟降卑成為一個人。祂沒有生於帝王之家，卻生在貧寒的木匠家裡，長在被人藐視的拿撒勒城。正因為這樣，祂更能體恤人間的疾苦，所以祂說：「**我要的是憐憫，不是祭祀。**」（太十二7）

主耶穌的養父約瑟，最少有七個孩子（可六3）。身為長子的主

耶穌也許要幫忙養父作木工，還必須幫忙母親照顧弟弟妹妹，分擔家務，其辛苦可想而知。但祂毫無怨言，默默地接受父神為祂安排的每個環境。其實祂在十二歲的時候，即可以住在聖殿裡，但為了順從父母，又回到拿撒勒約瑟的家中（路二43-51）。在那漫長孤苦的年日裡，祂盡上了身為人子該盡的本分，即使在十字架上受死時，也要把老母親的生活安排妥當（約十九26-27）。主耶穌的人性美德實在是我們的好榜樣啊！

當主耶穌三十歲出來傳道時，魔鬼早已經在曠野準備陷害祂。一如當初在伊甸園裡等候夏娃一樣。魔鬼深知主耶穌乃出身寒門，又長在被人看不起的拿撒勒，因此就利用名利、地位、富貴、榮華來引誘。只要主耶穌稍一顧到自己肉身的利益而向魔鬼妥協，那麼神的救贖計劃將完全瓦解。然而！主耶穌不但不上當，反倒用神的話打擊魔鬼（太四1-11）。

最終魔鬼的計謀不能得逞，只好羞羞愧愧地退下。事實上，若是主耶穌體貼肉體，可以不上十字架去受死。從祂在客西馬尼園中的禱告，可以看出祂心中的爭戰。祂禱告說：「*我父啊，若是可能，就叫這杯離開我；然而不要照我的意思，只要照你的意思。……*」祂一連三次都這樣禱告（太廿六39-44）。然後又說：「*父啊，救我脫離這時刻，但我是為此才來到這時刻的。*」（約十二27）那時只要稍向大祭司或彼拉多低一下頭，我們信！祂會脫離十字架的苦難（約十九10）。

如果是那樣，神的旨意將如何成就呢？但是，讚美神！主耶穌不愧是神滿意的愛子，不但甘心受死，還為那些釘祂十字架的人禱告（路廿三34）。讓神得著完全的榮耀和滿足，也成就了神永遠的旨意（約十九30），並且羞辱了魔鬼，打傷了牠的頭（創三15，來二14）阿利路亞！「*藉著一人的悖逆，多人構成了罪人，照樣，藉著一人的順從，多人也要構成義的了。*」（羅五19）從主的身上給我們看見得

勝的路是：捨棄自己顧到神。如此！魔鬼在我們身上是無路可走的。

主耶穌死了，但因靈裡有神的生命，所以三天之後祂就復活。首先，向門徒顯現，進到他們中間說：「**願你們平安！父怎樣差遣了我，我也照樣差遣你們。**」說了這話，就向他們吹一口氣，說：「**你們受聖靈。**」這個靈也充滿在宇宙中如同電波（太廿八6，約廿21-22，徒十44-45）。只要人肯相信，求告主的名（約廿31，羅十9-13），神的生命立刻進入人的靈裡，人就成為神的兒女。

約翰福音一章十二至十三節說：「**凡接受祂的，就是信入祂名的人，祂就賜他們權柄，成為神的兒女。這等人不是從血生的，不是從肉體的意思生的，也不是從人的意思生的，乃是從神生的。**」人得著神的生命之後，第一個反應就是他的靈恢復了功用（約一4，箴廿27）。

有位弟兄說：他沒得救前天天坐霸王車上、下班也不覺得不對，反而覺得自己有本事，但是得救以後這件事卻讓他無法平安，無論如何就是過不去！直等到他把一個月的薪水寄給公車處，補償他坐霸王車的價款，心裡才平靜下來。有的人沒得救之前，抽煙、喝酒、賭博，甚至吸毒、嫖妓；但是得救後，不用人教，他自己就知道這些都是罪（約一9，弗二1-2，結卅六26-27）。人只要虔心悔改，多禱告，多享受這個生命，好好的活在召會①中，不用立志，不用掙扎，這些惡習很自然的都改掉了（羅七25上，林前十五55-57，弗一19，來十16-17）。

這樣的見證不勝枚舉。這就是神奇妙的救恩。真巴不得人人都能得著這個榮耀的生命！至此！罪惡的鎖鏈再也不能轄制神的兒女，因

---

① 召會一詞，原意即「教會」（church），指一般基督徒的聚會。十九世紀英國弟兄會（Brethren）領頭人達祕在他的英文《聖經》譯本裡，不用church而改用assembly，用以指基督徒的聚集，可視為中文「召會」一詞的前身。後由李常受弟兄所翻譯的恢復版《聖經》採用此翻譯，其中指出「教會」（church）在希臘原文為「艾克利西亞」「Εκκλησία」，意思應是「蒙召出來的會眾」，所以，將「教會」翻譯作「召會」是更符合原文含意的。

為我們已經得到了一個永不朽壞，不犯罪的生命（約十二46，約壹五18）。感謝主！但願我們都憑著這個生命生活行事（約三4）。不可再放縱肉體的私慾得罪神（羅六1-2，12-14，十三13-14）。

今天神的兒女遍布在全球各地為祂作榮耀的見證，見證祂是獨一全能的萬王之王，萬主之主（提前六15）。

事實上，全世界的人，都已經承認主耶穌是他們的王了。就連不信神的國家也得接受主作王，因為他們也用公元的年號。大家都知道，誰作王就用誰的年號（耶穌降生後開始稱為公元）。

如保羅弟兄所說：「祂本有神的形狀，不以自己與神同等為強奪之珍，緊持不放，反而倒空自己，取了奴僕的形狀，成為人的樣式；既顯為人的樣子，就降卑自己，順從至死，且死在十字架上。所以神將祂升為至高，又賜給祂那超乎萬名之上的名，叫天上的、地上的和地底下的，在耶穌的名裡，萬膝都要跪拜，萬口都要公開承認耶穌基督為主，使榮耀歸與父神。」（腓二6-11）讚美主！

主復活之後曾多次向門徒顯現，囑咐他們說：「天上地下所有的權柄都賜給我了。所以，你們要去使萬民作我的門徒，奉父、子、聖靈的名給他們施洗。凡我所吩咐你們的，都教訓他們遵守，我就常與你們同在，直到世界的末了。」（太廿八18-20）。

主給我們的託付是：廣傳福音，將神的百姓從罪惡裡救出來，使他們脫離魔鬼的權勢，遷到神的國度裡（西一13）。另外還要餵養祂的群羊（約廿一15-17，路十二42）。然而，你我能否也像主耶穌一樣對父神那麼忠誠嗎？最後還囑咐門徒們說：「不要離開耶路撒冷，卻要等候父所應許的，就是你們聽我說過的；」（徒一4）（不要離開耶路撒冷，意為不要離開主和神的家）。

主耶穌和門徒說完了話就被接到天上，坐在神的右邊（可十六19）。當祂往上升的時候，從天上有聲音說：「這離開你們被接升天的耶穌，你們見祂怎樣往天上去，祂還要怎樣來。」（徒一11）。

　　主耶穌道成肉身來到世上，目的是要把人從罪和死裡救出來，所以滿了憐憫和恩典。但是祂再回來，可不是恩典，乃是審判，而且首先審判的就是祂的兒女（彼前四17）。那時，每一個基督徒都得站在主的審判臺前（羅十四12）。

　　《聖經》上說：「**叫眾召會都知道，我是那察看人肺腑心腸的；我且要照你們的行為報應你們各人。**」（啟二23）而且也要審判世人。

　　啟示錄六章十五至十七節：「**地上的君王、大臣、將軍、富戶、壯士、和一切為奴的、自主的，都藏身在洞穴、和山嶺的岩石中。他們向山嶺和岩石說，倒在我們身上吧，把我們藏起來，躲避坐寶座者的面、和羔羊的忿怒；因為祂們忿怒的大日到了，誰能站得住？**」（摩五18-19，瑪三2，啟六15-17）。

　　如果我們認真讀《聖經》，仔細觀察世界的情形和主的行動，我們真該儆醒預備，因為主回來的日子確實是近了。尤其是目前被廣泛運用的「雲端網路」已經席捲全球各階層。幾乎是人手一機，抓來抓去的抓不停，就連一、兩歲的兒童也拿著「手機網路」低著頭玩得津津有味，多少個世紀以來從來沒有這樣的現象！這讓主來的腳步又跨前一大步。因為主的再來跟「雲端」是分不開的（詩十八11，但七13，太二四30，帖前四17，啟一7，十四14-16，徒一9-11）。尚有許多經節在此沒有一一列出。

　　主曾提醒我們說：「**要儆醒禱告，免得入了試誘；你們的靈固然願意，肉體卻軟弱了。**」（太廿六41）。

附記

　　據報導有研究指出，今天地球上的每一個男子，由於存有約十九萬年以前同一祖先所傳下來的一個Y染色體，都成為同一個祖先的後代。這個所謂的遠祖亞當，是生存於解剖學中所謂的現代人類演進完

成以前的許多男性之一；但是這項研究認為，只有他的遺傳基因一直
到現今還存在。亞利桑那大學的一名助理研究科學家說：「我們都有
存在於那同一個人身上的Y染色體。」

使徒行傳十七章廿六節說：「祂從一本造出萬族的人，住在全地
面上，並且預先定準他們的時期，和居住的疆界，」

亞當的妻子──夏娃

夏娃是亞當的妻子，她是由亞當身上取下來的一條肋骨造成的。當神把夏娃造好之後就領她到亞當面前，亞當看見她真是高興就說：「**這一次這是我骨中的骨，肉中的肉，可以稱這為女人。**」於是二人結為夫妻，成為一體，這是人類歷史中的頭一對婚配（創二18-24）。

小夫婦倆在伊甸園裡，正在享受新婚燕爾的歡樂時，那狡滑的魔鬼已經設好了圈套，要下手害他們了。可能亞當和夏娃太高興了，不但忘了警醒，甚至連神吩咐他們的話也忘得一乾二淨，以致魔鬼不費吹灰之力就將夏娃擄了去。

有一天，魔鬼正在伊甸園裡走來走去的尋找機會。突然！牠看見夏娃一個人離開丈夫在園子裡活動，就立刻隱身在蛇裡面，來到夏娃面前，以試探的口吻問夏娃說：「**神豈是真說，你們不可吃園中所有樹上的果子麼？**」（創三1）這句話滿了挑撥，也帶著疑問。假如我們仔細觀察一下蛇攛頭的樣子，像不像一個問號「？」，若是夏娃警醒，她應該不理魔鬼，趕快逃回到丈夫身邊，兩個人很容易把魔鬼的計謀揭穿，也很容易想起神吩咐他們的命令。

這讓我們得到啟示，每當魔鬼引誘我們時，應該立即回到主面前，魔鬼就沒有辦法了！不幸的是夏娃不但沒有逃開，反倒與魔鬼搭訕起來。她回答說：「**園中樹上的果子，我們可以吃，惟有園當中那棵樹上的果子，神曾說，你們不可以吃，也不可摸，免得你們死。**」（創三2-3）魔鬼發現夏娃有了反應，心中暗喜。牠對夏娃說：「**你們不一定死，因為神知道，你們吃的日子眼睛就開了，你們便如神知道善惡。**」（創三4-5）「你們便如神」這太吸引人了，誰不想如神

一般無所不能呢？於是夏娃的心開始動搖了。尤其當她擡起頭來，看見善惡樹上的果子時，哇！太悅人眼目了。她心想：如果吃了這樣的果子，真不知道多麼飽足呢？就在這種情形下，夏娃跌倒了。她吃了神不准她吃的善惡之果，並且還拿給她的丈夫亞當吃，這是人類墮落的開始（創三6）。由於夏娃犯罪讓神傷心欲絕，因此便懲罰夏娃說：「**我必多多加增你懷胎的苦楚，你生產兒女必受苦楚；……**」（創三16）。

請看！自從有人類歷史以來，只要是女人，不管是尊貴皇后，還是貧苦婢女，若想生育兒女，就必須懷胎十月，臨盆之時，還須忍受陣痛之苦。有的婦女為了逃避產前的陣痛，乾脆剖腹生產。但是開刀過後，傷口的疼痛並不比陣痛輕鬆。誰能把神的話推翻呢？

夏娃失敗的原因有二點：

第一，離開丈夫讓魔鬼有機可趁。

第二，看見悅人眼目的善惡之果，以致情不自禁。

試看！今天人類的光景，不就是這樣嗎？一個遠離神的人，被魔鬼用許多悅人眼目的果子如：美色、金錢、地位、名利所引誘，有誰能勝過呢？很多人為了要得到這些不惜挺而走險。在不知不覺中陷入撒但的網羅，輕則身敗名裂，重則家破人亡，何等可悲！魔鬼害人是先給人吃甜頭。

神不但宣判了夏娃的刑罰，也宣判了魔鬼的刑罰，對蛇說：「**你既作了這事，就必受咒詛，比一切的牲畜和田野的活物更甚。你必用肚子行走，終身吃土。我又要叫你和女人彼此為仇；你的後裔和女人的後裔也彼此為仇。女人的後裔要傷你的頭，你要傷他的腳跟。……**」（創三14-15）喜歡蛇的人不多，差不多所有見到蛇的人都是打死牠，因為蛇已經被神咒詛過了。神並且告訴蛇說：「**將來女人的後裔要來打傷牠的頭。**」

全世界的人都是男人的後裔，惟有主耶穌是女人的後裔，因為祂

是從聖靈懷孕，由童女馬利亞所生（賽七14）。後來主耶穌釘了十字架，果真打傷了魔鬼的頭（來二14）。只是魔鬼的死刑要等著主耶穌回來時，與祂的眾子一同執行（林前六3，猶一6）。而且這個日子已經不遠了，阿利路亞！

　　前不久！報紙上刊登一則消息說：「目前患皮膚癌的人有增多的現象，主要的原因是大氣層有了破洞。臭氧不斷流失導致太陽中的紫外線可以直接照射在人體上……」從前曬太陽對身體有好處，今天曬太陽會得癌症。聰明的人應該知道這是甚麼時候了。這乃是全能的神向住在地上的人吹出的警號（路廿一25-26，啟八7）！

　　這個世紀的亂象是空前未有的。打開報紙看看新聞，全世界的國家似乎沒有一個地方是平安的。人權的抗爭、經濟的不穩、分屍、放火、謀殺、綁票、吸毒，甚至兒子打死父親、母親將親生兒女推到水中活活淹死，連十幾歲的小孩子也會殺人。最可怕的是精神病患與心理變態的人特別多。因此迷姦、性侵，以及拿著手槍亂射的案件，層出不窮。以美國維州理工大學校園喋血為例，在短短的兩個小時就射殺了三十多位同學，還打傷了許多個學生，這些毫無人性的行為，讓我們不僅悲痛萬分，也實在是無可奈何。

　　真是令人想不通……，難道這都是人作的嗎？若是你有屬靈的眼光，你就可以透視魔鬼已經瘋了！因為牠知道自己快要被丟在火湖裡（啟十二12，廿10）。所以在有限的時日裡盡其所能的陷害地上的人類。神的兒女必須起來同心禱告與仇敵爭戰。

　　自從魔鬼背叛神之後，整個宇宙中便持續進行著一場肉眼看不見的戰爭。特別是在這末了的世代，戰爭更加慘烈。表面來看似乎是人與人爭，國與國打；事實上，戰爭的主角乃是：「神與魔鬼。」（弗六11-12）對這一點我們必須要有認識。同時我們更要清楚：魔鬼陷害世人是次要的，牠積極所要拆毀的乃是「主耶穌基督的見證和祂的召會。」

　　神有一個終極的心意，是要在全宇宙中得著一個團體的新人，成為祂居住的靈宮。因為「亞當」（舊人）已經失敗了。這新人乃是基督的身體（召會），包括所有重生得救的信徒。因為魔鬼知道，基督的身體一旦建造起來，就是牠下火湖的日子！所以是用盡各種詭計和謊言，捏造各樣的壞話來毀謗主和祂的見證，攔阻人信耶穌，並利用人心裡的妒嫉和驕傲以各種的手段來挑撥離間，讓神的兒女彼此不能合一，如此就達到了牠破壞和拆毀的目的（啟十二4-5）。因此我們必須要警醒。保羅弟兄說：「我們雖然在血氣中行事，卻不憑著血氣爭戰。我們爭戰的兵器，本不是屬血氣的，乃是在神面前有能力，可以攻破堅固的營壘。」（林前十五24-28，林後十3-5）。

　　保羅還說：「你們要在主裡，靠著祂力量的權能，得著加力。要穿戴神全副的軍裝，使你們能以站住，抵擋魔鬼的詭計，因我們並不是與血肉之人摔跤，乃是與那些執政的、掌權的、管轄這黑暗世界的、以及諸天界裡那邪惡的屬靈勢力摔跤。所以要拿起神全副的軍裝，使你們在邪惡的日子能以抵擋，並且作成了一切，還能站立得住。所以要站住，用真理束你們的腰，穿上義的胸甲，且以和平福音的穩固根基，當作鞋穿在腳上；此外，拿起信的盾牌，藉此就能銷滅那惡者一切火燒的箭。還要藉著各樣的禱告和祈求，接受救恩的頭盔，並那靈的劍，那靈就是神的話；時時在靈裡禱告，並盡力堅持，在這事上儆醒，且為眾聖徒祈求。」（弗六10-18）在這些話裡，保羅把得勝的路完全指出來，所以我們不須要做甚麼，只要照著這些話去行就可以了。

　　近些年筆者旅居海外，看到許多弟兄姊妹，已經進入這些話的實際行動裡。他們的生活樸實無華，心也非常單純，不僅用愛心照顧人，也不斷的傳福音和禱告。有一對夫婦把家完全向眾聖徒敞開，每天早晨都有一批弟兄姊妹在那裡守望禱告，聖徒們有任何難處也可以隨時找他們一同禱告。平時他們也在一起彼此扶持，一同傳福音。還

有一些聖徒經常利用電話彼此享受神的話，追求並認識真理，凡事敬畏神，不給仇敵留地步，讓神得榮耀（啟二25-26）。相信在全球各地，都會有這樣的聖徒。他們不僅是基督的精兵，也是預備整齊等候新郎（基督）回來迎娶的新婦。求主憐憫，使我們也在這行列中有份。

　　主的話說：「**我們要喜樂歡騰，將榮耀歸與祂；因為羔羊婚娶的時候到了，新婦也自己預備好了。……凡被請赴羔羊婚筵的有福了。**」（啟十九7-9）。

第一位為神遭逼迫的人
──亞伯

　　亞伯是殉道者的先驅，為著神的見證被他哥哥該隱殺了（創四8）。很奇妙！亞伯雖然死了卻還能說話（創四10），這究竟是怎麼回事呢？讓我們回到《聖經》裡就可以找到答案了。

　　約翰福音十一章廿五至廿六節說：「**我是復活，我是生命；信入我的人，雖然死了，也必復活；凡活著信入我的人，必永遠不死。**」主的話說的非常清楚：亞伯所以能不死是因為他信神，並不是他有甚麼本事。希伯來書十一章四節說：「**亞伯因著信獻祭給神，比該隱所獻的更美，藉此便得了稱許為義的見證，就是神指著他的禮物所作的見證；他雖然死了，卻藉著這信仍舊說話。**」神的話也告訴我們：亞伯不僅因信使他不死，還因所獻的祭物蒙神悅納。那麼，亞伯的祭物是甚麼呢？創世記四章四節說：「**亞伯也將他羊群中頭生的，特別是羊的脂油獻上。耶和華看中了亞伯和他的供物，……**」

　　照著《聖經》的記載：洪水以前的人是不吃肉的，等到洪水之後人才吃肉食（創一29，九3）。可見亞伯平時牧羊的存心，不是為自己，乃是為著神。祭物在《聖經》裡都是指著我們的生活說的，這給我們看見：亞伯所過的生活是合乎神心意的。也正因為如此，惹起魔鬼的嫉妒，才利用他哥哥該隱的手把他殺掉。但他哥哥只能殺他的身體，卻無法奪去他的靈魂，因為亞伯是屬神的人，《聖經》上說：「**我又賜給他們永遠的生命，他們必永不滅亡，誰也不能從我手裡把他們奪去。**」（約十28，太十28）。

　　自從羅馬皇帝尼羅逼迫基督徒開始，不知有多少神的兒女被殺害。有的被獅子咬死，有的丟在毒蛇的穴中，有的被火活活燒死。如

《聖經》上所說的：「有人忍受戲弄、鞭打、捆鎖、監禁各等的磨煉。」在近代也有親愛的倪柝聲弟兄為著主的見證被下在獄裡，長達廿多年最後殉道！尚有許多神的僕人和使女們也一樣為著主的見證受盡了折磨和痛苦（來十一36-38）。

每想到這些忠心的弟兄和姊妹們，內心真是悲痛萬分。反觀生活在現今時代裡的基督徒是何等的有福，無論在哪裡都可以自由的享受主，也可以傳講耶穌真理，求告主的名也不受限制。令人遺憾的是，有許多神的兒女並不珍惜神的恩典。尤其是生長在那些富裕國家的聖徒，由於物質生活太富裕，環境太舒服，哪裡還會想到主呢？連召會的門往哪邊開都不知道，更不用說為主受苦，為主背十字架，或是殉道了。更有甚者，有一小部分的聖徒，為著個人的利益，不顧神的見證，專做得罪神的事。這真是讓神最傷痛又悲憤的事！

不要忘記神的話說：「你要謹慎，免得忘記耶和華你的神，不守他的誡命、典章和律例，就是我今日所吩咐你的；恐怕你吃得飽足，建造美好的房屋居住，你的牛羊加多，你的金銀增添，你所有的全都加增，你就心裡高傲，忘記耶和華你的神，」（申八11-14）神又說：「你們要謹慎，免得心受迷惑，就偏離正路，去事奉跪拜別神；耶和華的怒氣向你們發作，就使天閉塞不下雨，地也不出產，使你們在耶和華所賜給你們的美地上速速滅亡。」（申十一16-17）。

這些話是神向以色列人說的，相信也是向所有神的兒女說的。在啟示錄二章，神也向我們說話：「然而有一件事我要責備你，就是你離棄了起初的愛。所以要回想你是從那裡墜落的，並要悔改，行起初所行的。不然，我就要臨到你那裡；你若不悔改，我就把你的燈台從原處挪去。」（啟二4-5）神還說：「你說，我是富足，已經發了財，一樣都不缺；卻不知道你是那困苦、可憐、貧窮、瞎眼、赤身的。我勸你向我買火煉的金子，叫你富足；又買白衣穿上，叫你赤身的羞恥不露出來；又買眼藥擦你的眼睛，使你能看見。」（啟三17-18）。

神的話既嚴肅又帶著勸勉，我們的心還能不受感動嗎？但願我們都能披麻蒙灰，認罪悔改，恢復起初的愛，讓神的恩典再如同雨霖一樣臨到他的兒女。

主耶穌說：「為義受逼迫的人有福了，因為諸天的國是他們的。」（太五10）。

亞當和夏娃的頭生兒子
——該隱

　　該隱是亞當和夏娃的頭一個兒子。他一生下來，亞當便高興地說：「**我得了一個男子，耶和華。**」（創四1）但是，他們萬萬沒有想到，這個兒子竟讓他們嘗盡了犯罪之後所結出來的苦果。有人說：「犯罪很容易，但收拾殘局可不好受。」這話是真的。

　　亞當和夏娃生了該隱之後，又生了一個男孩，起名叫亞伯。兩個兒子長大之後，哥哥種地，弟弟牧羊。有一天，兄弟二人同時獻祭給神。該隱獻上地裡的土產，亞伯獻上羊群中頭生羊的脂油（創四2-4）。非常奇怪，神竟然不喜歡該隱的祭物，而悅納了亞伯的祭物。這使該隱大發烈怒，並且還在怒氣中把亞伯給殺掉了（創四5-8）。照著人天然的觀念會認為：該隱辛辛苦苦的種地，把所得來的獻給神，這不是很好嗎？神為何不悅納呢？

　　首先我們必須知道：該隱和亞伯向神獻祭的行為是來自父母的教導。亞當和夏娃必定告訴過他們，自己違背了神的禁令而戰兢恐懼的等候死亡，以及神又殺了羊羔作他們的代替，並用羊羔的皮子作衣服，遮蓋他們的赤身等（創三21）。並且告訴他們，到神面前獻祭，必須殺牲流血，塗抹罪惡。該隱和亞伯從他們父母那裡認識了神，也聽見了福音，但他們兩個人的反應卻完全不一樣。一個不僅信了，也接受了，並且還照著父母所吩咐的獻祭給神。另一個呢？信是信了，卻不遵著父母的話去獻祭，反倒先顧到自己的需要。因為，所有地裡的出產都是神賜給人享用的（創一29）。

　　該隱將這些屬土的東西獻給神當祭物，神不悅納乃是理所當然。該隱如果有光，他應該馬上悔改說：「神啊！我錯了，赦免我。求你

再給我機會，我一定學弟弟也去牧羊，將羊羔的脂油獻給你，讓你心滿意足。」若能如此禱告，該隱就有福了。然而，該隱不但不認錯，反而大大的發了血氣。當該隱發怒時，神曾用話提醒他、警戒他。

《聖經》上說：「耶和華對該隱說，你為甚麼發怒？你為甚麼垂下臉來？你若行得好，豈不揚起臉來麼？你若行得不好，罪就伏在門前；」（創四6-7）神的意思是：「該隱！先別發脾氣，好好的省察自己不蒙悅納的原因，否則罪（魔鬼）會把你吞掉。」遺憾的是，該隱並沒有接受神的警戒和暗示。結果，真的被魔鬼擄了去。

根據《聖經》的記載，該隱殺亞伯並不是在獻祭當天，而是過了一段日子（創四8）。很可能，他是越想越氣，越想越過不去。他可能想：「真是豈有此理，同樣的獻祭為甚麼他的好，我的就不好？為甚麼神那麼喜歡他，不喜歡我？」魔鬼那挑撥離間的謊言像火箭一樣，一支又一支地射向他的心。嫉妒的烈火在他的心思中沸騰（約八44）。終於他跑到田裡打他弟弟，然後把弟弟殺掉。嫉妒的罪根實在太可怕了，因為它的源頭是來自魔鬼。以人類整體的情形來看，所有的問題都是從嫉妒、驕傲與仇恨所引起的。個人如此，家庭如此，社會如此，召會也如此。願我們都能靠著神的恩典，不給魔鬼留地步。

神並沒有放過該隱殺亞伯的罪，《聖經》上說：耶和華對該隱說：「你作了甚麼事呢？你弟弟的血有聲音從地裡向我哀告。地開了口，從你手裡接受你弟弟的血；現在你必從這地受咒詛。你耕地，地不再給你效力；你必流離飄蕩在地上。」（創四10-12）表面聽起來，神給該隱的懲罰並不太重，但是，如果經歷起來卻是非常痛苦。該隱所受的刑罰乃是無家可歸，永遠得不到安息。同時地也不再為他效力，無論他怎麼勞苦也得不到飽足。歷代以來，所有該隱的後代都是相同的命運，實在是可憐。因為該隱的後代發明了武器和娛樂，多妻制也是從他們開始的。這些東西給人類帶來的苦難是永無止息的（創四19-22）。

今天在新約中的聖徒比該隱幸運，因為主耶穌已經為我們的罪獻上了祂的身體，成了被殺的羔羊（約一29，創三21），成了我們的救主，是我們的真安息和飽足！

《聖經》上說：「但基督已經來到，作了那已經實現之美事的大祭司，……並且不是藉著山羊和牛犢的血，乃是藉著祂自己的血，一次永遠的進入至聖所，便得到了永遠的救贖。」（來九11-12）關鍵在於我們是否照著主的心意，獻上主所悅納的靈祭。主所悅納的靈祭到底是甚麼？保羅說：「所以弟兄們，我藉著神的憐恤勸你們，將身體獻上，當作聖別並討神喜悅的活祭，這是你們合理的事奉。」（羅十二1）。

有一次筆者去探訪一位久不聚會的姊妹。我先打了一通電話給那個姊妹，她倒是很歡迎我，不過她說：「某姊妹，如果我先生在家，你可千萬別提主耶穌三個字啊！」我答應她了。後來見了面才明白是怎麼回事。原來她家後面就有一個小教堂，每個星期天有一批聖徒都在那兒聚會，但他們的行事為人卻非常糟糕！所以她先生非常反感，並且憤恨地說：「不信耶穌的人比他們好的多。」

試問：這是甚麼祭物？難怪主耶穌會說：「假冒為善的經學家和法利賽人，你們有禍了！因為你們在人面前，把諸天的國關了；你們自己不進去，也不讓那些要進去的人進去。」（太廿三13）這是多麼嚴肅的事。保羅弟兄說：「因為有許多人……他們的行事為人，是基督十字架的仇敵，……他們的神就是自己的肚腹，他們以自己的羞辱為榮耀。」有的人已經把主的見證破壞到極點，卻以為在服事神，這樣的人生是可憐的（腓三18-19）！

該隱的例證說明一件事：若是你我的生活沒有實際，即使是勞苦終日，汗流滿面，神也不紀念，而且神在我們身上也得不著榮耀。不是嗎？很多時候神的兒女又會禱告、也會講說《聖經》中的道理，又跑教堂，但是他們的行為卻讓人搖頭。虧欠了神，沒有感覺，得罪了

人，也無所謂；生活沒有實際。像這樣的情形，主怎麼會滿意呢？因為這樣是讓神在世人和仇敵面前蒙羞。當初陷害主耶穌的就是這些人（賽二九13-14）。

保羅弟兄說：「所以你們或吃、或喝、或作甚麼事，一切都要為榮耀神而行。不拘對猶太人，對希利尼人，對神的召會，你們都不要成為絆腳石；就好像我也凡事叫眾人喜悅，不尋求自己的益處，只尋求多人的益處，叫他們可以得救。」（林前十31-33）。

巴不得，我們都能謹慎束腰，調整我們的生活，否則，將來見主面時也許我們對主說：「主啊，主啊，我們不是在你的名裡豫言過，在你的名裡趕鬼過，並在你的名裡行過許多異能麼？」很可能主回答說：「我從來不認識你們，你們這些行不法的人，離開我去吧。」（太七22-23）希望沒有一個基督徒聽見這樣的話。

附記

有兩隻獅子在對話，甲獅問乙獅說：「你連基督徒也敢吃啊！」乙獅回答說：「有些基督徒連一點兒基督的味道都沒有，我當然要吃了！」甲獅說：「請看！那位基督徒，他可是滿了基督的味道⋯⋯。」沒想到，乙獅照樣把那位基督徒給吃了！甲獅問：「你怎麼連他也敢吃啊！」乙獅說：「因為他只有嘴巴有基督的味道，所以我還是把他吃了！不過他的嘴巴我沒有吃。」

這則比喻應該讓所有的基督徒得到啟示：不要成為鳴的鑼，響的鈸，至終後悔莫及（林前十三1-3）。

頭一位呼求主名的人
──以挪士

　　以挪士是塞特的兒子，他是人類的第三代。撒但利用該隱殺了亞伯，滿以為是永絕後患，卻沒有想到神又賜給亞當一個兒子，這個兒子就是塞特（塞特的意思是代替）。他是一個倚靠神的人。

　　創世記四章廿六節說：「**塞特也生了一個兒子，起名叫以挪士，在那時候，人開始呼求耶和華的名。**」在《聖經》的記載中，我們並沒有發現塞特教導以挪士求告耶和華的名。那麼，以挪士何以會知道求告耶和華的名呢？這真是稀奇！很有可能是亞當和夏娃在日常生活中影響了塞特，而塞特又影響了以挪士。

　　我們都知道當初亞當和夏娃犯罪，神雖然傷痛萬分，但仍然為他們宰了羊羔，用羊羔的皮子作衣服給他們穿。他們夫妻二人在心靈深處一定常常感謝神的大恩大愛，並且會不斷的跟孩子們提及耶和華的名和神的憐憫。雖然如此，我們相信亞當和夏娃的內心是不會快樂的，尤其當他們回想到從前在伊甸園中的日子……。

　　《聖經》上記載著：「**起初神創造天地。而地變為荒廢空虛，淵面黑暗。神的靈覆罩在水面上。神說：要有光，就有了光。神看光是好的，就把光暗分開了。神稱光為晝，稱暗為夜。有晚上，有早晨，這是第一日。**

　　神說：諸水之間要有廣闊的空間，將水與水分開。神就造出天空，將天空以下的水，與天空以上的水分開；事就這樣成了。神稱天空為天；有晚上，有早晨，是第二日。

　　神說，天以下的水要聚在一處，使旱地露出來；事就這樣成了。神稱旱地為地，稱水的聚處為海；神看是好的。

　　神說，地要長出青草，和結種子的菜蔬，並結果子的樹木，各從其類，果子都包著核；事就這樣成了。於是地生出青草，和結種子的菜蔬，各從其類，並結果子的樹木，各從其類，果子都包著核；神看是好的。有晚上，有早晨，是第三日。

　　神說，天上穹蒼之中要有光體，可以分晝夜，作記號，定節令、日子、年歲；並要發光在天上穹蒼之中，普照在地上；事就這樣成了。於是神造了兩個大的光體，大的管晝，小的管夜；又造眾星。就把這些光體擺設在天上穹蒼之中，普照在地上，管理晝夜，分別光暗；神看是好的。有晚上，有早晨，是第四日。

　　神說，水要多多滋生有生命的物；要有禽鳥飛在地面以上，天空之中。神就創造大魚，和水中所滋生各樣有生命的動物，各從其類；又創造各樣飛鳥，各從其類；神看是好的。神就賜福給這一切，說，要繁衍增多，充滿海中的水；禽鳥也要增多在地上。有晚上，有早晨，是第五日。神說，地要生出有生命的物，各從其類；牲畜、爬物、走獸，各從其類；事就這樣成了。於是神造出走獸，各從其類；牲畜各從其類；地上一切爬物，各從其類；神看是好的。

　　耶和華神使各樣的樹從地裡長出來，可以悅人的眼目，其上的果子好作食物；……，有一道河從伊甸流出來滋潤那園子，……在那裡有金子，並且那地的金子是好的；在那裡又有珍珠和紅瑪瑙。」（創一1-31，創二10-12）

　　由此可見，當時神為亞當和夏娃所創造的宇宙星辰是何等浩瀚無邊，天地海洋是何等美好，無數萬物是何等豐富；尤其那時他們可以每天都能與神在一塊兒，真是何等喜樂飽足！

　　亞當和夏娃實在是可以無憂無慮的盡情享受神的同在及那所有的一切！然而，因著他們墮落和失敗，不僅被趕出伊甸園，地也為了他們的緣故受了咒詛。最可悲的是不但連後代子孫不得見神的面（創三23-24），而且人與神在靈裡的交流也完全被隔絕了！從此，亞當和

夏娃就開始邁向他們生生不息，生、老、病、死、苦的人生旅程。我們深深的相信他們的生活一定是常常陷在愁苦裡面！

　　亞伯的死讓他們心碎憂傷而痛恨自己所犯的罪。若是當時聽神的話，不吃善惡之果那該多好！很可能，他們常常認罪，常常悔改，並且求神赦免他們的罪。塞特在父母敬虔的薰陶下長大，深深知道人是脆弱而靠不住的，凡事必須仰望神的憐憫和眷顧。因此，當他們生了孩子，就給他起名叫以挪士（以挪士的意思是脆弱）。目的是提醒自己：凡事不要靠自己，要仰望神。以挪士在這種敬虔的環境下長大自然的對神不陌生，而耶和華的名也很自然的從他裡面求告出來。在此給我們看見：家庭生活是何等影響下一代啊！

　　有一位青年弟兄，他的職業是醫生，所以非常忙碌。但是他無論怎麼忙，總是經常帶著全家大小一同禱告，讀神的話，因此他的孩子個個都很乖。有一次，他的大女兒（剛讀中學）從樓上下來，眼睛哭得紅紅的。問她為甚麼哭？她笑一笑說：「沒甚麼！」經過一再的追問，她才很不好意思地說：「我在向主悔改，因為我說話不夠禮貌。」（利十九32）說句不客氣的話，有哪位父母有把握能教好自己的孩子？尤其在今天這種肉慾橫流、魔鬼猖狂的世代裡更是難上加難。然而這裡給我們開了一條路，可以幫助我們，那就是效法以挪士求告主的名，凡事仰望主，在生活中把孩子帶到主面前。讓他們得著神的生命，而且還要帶著他們享受這個生命。

　　《聖經》上說：「除祂以外，別無拯救，因為在天下人間，沒有賜下別的名，我們可以靠著得救。」（徒四12）約翰壹書二章廿七節說：「你們從祂所領受的膏油塗抹，住在你們裡面，並不需要人教導你們，乃有祂的膏油塗抹，在凡事上教導你們；這膏油塗抹是真實的，不是虛謊的，你們要按這膏油塗抹所教導你們的，住在祂裡面。」

　　很多基督徒以為求告主名是一件無所謂的事，豈不知求告主名對神的兒女實在是太重要了。

　　有一回，楊長老被人請去給一個鬼附身的人趕鬼。起初楊長老問了那個鬼許多問題，都拒絕回答。後來，楊長老說：「我奉拿撒勒人主耶穌基督的名，吩咐你說！」那個鬼居然哭哭涕涕的回答楊長老的每一句問話。由此可見主耶穌的名是何等的有權柄（路十17）。

　　筆者外孫說，他有次奉派去一山區出差，因那裡無車代步，當夜他走過一處森林，心裡非常害怕，這使他想到鬼。於是他大聲呼求主名：「主耶穌！求你救我！主耶穌！求你救我！」很奇妙！立刻不怕了，反倒背起詩篇廿三篇來！魔鬼最怕的就是主的名！

　　自從第一世紀末開始，基督徒遭受大逼迫的標誌就是因著求告主名。保羅在沒有得救以前，他曾很厲害的殘害求告主名的人（徒九21）。

　　有位青年姊妹作她全家得救的見證。她說她祖父是個乩童，到處去幫人趕鬼。有一次被請去給人趕鬼，沒有想到鬼是被趕出來，卻附上了她的祖父。從此之後，全家都陷在愁雲慘霧裡。她祖父經常不穿衣服東奔西跑，見了水就往裡跳。這是符合《聖經》上的話（太十二43）。她祖父也經常往山上跑，從很高的山崖上往下跳。這也符合《聖經》的話（太八30-32）。全家被弄得雞犬不寧，也嚇得他們不知如何是好。她父親曾請過無數的乩童給她祖父看病趕鬼，就是趕不走。最後，在走投無路的情況下只好求助於信耶穌的。

　　很多弟兄姊妹都很有負擔，立刻邀了十幾位到了她家。一進門，就一同開始呼求主的名，然後唱詩歌，大聲禱告，宣告主名得勝和主的寶血永遠有功效。說也奇妙，她的祖父大哭大叫一頓之後慢慢安靜下來，魔鬼就跑掉了，這也完全符合《聖經》上的話（路九39-43）。這件事讓他們全家認識了真神，於是全家受浸歸入主的名裡，並且到處傳揚主耶穌實在是又真又活的獨一真神。

　　還有一位老年姊妹在信主之前被一個酒鬼轄制著。不喝酒就全身發抖，喝了酒卻大吵大鬧，打兒子，罵媳婦。最可怕是每天夜裡定

時作惡夢，而且夢境一樣，夢見有惡人來抓她……嚇得她根本不敢睡覺。全家人都被鬧得不得安寧。日子久了，整個人被折磨得骨瘦如柴，連路也不能走了。先後在臺北榮總醫院住院多次，中醫、西醫都說沒有辦法。

她兒子是信耶穌的，不過，他只是作作禮拜而已。在一個偶然的機會，他遇見一班基督徒。這些人不但有愛心，禱告也有能力。知道這位青年弟兄的苦楚之後立刻接受負擔，前往他家探望。到了他家，甚麼也沒做，只帶著那個老太太呼求主名。起初她不肯，經過一再的哄勸，她終於開口呼求。說也奇妙，當天夜裡竟然沒有作惡夢。這使他們全家有了信心，立刻受洗歸入主的名裡。之後，有一位姊妹接受負擔，每天都去她家帶她禱告，讀《聖經》，唱阿利路亞，耶穌得勝！沒過多久她就不喝酒了，身體完全恢復健康。

她的兒子張天雄看見如此又真又活的見證，真是感動萬分。他把很高待遇的職業辭掉了（原任職臺北陽明醫學院），到處傳揚神國的福音，為主作榮耀的見證。類似的見證多不勝數。願主開我們靈裡的眼睛，認識主名的寶貴，能在日常生活中，經常呼求主的名。

最好是每天清晨一起床就親近主和呼求主的名（晚間也可以），再讀一至二節《聖經》。這樣，一整天都可以過得勝的生活。同時，我們更要積極行動起來，廣傳福音，引導人都能認識真神。

主的話說：「**我知道你的行為；看哪，我在你面前給你一個敞開的門，是無人能關的；因為你稍微有一點能力，也曾遵守我的話，沒有否認我的名。**」（啟三8）。

與神同行的人──以諾

　　以諾是活著被提的第一人。整本《聖經》只講到兩個人是活著被提的，一個是以諾，一個是以利亞。以諾能夠活著被提，我們相信這與他平日的生活有很大關係。前面已經介紹過，他的祖先以挪士是一位敬畏神，倚靠神，呼求主名的人。因此，他當然是承繼了先祖的生活模式，也是一位敬畏神，求告主名的人。由於他的敬虔，神特別向他施恩。在他六十五歲的時候生了一個兒子，起名為「瑪土撒拉」，意思是，「當他死時洪水來」。以諾為甚麼會給兒子起這樣的名字？那必定是他在靈裡看見異象。神告訴他，當這個孩子死的時候，人類將有大的浩劫，所以他給兒子起名「瑪土撒拉」來警惕自己。

　　同時！從那一天開始他與神同行。「與神同行」說起來簡單，走起來可不容易。試想！二人三腳都很費力，何況是與神同行呢？《聖經》上記載說他：「**與神同行三百年，並且生兒生女。**（就是過一般人正常的生活）。」（創五22）。

　　三百年不是一個短的日子，若不是有足夠的耐心和信心早就半途而癈了。更何況與神同行必須付出很高的代價。原因是神是屬靈的，人是屬肉體的，在好惡上就絕對不同。因此，以諾在那三百年的歲月裡，必須放棄自己所愛的，拒絕自己所想的，衣、食、住、行，都要以神的喜悅來定規，絲毫沒有自己的揀選。這麼漫長的年日，實在需要神的憐憫和扶持，否則，他只要稍稍落在天然的心思裡，立刻就要灰心動搖，許多問號會在頭腦裡打轉。他可能會想：「一年，二年，十年都過去了，一百年也過去了，洪水怎麼還沒有動靜？神給我的啟示和異象不準確吧？吃吃喝喝吧！管它洪水來不來！」但是，以諾一點也不動搖，他的信心蒙神記念。

希伯來書十一章五節說：「**以諾因著信被接去，不至於見死，人也找不著他，因為神把他接去了；原來他被接去以前，已經得了蒙神喜悅的見證。**」

神的話已經很明白地告訴我們，以諾被提去並不是沒有條件的。他的生活，他的敬虔和忍耐，以及他堅定信神的心都已經讓神得到心滿意足，所以不等洪水來就把他提走了。我們若仔細讀讀創世記五至六章就知道，又過了好幾百年洪水才降下來（創七11-12）。

今天所有的基督徒都知道主快回來了。有一些人當然是警醒束腰，出代價與神同行。但有一些人，很可能抱著觀望的態度，也許會說：「算了吧！早在八百年前就已經說主快回來了，主快回來了，多少個世紀過去了，主也沒有回來。不用緊張，還早得很呢！」其實這種心態是不正確的。

《聖經》上說：「**因為你們自己明確曉得，主的日子來到，好像夜間的賊一樣。人正說平安穩妥的時候，毀滅忽然臨到他們，如同產難臨到懷胎的婦人一樣，他們絕不能逃脫。**」（帖前五2-3，四16-17）。

有位弟兄說的很好，他說：「假如有人告訴母腹中的胎兒說：『再過幾個月你就到一個地方，那裡有空氣、陽光、雨水、有花、草、樹木，真是好得無比！』可能那個胎兒不會相信的，但是無論他信或不信，這事終必會臨到他身上的。對我們也是一樣！主即使回來的遲，有誰不到主那裡去呢？」有一天我們都要與主面對面，任何人也逃不掉的（傳八8）。

根據馬太福音廿四章四十至四十二節的記載，在主公開回來之前，祂要提取一些生命成熟的聖徒，就像以諾一樣。然而！我們的生活是否已經取得神喜悅了呢？

《聖經》上說：「**那時，兩個人在田裡，取去一個，撇下一個；兩個女人在磨坊推磨，取去一個，撇下一個。所以你們要警醒，因**

為不知道你們的主哪一天要來。」（太廿四40-41）田在《聖經》裡多是指著屬地的事物，而推磨乃是指著將麥粒磨碎，做餅供應給人生命。在這裡給我們看見：不在乎你的工作性質是甚麼？只問你的心在哪裡？你的生活是否蒙神喜悅。很有可能兩個聖徒同時在辦公室上班，突然有一個被提走了，而另一個卻被撇下。也有可能兩個聖徒正在同作主工，有一個被提了，另一個則沒有份。

主耶穌曾警誡我們要警醒預備，他說：「所以你們要儆醒，因為不知道你們的主那一天要來。但你們要知道，家主若曉得賊在幾更天要來，他就必儆醒，不容他的房屋被人挖透。所以你們也要預備，因為在你們想不到的時辰，人子就來了。這樣，誰是那忠信又精明的奴僕，為主人所派，管理他的家人，按時分糧給他們？主人來到，看見他這樣行，那奴僕就有福了。我實在告訴你們，主人要派他管理一切的家業。若是那惡僕心裡說，我的主人必來得遲，就動手打那些和他同作奴僕的，又和酒醉的人一同吃喝，在想不到的日子，不知道的時辰，那奴僕的主人要來，把他割斷，定他和假冒為善的人同受處分；在那裡必要哀哭切齒了。」（太廿四42-51）。

這說出不在於外面做了多少？乃在於你的生活是否合乎神的心意。靈裡的生命是否已經成熟。有人說：「甚麼也不用管，只要操練靈，就會被靈充滿，就會在被提中有份。」話是不錯，但只對一半。若是你放縱肉體不過聖潔公義的生活，只單單的操練靈，恐怕操練來操練去反變成「零」了。

這給我們看見，神最看重的還是我們平日的生活是否清潔？是否敬虔？是否順服他的引導來行事為人？

雅各書一章裡說：「只是你們要作行道者，不要單作聽道者，自己欺哄自己。因為人若是聽道者，而不是行道者，就像人對著鏡子看自己本來的面目；看過走開以後，隨即忘了自己是甚麼樣子。」（雅一22-24）。

　　以諾的例證說出一個關鍵，那就是我們在地上要活出一種生活，是要合乎神的法則，也要活出人性的美德，這才是實際的。彌迦書六章八節所說的：「**人哪，耶和華已指示你何為善；祂向你所要的是甚麼呢？無非是要你施行公理，喜愛憐憫，謙卑的與你的神同行。**」這就是正路。

附記

　　從前有位國王，為人非常寬宏。某次出遊，碰見一個賊正在偷東西，被捉到他面前。國王對賊說：「這次我赦免你的罪，因為我不是在公堂上，下一次不要再犯了。」可是那個賊並沒有把國王的話放在心上。過了些日子，國王又出遊，這個賊又被捉到他面前，國王又以同樣的愛赦免了他。沒有想到這個賊不但不悔改，反倒變本加厲，最終闖下殺人的大禍。當他被捉到公堂時，起初非常害怕，及至看見坐在公堂上的審判官時他的心才安定下來。因為這個審判官就是一再赦免他的國王。他想，以前國王都赦免我，這一次當然也不會例外！沒有想到國王對他說：「朋友，你為甚麼一錯再錯呢？雖然我還想赦免你，但我無能為力，因為這是在公堂上，必須按著法律辦事，按國法你該判處死刑。」

　　對基督徒來說，原則完全一樣，因著今天是恩典時代，所以我們犯了錯，神在祂的愛裡和祂的寶血下總會赦免我們。

　　但當有一天，我們去到審判臺前時，情形就不一樣了！神必要照著他的公義審判我們，所以我們必須珍惜今天！

建造方舟的人——挪亞

　　挪亞是以諾的後裔。他是一個與神同行的人。《聖經》上說：
「挪亞是個義人，在當時的世代是個完全人。」（創六9）由於挪亞
在神眼中是完全人，所以神將自己的心意和要做的事告訴他，同時也
把一個託付交給了他。

　　創世記六章那裡說：「耶和華見人在地上罪惡甚大，心中終日所
思念的盡都是惡；耶和華就後悔造人在地上，心中憂傷。耶和華說：
我要將所創造的人，連人帶走獸、爬物、以及空中的飛鳥，都從地上
除滅，因為我後悔造了他們。神就對挪亞說：凡屬肉體之人的結局，
已經來到我面前；因為地上滿了他們的強暴，我要把他們和地一併毀
滅。你要用歌斐木造一隻方舟，裡面要有隔間，方舟內外要塗上松
香。方舟的造法乃是這樣：要長三百肘，寬五十肘，高三十肘。方舟
頂上要造一個透光處，高一肘；方舟的門要開在旁邊；方舟要分上、
中、下三層。看哪，我要使洪水泛濫在地上，毀滅天下一切有血肉、
有氣息的；凡在地上的無一不死。」（創六5-17）很稀奇！挪亞聽了
神的吩咐之後，連一句話都沒有說，就接受了神的託付。

　　《聖經》上說：「挪亞就這樣行，凡神所吩咐的，他都照樣行
了。」（創六22）。

　　從那天開始，挪亞就按著神吩咐的尺寸建造起來。造方舟可不是
簡單的事，他不但全人要拼上，還得忍受別人的譏笑。當時的人全都
會嘲笑他是大傻瓜，是瘋子，是頭腦有問題的人。否則太陽那麼大，
天氣這麼好，為甚麼這個呆子偏偏說洪水要來審判世界呢？大家都是
又吃又喝，又買又賣，蓋大樓，置田產，只有挪亞整天辛苦地造方
舟，傳義道（福音），而且長達一百二十年（創六3）。假如他不是

一個與神同行的人，恐怕早就灰心喪志了。

神的話說：「挪亞因著信，既蒙神指示他未見的事，就為虔敬所動，預備了一隻方舟，使他全家得救，」（來十一7）因著挪亞的信心與耐心，方舟終於建造完成了。神對挪亞說：「你和你全家都要進入方舟；因為在這世代中，我見只有你在我面前是義的。」（創七1）。

神吩咐挪亞造方舟，挪亞沒有說一句話，就照著神的指示做了。如今神又讓他全家進入方舟，挪亞還是沒有說一句話，「就照著神的吩咐行了。……」（創七5-7）最讓人感動的是，挪亞的家人包括他的媳婦們，竟然也連一句話都沒有說就跟著挪亞進入方舟。這和羅得的女婿相比之下簡直不能相提並論。

記得！羅得從所多瑪被天使救出來的時候，曾告訴他的女婿們說：「你們起來離開這地方，因為耶和華要毀滅這城。」（創十九14）可是羅得的女婿們竟以為他說的是玩笑話；而挪亞的兒子媳婦們卻絲毫不加考慮地進入方舟。這證明挪亞平日的生活是非常有見證的。阿利路亞！

今天召會就是方舟的豫表。每一個神的兒女都在這裡建造方舟。問題是我們的生活如何呢？若要有實際的建造，就必須照著神所指示的尺寸來建造。因此，我們必須小心謹慎，多多追求靈裡的啟示和亮光。凡事敬畏主，遠離世俗和罪惡，安安靜靜住在方舟裡（召會），以免被這混亂的歪風洪流所吞噬。

看了挪亞的例證，我們真該警醒，不能再不冷不熱的過日子了，免得讓主從口中把我們吐出來（啟三15-16）。趁著還有今日，將那些逝去的光陰贖回來。因為這個美好的宇宙已經逐漸的在變色；海裡的魚因著核子試爆被汙染，田裡的菜蔬、瓜果以及五穀雜糧也都因著大氣層的破裂失去保護被汙染，連雨水也被汙染變成酸的！我們每天所吃的食物，試問哪一種不含毒素？現在很多人都不敢吃肉，因為今

天的雞、鴨、豬、牛不但是化學飼料養成，而且被頻繁的注射荷爾蒙和抗生素，兩個月就長大了。

這些化學元素吃到人體內，其後果可想而知，再加上太陽黑子群定期性的爆炸……這實在令人憂心，真不知道這可愛的陽光還能為人類服務多久？

2013年2月16日，《世界日報》在頭版中以醒目的大字報導震驚全球的大新聞！內容是：「末日來臨？隕石襲俄，砸傷千人！重達十噸，威力如原子彈，火球四落，三千棟建築物受損……。」這是何等可怕的光景！我們相信在往後的日子裡這種情形可能會隨時發生。所以我們必須儆醒預備。

馬太福音廿四章廿九至卅節說：「那些日子的災難一過去，日頭就變黑了，月亮也不放光，眾星要從天上墜落，天勢都要震動。那時，人子的兆頭要顯在天上，地上的萬族都要哀哭。他們要看見人子，帶著能力和大榮耀，駕著天上的雲而來。」

假如這一天真的來到，人類將何去何從呢？所以我們必須起來，效法挪亞，廣傳福音，使人人都得救進入方舟裡面。我們相信在挪亞那個時代，絕不只有挪亞一家敬拜神。但是蒙神悅納而進入方舟得救的卻只有挪亞一家人。

同樣地！今天很多基督徒忙裡忙外，勞苦事奉，但生活行動是否能有分真實的建造卻大有講究。

主耶穌警戒祂的兒女說：「不是每一個對我說，主啊，主啊的人，都能進諸天的國，唯獨實行我諸天之上父旨意的人，才能進去。」（太七21）

願藉挪亞的例證讓我們得著智慧的心，知道如何調整我們的生活，得蒙保守在祂的恩典中。

附記

關於洪水的事蹟，很多古代歷史也有記載；幾乎是家喻戶曉的傳說。筆者年幼時，就曾聽過類似的故事。可見《聖經》所記載的洪水是真實的。讚美主！

黃種人的祖先──閃

　　閃是挪亞三個兒子中的老大，最蒙神祝福的就是他。創世記九章廿六節說：「耶和華閃的神，是當受頌讚的；」。

　　根據歷史和地理的記載，閃是猶太人的祖先。相傳，閃也是我們中國人的祖先（黃種人）。例如：中國人每逢過年，家家戶戶都在門框上貼紅對聯；離家在外的人，無論多遠多難也都想盡辦法趕回家過年，團聚在一起吃年夜飯、守歲、拜年……這些都是照著《聖經》的教訓。只是因著年代久遠，傳來傳去走了樣而說：每到十二月卅日夜間，會有吃人王（名叫年）出來吃人，所以全家人必須團聚在一起警醒守夜，一同吃飯以壯膽量；而且門框上要貼紅紙，因為「年」怕紅的！到了半夜要放鞭炮，以便把「年」趕走。第二天清晨，你到我家，我到你家，大家相見，互道恭喜，慶幸沒有被「年」吃掉。這就是過年的由來。是否如此，不得而知，不過我們中國人都敬奉獨一的真神老天爺！這是無可置疑的。

　　中國自堯、舜、禹、湯、文、武、周公、孔子相傳的道統，都是敬拜這位獨一的真神。我們可以從四書五經中找到印證。例如：孔子在中庸十九章說：「郊社之禮，所以事上帝也。」上帝意為獨一的真神。祂在中國古經裡是「沒有形象」的靈神，不能用偶像代替。古時候天子崇拜上帝的禮儀就叫做「郊社之禮」。這足以證明我們的祖先對這位創造宇宙萬物的真神是多麼的虔敬和信仰，以及當時敬拜上帝對我們的祖先是多麼重要的一件國家大事！可惜，漢朝以後，異教傳入中國，有的人就漸漸離棄了真神，轉去敬拜假神（詩一三五15-16）。

　　中國幸有國父孫中山先生推翻滿清，建立中華。他的立國精神，

即是繼承堯、舜、禹、湯、文、武、周公、孔子相傳的道統，並且恢復了我們祖宗所信仰的獨一真神。他說：「人類進化之目的為何？即孔子所謂『大道之行，天下為公。』耶穌所謂『爾旨得成，在地若天。』此人類所希望，化現在之痛苦世界而為極樂之天堂者是也。」（摘引《孫文學說》第四章）國父是虔誠的基督徒，他深明《聖經》中的真理，所以引用孔子的話，為主耶穌作見證。

多少朝代以來，中國的內戰不斷。人民常常活在戰爭的陰影之下。且近百年來，中國又是遭逢列強之侵略，可以說是受盡了欺辱。然而，因著我們祖先所信仰的獨一真神的庇護，請看中國今天在世界舞臺上的壯大，以及經濟地位的提升，哪一樣不是都在突飛猛進當中呢？所以我們應該感謝神，更要歌頌神（詩一五十）。

為著讓每一個人都能認識我們祖先所信仰的獨一真神（即老天爺），使我們的子子孫孫、世世代代永遠活在神的祝福中（申六2）。我們必須要為國家和百姓獻上至誠的禱告（提前二1-4）。

《聖經》是這樣記載的：「耶和華在埃及地曉諭摩西、亞倫說，你們要以本月為諸月之始，為一年的首月。……於是，摩西召了以色列的眾長老來，對他們說：你們要按著家取出羊羔，把這逾越節的羊羔宰了。拿一把牛膝草，蘸盆裡的血，打一些在門楣上，和左右的門框上。你們誰也不可出自己的房門，直到早晨。因為耶和華要巡行擊殺埃及人；祂看見血在門楣上，和左右的門框上，就必越過那門，不許滅命的進你們的房屋，擊殺你們。你們要守這話，作為你們和你們子孫永遠的定例。日後，你們到了耶和華按著應許所賜給你們的那地，就要持守這事奉。你們的兒女問你們說，這事奉是甚麼意思？你們就要說，這是獻給耶和華逾越節的祭。當以色列人在埃及的時候，祂擊殺埃及人，越過以色列人的房屋，救了我們各家。於是百姓低頭敬拜。以色列人就去行了；耶和華怎樣吩咐摩西、亞倫，以色列人就怎樣行。」（出十二1-2，21-28）（這是猶太人世世代代所堅守的逾

越節，也是猶太人最大的節日）。

全世界每一個國家都承認猶太人的民族性很特殊，因為他們是神的選民。《聖經》上說：「這是獨居的民，不將自己算在萬民中。」（民廿三9）主耶穌就是從猶太人出來的。

創世記九章廿七節說：「願神使雅弗擴張，使他住在閃的帳棚裡。」雖然歐美國家以強盛富有著稱，但是他們都需要猶太人的帳棚。這「帳棚」一面說是他們需要信主耶穌得救，另一面說他們需要猶太人的財富做他們的後盾。據說，假如猶太人把在美國銀行的存款都提出來，整個美國的經濟會立刻發生恐慌（當然這只是傳說）。那麼，閃蒙福的原因是甚麼呢？

照著《聖經》的記載是這樣的：閃的父親挪亞喝醉了酒在帳棚裡赤著身子。含看見了立刻跑到外面告訴閃和雅弗。閃聽見後馬上拿了一件外衣搭在肩上，帶著雅弗，進入帳棚替父親蓋在身上。他們是倒退著進入，免得看見父親的赤身。閃做得很有智慧，他沒有與含說歹說歹，卻是帶著弟弟，同時倒退著進去用衣服遮蓋父親的醜態。閃所做的蒙神悅納，所以神祝福了他，也祝福了他的後代。

《聖經》上說：「挪亞醒了酒，知道小兒子向他所做的事，就說，迦南當受咒詛，必給他弟兄作奴僕的奴僕。又說，耶和華──閃的神是應當稱頌的！願迦南作閃的奴僕。願神使雅弗擴張，使他住在閃的帳棚裡；又願迦南作他的奴僕。」（創九24-27）直到今天這些話仍在應驗中。

閃的例證給我們很大的幫助。由於魔鬼的破壞，在召會生活中難免會發現弟兄姊妹的軟弱。這時我們的態度就應該效法閃，悄悄地把外衣遮蓋在他們身上，並且要帶領弟弟（指幼嫩的信徒），作他們的榜樣，如此做我們就蒙福了。

詩篇卅二篇一節說：「得赦免其過、遮蓋其罪的，這人是有福的。」我們必須看見一件事：各人負各人的責任，各人要向主交帳；

各人要站在審判臺前，神要照著各人的行為報應各人（羅二6，林後五10）。

倪柝聲弟兄在他詩歌中說：「**我今每日舉目細望審判臺前亮光；願我所有生活工作，那日都能耐火。**」

有一次，彼得問主說：「**主啊！這人將來如何？**」他是指著使徒約翰說的。主耶穌立刻責備他說：「**我若要留他直到我來的時候，與你何干？你跟從我吧。**」（約廿一21-22）

求主憐憫，讓我們在敬拜神的路上只抱著一個態度——愛神，敬畏神，以包容、代禱來扶持神的眾兒女。

黑種人的祖先──含

含是非洲人的祖先。直到今天，黑人與白人在種種觀念上仍然無法平等。雖然經過不斷的革命，但是下意識裡這種種族歧視好像不能完全消除。因為《聖經》上說：「**迦南當受咒詛，必給他弟兄作奴僕中的奴僕。**」（迦南是含族，創九25）但是在新約裡並沒有種族膚色之分，也沒有地位高低之分，乃是人人都平等（弗二13-18）。

筆者認識一位姊妹，她在一所孤兒院做義工。那裡有將近一百多的兒童，都是來自破碎的家庭，而且人種很多；有白人、黑人、華人……。照顧他們的牧師和服事他們的義工，也是不同的族裔。他們在一起非常和諧，並沒有感覺有種族之分。

神的話說：「**在此並沒有希利尼人和猶太人、受割禮的和未受割禮的、化外人、西古提人、為奴的、自主的，惟有基督是一切，又在一切之內。**」（西三11）。

那麼，含究竟做了甚麼而招致如此的咒詛呢？根據《聖經》的記載，挪亞一家人從方舟裡出來，地上已經沒有其他人類，挪亞可算是新地上人類的領袖。加上他們在方舟裡一年多（創七11-14，八13-19），能夠再呼吸陸地上的空氣，實在是令人心曠神怡，所以他在不知不覺中全人鬆懈下來。人一旦鬆懈也就沒有節制了。瞧！挪亞竟然喝起酒來，還醉得連自己赤身露體都不知道。

含看見父親光著身子，立刻跑出去告訴他的兄弟，這就是含不蒙福的原因。挪亞赤身固然不光彩，但是一個兒子揭穿父親的隱私是大逆不道，非常不討神的喜悅。

《聖經》上說：「**輕慢父母的，必受咒詛。**」（申廿七16）如果含也能像大哥閃給父親蓋上外衣，他該是何等蒙福（箴十一13，雅一

26）。

挪亞只不過喝了酒沒有穿衣服而已，可是經過含的口一傳播就好像很嚴重了。

神的話警戒我們說：「**祂必以敬畏耶和華為樂；審判不憑眼見，判斷也不憑耳聞；**」（賽十一3）因此，我們真該謹慎，千萬不可把那些道聽塗說的傳聞大肆宣揚，因為這是不討神喜悅的行為。

有位姊妹因著不滿某弟兄的作風，就到處說他的壞話，使那個弟兄幾乎不能作人。後來那位姊妹蒙光照，就跑到那位弟兄家中向他認罪，並求弟兄赦免她的罪。那位弟兄說：「我可以原諒你，但是你的話已經像鵝毛，被風吹散是收不回來的。所有被你的話絆倒的人都由你自己承擔。」（太十八6）。

去年筆者突然接到一位青年姊妹的信，信中說：「實在虧欠！你摔斷了腿我一點也不知道⋯⋯」其實我從來沒有摔過跤，可見傳言是多麼不可靠。

含的例證提醒我們：不要隨便傳播閒話，因為後果是很可怕的。雅各書三章說：「**我的弟兄們，不要多人作教師，因為知道我們要受更重的審判。我們在許多事上都有過失，若有人在話語上沒有過失，他就是完全人，⋯⋯看哪，船隻雖然那麼大，又被狂風催逼，無論掌舵者的意思要往那裡去，都能被小小的舵調動。舌頭也是這樣，雖是個小肢體，卻能說誇大的話。看哪，多麼小的火，能點著多麼大的樹林。舌頭就是火，在我們百體中，是個不義的世界，污穢全身，也把生命的輪子點起來，且是給火坑的火點著的。**」（雅三1-6）

「**耶和華阿，求你在我的口邊設立守衛；求你把守我嘴唇的門戶。**」（詩一四一3）願共勉之。

白種人的祖先──雅弗

　　雅弗是歐洲人的祖先（包括白種人）。他們也是蒙神祝福的族類。歷史證明歐洲人的擴張是令人驚嘆的。自從哥倫布時代開始，他們的科學、經濟以及藝術，無論在哪一方面都令其他國家望塵莫及。他們的文化，藉著美國傳播到全世界，許多國家都效法他們。這一切應驗了《聖經》上的豫言「**願神使雅弗擴張。**」（創九18-19，27）現在我們所要探討的是，雅弗蒙福的點究竟在哪裡？

　　《聖經》上說：「**挪亞作起農夫來，栽了一個葡萄園。他喝了園中的酒便醉了，在帳棚裡赤著身子。迦南的父親含看見他父親赤身，就到外邊告訴他兩個弟兄。於是閃和雅弗拿件衣服搭在肩上，倒退著進去，遮蓋他們父親的赤身；他們背著臉，就沒有看見父親的赤身。**」（創九20-23）。

　　從以上這段話中，我們看見雅弗實在是個單純的人。當他大哥帶著他，拿了件外衣，倒退著進入父親的帳棚，把父親遮蓋起來時，雅弗竟然沒有表示任何意見，也沒有說一句話，就跟著大哥進去了。他單純謙卑的心都是他蒙神祝福的原因。

　　保羅弟兄告訴提摩太說：「**你要逃避青年人的私慾，同那清心呼求主的人，竭力追求公義、信、愛、和平。**」（提後二22）雅弗實在做到了這一點。從保羅以上的話中給我們看見，少年人是有私慾的。

　　事實上，每一個人裡面都有私慾的「罪」。那是由人類的老祖先「亞當」屬肉體的生命傳承下來的。因此，我們常常被肉體中各種的私慾所攪擾。但是感謝主，自從我們接受了主耶穌之後，神的生命就分賜在我們靈裡。這生命是聖潔而無罪的，而且有復活的大能；可以清除吞滅肉體中所有的私情邪慾。

　　《聖經》上說：「你們看，父賜給我們的是何等的愛，使我們得稱為神的兒女，我們也真是祂的兒女。世人所以不認識我們，是因未曾認識祂。親愛的，我們現在是神的兒女，將來如何，還未顯明；但我們曉得祂若顯現，我們必要像祂；因為我們必要看見祂，正如祂所是的。凡向祂有這盼望的，就潔淨自己，正如祂是潔淨的一樣。……犯罪的是出於魔鬼，因為魔鬼從起初就犯罪。為此，神的兒子顯現出來，是要消除魔鬼的作為。」（約壹三1-8）

　　當然，這不是說我們一得著神的生命，私慾的根就立刻連根拔除了。並不那麼容易！乃是要藉著不斷的禱告、讀經享受主、經歷十字架的生活，好讓神的生命漸漸的加增在我們裡面。

　　這樣一天過一天，我們肉體的私慾就會很自然的失去能力。在這成長的過程中，我們必須要有一顆與主配合的心。首先，要逃避各種情慾的誘惑、過聖潔的生活、與清心的人一同禱告追求；如此才能蒙保守。其次，我們必須單純，沒有企圖和攙雜，專一的渴慕神，求主憐恤幫助，讓我們也能像雅弗一樣夠資格領受神的恩典和祝福。

　　詩篇第一百二十一篇說：「我要向山舉目。我的幫助從何而來？我的幫助從造天地的耶和華而來。祂必不叫你的腳滑跌；保護你的必不打盹。看哪，保護以色列的，也不打盹，也不睡覺。保護你的是耶和華；耶和華在你右邊蔭庇你。白日太陽必不傷你，夜間月亮必不害你。耶和華要保護你，免受一切的災害；祂要保護你的性命。你出你入，耶和華要保護你，從今時直到永遠。」敬拜榮耀歸給神！

偶像與宗教的鼻祖——寧錄

　　寧錄乃是挪亞三個兒子裡，含的子孫。根據《聖經》的記載，他是偶像與宗教的鼻祖，在敬拜神的路上，他給人類放下極大的絆腳石（創十8-10）。

　　洪水過後，挪亞一家八口從方舟裡出來。他所做的第一件事就是給耶和華築了一座壇（創八8-20）。那是挪亞全家敬拜神的獨一地方。但是隨著年日的增加，人類繁衍眾多，寧錄就被撒但利用，濫用權柄，自立為王，建造了巴別城（巴別，混亂之意），作了巴別城的第一位君王（創十8）。

　　在巴別城尚未建造之前，天下人的口音、言語都是一樣的。後來人類蓄意傳揚自己的名，高擡自己超過神，神就變亂了人的言語。

　　《聖經》這樣記載的：「他們說，來罷，我們建造一座城和一座塔，塔頂通天；我們要宣揚我們的名，免得我們分散在全地上。耶和華降臨，要看看世人所建造的城和塔。耶和華說，看哪，他們是一樣的人民，都說一樣的語言；這不過是他們開頭要作的事，以後他們所圖謀要作的，就沒有能阻擋的了。來罷，我們下去，在那裡變亂他們的語言，使他們的言語彼此不通。於是耶和華使他們從那裡分散在全地上；他們就停工，不造那城了。因為耶和華在那裡變亂全地人的語言，使眾人分散在全地上，所以那城名叫巴別。（就是變亂的意思）。」（創十一4-9）。

　　此後挪亞的子孫各隨他們的宗族、方言所住的地土分裂成許多邦國（創十32）。

　　在人類中間究竟有多少種語言，恐怕很少人能算得清楚罷。稀奇的是語言雖多，卻不致混亂。每一個國家，每一種民族，都有他們

獨特的語言。光是我們中國的地方話，就不知有多少種了。但若干世紀以來，從來沒有改變過。因此，我們必須承認《聖經》實在是神的話啊！據傳，寧錄作王之後，他塑造、雕刻了許多偉人的像，放在各處供人拜，這就是偶像的由來。今天很多人仍然以此種方式敬拜神。例如：有人在生前作了許多善事，像是濟貧救孤，下水救溺，捨身取義，為國捐軀……等。後世的人為記念他們的事蹟，就為他們塑像，甚至造廟，供奉為神，所以偶像之多，難以計數。有的人還去拜日頭、拜月亮、拜大樹、拜石頭、拜蛇，印度人拜牛為神，這是何等可憐的光景（申四15-19，羅一20-23）。加上邦國的建立，又產生了宗教，在敬拜神的路上，就更加混亂了；有人信佛教，有人信道教，有人信統一教、儒教、天主教、基督教……簡直無法算得清。一般人的觀念總覺得宗教都是教導人向善，信甚麼都一樣。事實上，絕對不一樣。

因為宇宙中只有一位獨一的神！就像人只有一位父親一樣（林前八4，賽四十四13-19，四十五6-8）。也許你認了許多義父，但生你的只有一位，他與你乃是有生命和血緣的關係。有的人非常重視：「認祖歸宗」。事實上，正確的歸宗應該是歸回到天父面前，也就是生命的源頭──神裡面！另外，你可能拜了很多神，但卻不是主，即所謂的「六神無主」（徒十七22-25）。在所有的宗教經典中，惟有《聖經》給人們明確應許說：「信的人有永遠的生命。」（約六47）這永生並不是讓我們長生不死，而是使我們的靈魂得救脫離火湖的刑罰（林前十五25-26，啟廿15）。

這位神乃是靈，住在聖潔、公義，人所不能靠近的光中──三層天上（林後十二2）。試想，像我們這般有罪的人，怎能因獻雞、獻鴨、燒香焚紙，拜拜偶像，信信宗教，做做好事，就可以得到呢？更何況，我們有生俱來從老祖宗所承繼的原罪尚未解決，怎能接觸到神呢？

《聖經》上說：「罪的工價乃是死。」（羅六23）又說：「沒有流血，就沒有赦罪。」（來九22）何況空中還有魔鬼住在那裡，有誰能打通那一關呢？《聖經》上說：「除了從天降下仍舊在天的人子，沒有人升過天。」（約三13）這裡說打通這一關的乃是主耶穌（來十19-20）。因祂道成肉身，將神帶下來；祂死在十字架上，流出祂的寶血，不僅滿足了神公義的要求，也洗淨了我們所有的罪；祂從死裡復活，成為分賜生命的靈，藉著這個靈，和祂的血，讓我們這些有罪的人得以與神和好（羅五6-11，西一20）。我們的靈與神的靈交流的管道完全暢通了（加三13-14）！阿利路亞！

也許有人說，主耶穌的血已經流了兩千多年，怎麼還能洗罪？如果我們站在法理的立場來接受就不會懷疑了！因為無論任何律例，一旦經由立法制訂生效，它就成為那項律例合法的依據和根據，除非再經過修法。然而神的話和真理永不改變，所以祂的血永遠有功效（來九12，林前十一25）。

亞當在伊甸園中因著背叛神，沒有得著神的生命，並且被趕出來離開神的面。如今藉著主耶穌卻給我們得著了（羅五21）。祂升上高天，再把我們帶到父的面前（約十四1-3）。

《聖經》上說：「我就是道路、實際、生命；若不藉著我，沒有人能到父那裡去。」（約十四6）。

感謝主！藉著主耶穌的救贖工作，我們又得以重回伊甸園，投身父神的懷抱。難怪真信耶穌的人是那麼喜樂！這說出，得著神的路，不是你燒了多少紙錢，更不是你獻了多少供品。如果是那樣，神就不是公義聖潔的了，因為祂也接受賄賂。當然，做善事這是神的命令（路十二33，林後九8-9，加六9-10），但是只單單做善事是不夠的。

以賽亞書卅五章八至九節說：「在那裡必有一條大道，一條路，稱為聖別之路；汙穢人不得經過，乃為贖民行走；人雖愚昧，也不至失迷。在那裡必沒有獅子，猛獸也不登這路，在那裡都遇不見；只有

贖民在那裡行走。」人們常說：「條條大路通羅馬」但是，通往神國的路卻只有一條，就是這裡所說的——聖路！這條路並不是人人都可以走，而是那些蒙主寶血贖回來的贖民才有資格（弗一3-8）。因為有罪的人是不能走的！

今天全人類都被魔鬼所轄制，只是人不知道而已。例如：家母拜偶像很虔誠，但她那些規矩實在太多。除夕夜絕不准睡覺，她說若不守歲會短命。年夜飯一定得吃魚，說若不吃魚，一整年都窮。小孩子從除夕黃昏開始，決不准亂說話，免得說錯了話不吉利。常常許多事都得去卜八卦、看風水。筆者有位女同事，生完頭胎在坐月子期間，她的婆婆不准生肖屬虎的朋友來探望她，免得孩子被虎吃了。請看！這是何等的轄制。由於魔鬼是邪靈的化身，所以它也能行一些神蹟和奇事。例如：摩西的杖能變成蛇，法老術士的杖也照樣變成蛇。正因為如此，很多人被欺騙，卻甘心樂意的受它轄制（申十三1-4，出七8-12）。

照著《聖經》的豫言，恐怕在要來的日子裡，魔鬼所行的神蹟會更大、更神奇（太廿四24）。今天的偶像坐在那裡不能動、不能言，僅僅利用它背後的酒鬼、煙鬼、色鬼、淫亂鬼、賭鬼、貪心鬼，甚至電動玩具鬼、吸毒鬼來害人而已。但當敵基督出來之後，情形就不同了，偶像不僅會動，也會說話。它說它就是神，就是基督，而且基督所行的神蹟，它都能行（帖後二4，9，啟十三15）。

約翰弟兄告訴我們說：「**親愛的，一切的靈，你們不可都信，總要試證那些靈是出於神的不是；……凡靈承認耶穌基督是在肉體裡來的，就是出於神的；……凡靈不承認耶穌，就不是出於神的，這是那敵基督者的靈；……**」（約壹四1-3，耶廿九8-9）因此，神的兒女，必須竭力追求，認識真理，裝備真理，免得被迷惑了（可十三22-23）！

《聖經》上說：「**整個世界都臥在那惡者裡面。**」（約壹五19）並且魔鬼把人心裡的眼睛弄瞎了，使人看不見基督的光（林後四

4），所以很多人寧可受苦也不願意接受主耶穌作救主。當然，並不是每個信耶穌的人，都能脫離魔鬼的轄制，那是因為他們沒有徹底認罪，徹底悔改。同時沒有好好的活在主面前和召會中，蒙神保守，以致魔鬼在他們的身上，仍然有地位（彼前五8）。

有位青年姊妹提出一個問題，她說：「《聖經》上說：『**信入子的人有永遠的生命；不信從子的人不得見生命，……。**』（約三36）那世界上有許多人，他們的行為和操守都非常好，就是因為沒有接受主耶穌替死的福音而下地獄，神不是太不公平了嗎？」筆者未得救之前也是持有這種觀念。

事實上，不是你好不好的問題，是你有沒有重生得著神的生命。以人造花為例，無論做的多像真的，它還是假的，因為它沒有生命。也許有人會說：「誰說我沒有生命！我現在活著不是生命是甚麼？」但是人的生命是屬血氣的、是有罪的、是會朽壞的，惟有神的生命是聖潔的、無罪的、永遠都不朽壞（林前十五35-44）。

因此主耶穌說：「**賜人生命的乃是靈，肉是無益的；我對你們所說的話，就是靈，就是生命。**」（約六63，約壹五11-12）。

我們還要看見，神的國和魔鬼的國是有範圍和領域的（林後六14-16，路十六16）。比方說，第二次世界大戰時，美國曾丟原子彈在日本廣島。凡是住在那裡的人都被炸死了，並沒有因某人的行為好，操守好，就免於難。除非有人預先將這個消息告訴那裡的人，而那裡的人必須相信而趕快離開才能得救，可見分界線是很重要的。

因此，《聖經》上說：「**祂拯救了我們脫離黑暗的權勢，把我們遷入祂愛子的國裡；我們在愛子裡得蒙救贖，就是罪得赦免。**」（西一13-14）而且魔鬼再也不能轄制我們，因為我們已經接受主耶穌基督作我們生命的主，領受了聖靈的印記（弗一13-14）。

筆者大女兒在鄉下中學教書時，和另一位女老師合租房子。有一天天將破曉，那位女老師急忙大聲地將筆者女兒叫醒說：「嚇死我

了！我要去信你的主耶穌了！……」原來她夜裡恍惚看見一位老太太出現在她床前、命令她說：「這是我的地方，你給我出去！」女老師就順口問她說：「我的同事也在這裡；你怎麼只叫我出去？」老太太說：「她跟我不屬於同一個國度。」

神的話說：「**孩子們，你們是出於神的，並且勝了他們；因為那在你們裡面的，比那在世界上的更大。**」（約壹四4）神的話說：「**主的靈在那裡，那裡就有自由。**」（林後三17）所有信耶穌的人都不迷信，因為主耶穌在十字架上已經廢掉了一切的規條和律法（弗二15）。阿利路亞！

藉著寧錄的例證，使每一位基督徒都知道自己的身分、地位是何等的尊貴和榮耀。求主加給我們負擔，積極起來，恆切禱告，廣傳福音，讓人人都從魔鬼的轄制中被釋放出來。

中國內地會創始人戴德生弟兄，為著讓神的福音傳遍中國，他在自己的房間牆壁上掛了一幅全中國的地圖，每天跪在地圖面前禱告好幾個小時。相信是神聽了他的禱告，所以感動了眾多的西方宣教士答應神的呼召，願意離開溫馨的家和錦秀的前程，前仆後繼地遠赴中國投身在福音的行列。今天基督教能在中國各地植下深厚的根基，都是這些宣教士為著神的託付，犧牲自我所換來的成果。對於這些弟兄姊妹，我們由衷的向他們獻上最崇高的敬意。深信他們的勞苦絕不是徒然的，因為主必有公義的冠冕加給他們（提後四7-8）。巴不得這也是我們的負擔，而且要為全世界禱告。

提摩太前書第二章五至六節說：「**因為只有一位神，在神和人中間，也只有一位中保，就是那人基督耶穌；祂捨了自己，為萬人作贖價，在適當的時期，這事就證明出來；**」讚美主！

信心之父──亞伯拉罕

　　亞伯拉罕原名亞伯蘭。根據《聖經》的記載，挪亞從方舟出來，不超過十代，人類就都墮落到拜偶像的境地（創十一10-26）。因此，神要在墮落的族類中選一個人，使他成為新族類的起頭，那個人就是亞伯拉罕。

　　約書亞記廿四章二節說：「**亞伯拉罕和拿鶴的父親他拉，住在大河那邊事奉別神，**」那時，榮耀的神向他顯現，這是亞伯拉罕想都沒想到的恩典，正像《聖經》所說：「**我要向誰施憐憫，就向誰施憐憫；要對誰動憐恤，就對誰動憐恤。**」（羅九15）。

　　現在我們要介紹的是亞伯拉罕蒙召之後，服事神的心願與態度。他一開始走路，就是一個築壇的人。「築壇」的意思是把自己奉獻給神，為神而活（創十二7-8，十三18）。因著他愛神的心，神也多次向他顯現，而且每次都帶著應許：

　　第一次，記在創世記十二章二至三節：「**我必使你成為大國；我必賜福給你，使你的名為大；你也要使別人得福。**」

　　第二次，記在同章七節：「**我要把這地賜給你的後裔。**」

　　第三次，記在十三章十四至十七節：「**從你所在的地方，舉目向東西南北觀看；凡你所看見的一切地，我都要賜給你和你的後裔，直到永遠。**」

　　第四次，記在十五章一節：「**耶和華的話在異象中臨到亞伯蘭，說，亞伯蘭，你不要懼怕；我是你的盾牌，是你極大的賞賜。**」

　　第五次，記在同章七節：「**耶和華又對他說，我是耶和華，曾領你出了迦勒底的吾珥，為要將這地賜你為業。**」

　　第六次，記在同章十八節：「**我已賜給你的後裔，從埃及河直到**

伯拉大河之地，」

第七次，記在十七章一至二節：「我是全足的神；你要行在我面前，並且要完全；我要與你立約，使你的後裔極其增多。」

第八次，記在同章十五至十六節：「至於你的妻子撒萊，不可再叫撒萊，她的名要叫撒拉。我必賜福給她，也要使你從她得一個兒子。我必賜福給她，她也要作多國之母，必有多民的君王從她而出。」

第九次，記在廿二章十七至十八節：「論福，我必賜福給你；論繁增，我必使你的後裔繁增，如同天上的星，海邊的沙；你的後裔必得著仇敵的城門；並且地上萬國，都必因你的後裔得福；因為你聽從了我的話。」

神這麼多次將自己毫無保留的向亞伯拉罕顯現，使他對神有非常徹底的認識和充分的確信，因此人都稱他為「信心之父」。

《聖經》上說：「他在無可指望的時候，仍靠指望而信，就得以照先前所說，『你的後裔將要如此』的話，作多國的父。他將近百歲的時候，雖然想到自己的身體如同已死，撒拉的生育也已斷絕，他的信還是不軟弱，總沒有因不信而疑惑神的應許，反倒因信得著加力，將榮耀歸與神，」（羅四18-20）。

創世記廿一章一至三節說：「耶和華按著先前的話眷顧撒拉，便照他所說的給撒拉成就。當亞伯拉罕年老的時候，撒拉懷了孕；到神和亞伯拉罕約定的日期，就給亞伯拉罕生了一個兒子。亞伯拉罕為撒拉給他生的兒子起名叫以撒。」從這些話裡給我們看見，亞伯拉罕的信心與神的信實。

亞伯拉罕和撒拉得到以撒時，年紀都已經一百歲了，可想而知他們愛這個孩子甚過愛自己的生命。日子一天天過去，以撒長大了。亞伯拉罕作夢也沒有想到，神竟要他將以撒獻上作燔祭。

創世記廿二章說：「這些事以後，神試驗亞伯拉罕，對他說，

亞伯拉罕。他說，我在這裡。神說，你帶著你的兒子，就是你獨生的兒子，你所愛的以撒，往摩利亞地去，在我所要指示你的山上，把他獻為燔祭。」（創廿二1-2）像這樣的話誰能接受而順服呢？然而，亞伯拉罕沒有說任何話。他沒有說：「神啊！你既知道以撒是我所愛的，是我的獨生子，你為甚麼向我剝奪？你既向我剝奪，當初為甚麼要給我呢？」假如亞伯拉罕講理由，那可是充分的很啊！可是何等稀奇！亞伯拉罕連一句話都沒有說就答應了神的要求。

《聖經》上說：「亞伯拉罕清早起來，備上驢，帶著兩個僕人和他兒子以撒，也劈好了燔祭的柴，就起身往神所指示他的地方去。」（創廿二3）這樣的人，神能不恩待他嗎？難怪神即時預備了一隻羊羔，代替以撒作為燔祭（創廿二13）。

神對亞伯拉罕說：「耶和華宣示說，你既行了這事，不留下你的兒子，就是你獨生的兒子，我指著自己起誓：論福，我必賜福給你；論繁增，我必使你的後裔繁增，如同天上的星，海邊的沙；你的後裔必得著仇敵的城門；並且地上萬國，都必因你的後裔得福；因為你聽從了我的話。」（創廿二16-18）聽神的話是蒙神祝福的首要條件（耶七23，路十一27-28）。但是聽神的話必須出代價。亞伯拉罕雖然不說話，他內心的痛誰能體會呢？然而，他為了愛神而不顧自己的感覺，一心只求神的滿足。許多時候我們不能順服神，都是因為太體貼自己、怕苦、怕難、怕吃虧、怕沒面子……。

今天來到新約時代，主還會讓我們獻上兒子作燔祭嗎？即使在當時神也只是試驗亞伯拉罕，並不是真的讓他殺兒子，所以彼得弟兄說：「叫你們信心所受的試驗，比那經過火的試驗仍會毀壞之金子的試驗，更為寶貴，可以在耶穌基督顯現的時候，顯為可得稱讚、榮耀和尊貴的；」（彼前一7）。

其次，亞伯拉罕愛弟兄的心也是值得我們學習的。當初，神呼召他離開吾珥時，他因愛他的侄兒羅得，所以把他帶在身邊。豈料，這個

侄兒不但不感激他，反而帶著他的財物走掉了（創十三11）。羅得離開亞伯拉罕之後，生活越過越糟，最後住到所多瑪，那是個鬼魔之城。

有一次，所多瑪發生戰爭，敵人將城中的財物連同羅得都一併掠了去（創十四11-12）。有人逃出來將這個消息報告給亞伯拉罕。若是換了一個沒有愛心的人，一定會說：「掠去算了，關我甚麼事？誰叫他恩將仇報，我對他那麼好，他卻忘恩負義。我就知道，有一天神定規懲罰他。」但是亞伯拉罕一點也不計算別人的惡。他馬上召集了家中生養的精練壯丁共三百一十八人，連夜追到大馬色的何把，將羅得和他的財物都奪了回來（創十四14-16）。

按理，羅得被救了回來，應該回到亞伯拉罕身邊，可是他仍然戀慕罪中之樂，又回到所多瑪去。對此，亞伯拉罕仍一本初衷愛羅得。後來當神要把剿滅所多瑪的消息告訴他時，他的心更是忐忑不安。他擔心羅得會葬身火窟，因此，向神苦苦哀求。因著他的代禱感動了神的心，於是打發兩個天使到所多瑪把羅得救了出來，否則，羅得也一定與所多瑪城裡的百姓同歸於盡了（創十九23-29）。

亞伯拉罕實在遵守了神的話：「**你要饒恕你的弟兄到七十個七次。**」（太十八22）許多時候，弟兄姊妹得罪我們一點，我們就很不容易原諒他們，甚至連話也懶得和他們說，這並不是主的心意。

主親口告誡我們說：「**因為你們若赦免人的過犯，你們的天父也必赦免你們；你們若不赦免人的過犯，你們的父也必不赦免你們的過犯。**」（太六14-15）保羅也說：「所以你們既是神的選民，聖別蒙愛的人，就要穿上憐恤的心腸、恩慈、卑微、溫柔、恆忍。倘若這人與那人有嫌隙，總要彼此容忍，彼此饒恕；主怎樣饒恕了你們，你們也要怎樣饒恕人。」（西三12-13）願神的兒女都能彼此相愛，互相代禱、代求，這是讓神滿意的（約十五10-12，提前一5，彼後一7-11）。另外有一點也是我們應該特別學習的。許多時候，我們只能作到愛那些可愛的弟兄姊妹，至於那些性格乖僻的，我們實在愛不來。

　　但是主說：「你們若愛那愛你們的人，有甚麼可酬謝的？因為連罪人也愛那愛他們的人。你們若善待那善待你們的人，有甚麼可酬謝的？就是罪人也這樣行。……你們要有憐憫，正如你們的父有憐憫一樣。」（路六32-36）。

　　我們都需要主的恩典，亞伯拉罕在神面前所領受的應許已經完全得到應驗，他肉身的後裔成了神祝福的選民──以色列國。

　　出埃及記三章十五節說：「神又對摩西說：『你要對以色列人這樣說，耶和華你們祖宗的神，就是亞伯拉罕的神，以撒的神，雅各的神，差我到你們這裡來。這是我的名，直到永遠；這也是我的記念，直到萬代。』」

　　他屬靈的後裔──主耶穌，也已得著了「仇敵的城門。」

　　啟示錄五章四至五節說：「因為沒有配展開、配觀看那書卷的，我就大哭。長老中有一位對我說：『不要哭！看哪，猶大支派中的獅子，大衛的根，他已得勝，能以展開那書卷，揭開那七印。』」阿利路亞！誰說神的祝福沒有條件。

　　創世記四十九章八節及馬太福音一章二節的話已經得到印證。

附記

　　根據報導，很多考古學家已經鑒定，位於以色列東南部之鹽海，就是所多瑪和蛾摩拉的遺蹟。由於該海沒有出口，所以亦稱「死海」，海水奇鹹且苦，硫磺成分非常高，因此專供曬鹽用（創十九3-24，27-28）。

揀選錯誤的義人——羅得

　　根據《聖經》的記載，羅得是個義人（彼後二7）。既是義人，可見他曾有過異象，否則他不會見到天使就起來迎接（創十九1）。只可惜他認識神卻不敬畏神，加上他太貪愛錢財又戀慕屬世的享樂，而且離開他的叔叔——亞伯拉罕，以致被仇敵擄去，下場非常悽慘。現在讓我們來看看他的生平。

　　羅得跟著他叔叔從迦勒底的吾珥出來的時候，我們相信他絕對是一無所有。後來他叔叔發了財，他也就東抓一點，西拿一點的成了大富戶（創十三5）。羅得有了錢，立刻就想獨立生活，很可能對叔叔一點也不尊敬，到了最後連他的牧人也和亞伯拉罕的牧人相爭起來（創十三7）。在這種情形下，他叔叔只好讓步，就對羅得說：「**你我不可相爭，你的牧人和我的牧人也不可相爭，因為我們是骨肉，遍地不都在你眼前嗎？請你離開我。你向左，我就向右；你向右，我就向左。**」（創十三8-9）

　　羅得聽了叔叔的話，心中暗喜。也許他想：「這就是我所求的。現在你既叫我挑田產，那我就不客氣了。」《聖經》上說：「**羅得舉目看見約旦河的全平原，直到瑣珥，都是滋潤的；那地在耶和華毀滅所多瑪、蛾摩拉以前，如同耶和華的園子，也像埃及地。於是羅得為自己選擇約旦河的全平原，往東遷移；……直到所多瑪。……**」（創十三10-13）這是羅得墮落的第一步。羅得走了，亞伯拉罕可說是傷心欲絕，而且很多的田產都給他拿走。但是亞伯拉罕甚麼話也沒說，卻立刻為耶和華築了一座壇——更新自己的奉獻（創十三18）。真所謂：每次的打擊都是真利益。

　　此後，羅得和叔叔過著迥然不同的生活。他天天吃喝醉酒，享受

罪中之樂；而亞伯拉罕卻住在帳棚裡，過著築壇的日子。羅得雖然墮落的很深，但神仍然不丟棄他，所以，在他的環境裡興起了風浪，讓他的財產和他一切所有的都被基大老瑪擄了去。如果羅得稍有警醒的心，他應該明白是怎麼一回事。即或不然，也該在他叔叔將他救回來時，清醒過來，重新回到叔叔身邊，向叔叔認罪悔改。可是羅得沒有把握神給他的機會仍然回到所多瑪去，因為他已經習慣過罪中之樂的日子了。

很多人都是這樣，剛開始墮落時良心還不平安，久而久之也就無所謂，這實在可悲。保羅弟兄說：「……有人被罪迷惑，心就剛硬了。」（來三13）

彼得弟兄也說：「倘若他們因認識主和救主耶穌基督，得以逃脫世上的汙穢，卻又在其中被纏住制伏，他們末後的景況，就比先前更不好了。他們認識義路，竟轉離所傳授給他們神聖的誡命，倒不如不認識為妙。俗語說得真對，狗所吐的，牠轉過來又吃；豬洗淨了，又到泥裡去滾。這話在他們身上發生了。」（彼後二20-22）。

由於所多瑪的罪惡深重，神定意要用硫磺火毀滅那城。亞伯拉罕預先得知這消息就迫切地為羅得代禱，苦苦哀求神拯救他的侄兒（創十八16-33）。神被亞伯拉罕的愛心感動，就再給羅得一次機會，差遣兩個天使到所多瑪去救羅得的全家。

兩個使者到了所多瑪，進了羅得的屋子。結果，全城的人連老帶小都來圍著羅得的房子，逼羅得將兩個使者交出來。羅得為了保護那兩個使者，竟對那些人說：「我的弟兄們，請你們不要作這惡事。我有兩個女兒，還是處女，讓我領出來，照你們看為好的而行；」（創十九1-8）。

從羅得說的話裡，我們可以清楚看見，他的道德觀已經低到何種程度？而他平日的生活也就可見一斑了。難怪他告知女婿所多瑪即將被神毀滅時，他的女婿根本不相信。最可悲的是死亡已經臨到頭上，

他還在那裡與天使討價還價的不肯離開。他對天使說：「**主阿，但願不要如此。你僕人已經在你眼前蒙恩，你又向我顯出莫大的慈愛，保全我的性命；我沒有力量逃到山上，……看哪，這座小城很近，容易逃到。……求你讓我逃到那裡，……**」（創十九18-20）。

羅得連逃命也怕付出代價，都快要死了，還忘不了帶著他的老酒（創十九32）。他的妻子更是愛財如命，一面逃命，一面捨不得所多瑪的財富。結果，回頭一看！竟變成了一根鹽柱（鹽柱的意思是羞恥，創十九26），何等悽慘的場面！他的兩個女兒呢？更是可憐到極點，居然異想天開與羅得同寢，以致生了兩個被神咒詛的族類——摩押人和亞捫人。

這兩族的人雖過十代也不得進入耶和華的會（創十九30-38，申廿三3）。羅得不僅毀了整個家，連子子孫孫也跟著他遭殃！這實在是太嚴肅了。

假如羅得知道他的所作所為會給後代帶下如此的禍患，相信他一定會收斂自己的行為，不任意放縱肉體。但這又能怪誰呢？是他自己一再硬著心不肯回轉，是他輕忽神的恩典不肯回到叔叔的身邊，以致造成無可彌補的錯誤，而神在祂的公義裡斷不以有罪的為無罪（出卅四7）。

從羅得妻子愛財如命的光景，我們可以了解她平日的生活是怎樣了。羅得所以會墮落的那麼深，與他的妻子大有關係，而那兩個女兒所以那麼不懂倫理和羞恥，也是因為沒有一個好母親的下場。若是羅得的妻子平常多關心丈夫，幫助他過敬畏神的生活，自己也能在凡事上討神的喜悅，以身作則的教導孩子（箴十四1），相信這個家絕不會落得那麼悽慘（箴十二4，三一10-12，24-31）。

宋美齡女士，是臺灣領導人先總統蔣中正先生的夫人，她是一位虔誠的基督徒。為了讓蔣先生認識這位創造宇宙萬有的獨一真神！經常帶領他禱告、讀《聖經》。慢慢地蔣先生也成為一位愛主的基督

徒。據報導，他處理任何事，包括國家大事必先禱告求神幫助！他能夠在遺囑中高舉主耶穌基督的名，這可不是一件小可的事！難怪神那麼祝福臺灣。這說出妻子對丈夫和家庭影響實在是太大了（箴十八22，十九14，詩三三12）。

有位青年姊妹，她兒子本來是常與愛主的弟兄們一同追求真理，非常蒙恩。但她認為應該把時間多用在功課上，因此她的孩子就不再來召會追求認識這位創造宇宙萬物唯一的真神和祂的話了。沒想到幾年之後她的兒子竟被壞同學引誘吸食了安非他命，這恐怕是她沒有顧慮到的事。其實孩子每星期聚會的時間，應該不會超過三、四個小時；比起每天消耗在電腦桌前的時間少多了！

另外還有一位青年姊妹，她的弟兄非常愛主，但她認為弟兄服事太多影響家庭生活，所以只要弟兄晚回去一點，她就絕對不開門，弟兄被逼得沒有辦法只得離開召會生活，結果也是家庭不和睦。這實在給我們警惕，不要攔阻丈夫和孩子過召會生活。顧到孩子的功課和家庭生活是應當的，但必須取得平衡，不可以過偏；否則魔鬼會乘虛而入。因為世代太邪惡了！到處都是魔鬼的陷阱和網羅。

《聖經》上說：「務要謹守、儆醒。你們的對頭魔鬼，如同吼叫的獅子，遍地遊行，尋找可吞吃的人；」（彼前五8）。

還有的信徒，由於對宗教太狂熱，就整天跑教堂，家也不顧，孩子也不管，以為這樣就是愛主了！事實上，神的心意絕不是如此（林前十一3-4，提前三4-5，11-12，多二4-5）。

魔鬼最大的詭計就是利用各種手段和方式破壞家庭，婚姻和個人以及召會！所以，我們必須警醒，免得被祂欺騙而得罪神！讓神不得榮耀！

箴言第四章說：「眾子阿，要聽父親的訓誨，要留心聽，好得聰明。因我授與你們的是美好的學識；不可離棄我的指教。我在父親面前為孝子，在母親眼中為獨一的嬌兒。父親教訓我說，你心要謹記我

的言語；遵守我的命令，便得存活。要得智慧，得聰明；不可忘記，也不可偏離我口中的言語。不可離棄智慧，……要持定訓誨，不可放鬆；當護衛她，因為她是你的生命。不可進惡人的途徑；不要行壞人的道路。要要躲避，不可經過；要轉身而去。這等人若不行惡，就睡不著覺；不使人跌倒，就不得安眠；因為他們吃的是奸惡餅，喝的是強暴酒。但義人的途徑好像黎明的光，越照越明，直到日午。惡人的道路好像幽暗；自己不知因甚麼絆跌。我兒，要留心聽我的言語，側耳聽我的講論。都不可使這些離你的眼目；要持守在你心中。因為對尋得的人，這些乃是生命，又是全身的醫治。你要切切保守你心，因為生命的果效發之於心。你要除掉邪僻的言辭，遠離乖謬的談論。你的眼目要向前正看，你的眼睛當向前直觀。要修直你腳下的途徑，堅定你一切的道路。不可偏向左右；要使你的腳離開邪惡。」

　　求主的寶血遮蓋，筆者分享一點個人蒙恩的見證：感謝主的憐憫！我有四個孩子，平日對他們也沒有特別的教育。但只有一件事，我經常帶他們聚會、讀經、禱告，並且引導他們要常常向主禱告認罪和過敬畏神的生活。同時，我也祈求主賜給我智慧，好知道如何教育孩子，也每天為孩子們禱告，求神保守他們的心和腳步。

　　感謝主的恩典和憐憫！他們沒有參加任何補習班，但卻都考取大專或研究所。老大、老二讀的是文科，分別就職於公司的祕書和學校老師。老三是醫生。老四在美國取得會計系碩士學位，並且考取加州會計師執照，現在自營會計師事務所。這一切都是神的賜予和憐恤。我們全家都時常向神感恩。

　　外子原來是個無神論者，尤其對信耶穌更是反感，他說那是洋教，所以他以種種理由作藉口，不准許任何人到社區傳講耶穌（他是區長）。後來他在試煉中遇到真神，因此他信主了。因著他渴慕真理，加上經常邀他和我一同讀經、禱告，他的心漸漸地被主得著。他每天早晨四點一定起床向主禱告，曾經中風三次卻都轉危為安，已經

七十多歲，每天上、下午還出去散發福音單張，常常自掏腰包到印刷所印製福音卡片分送給人。他活到八十多歲才榮歸主懷。

感謝主的大恩大愛。幾十年過去了，在這些年日裡，我們也曾遭遇各種不同的苦難和試煉，但每一次都讓我們經歷主的眷顧，也更認識祂是不誤事的神和眾肢體的愛。我們真是有倚有靠的人，而不是一個六神無主的人。阿利路亞！謝謝主！正如寫詩的人曾說：

神未曾應許：天色常藍，人生的路途，花香常漫；
神未曾應許：常晴無雨，常樂無痛苦，常安無虞。
神卻曾應許：生活有力，行路有光亮，作工得息，
試煉得恩勗，危難有賴，無限的體諒，不死的愛。

有位聖徒說：「每次患難來找我們時，他的手上一定拿著一塊金子。如果我們是以感謝讚美和順服接受時，他最終就把金子丟給我們逃跑了！」這話完全正確（賽九1-2，羅五2-5）。小敏姊妹在她的詩歌中有這樣的詞句：

……在我人生的每一個臺階，在我人生的每一個小站，
你的手總是攙拉著我，把我帶到你身邊，
告訴我當走的路，沒有滑向死亡線，
你愛何等的長闊高深，我心發出驚嘆……

召會是個大家庭，由於背景，教育程度，或天然性格不同，難免會產生磨擦，但這些都應該在主的愛裡彼此包容。我們必須要有一個正確的態度，患難不應該影響我們的信仰，因為非信徒也會遭遇各種患難。弟兄姊妹的好與壞不應該影響我們的召會生活，因為你我信的是神不是人，只要我們守住自己的本分，看別人比自己強（腓二3，

5）相信沒有過不去的難處。果真受了許多委屈或誤解，主的話安慰我們說：「**感謝神，祂藉著我們的主耶穌基督，使我們得勝。所以我親愛的弟兄們，你們務要堅固，不可搖動，常常竭力多作主工，因為知道你們的勞苦，在主裡面不是徒然的。**」（林前十五57-58）將來我們到主面前將會得著所有的補償。

啟示錄七章十六至十七節說：「他們不再饑、不再渴，日頭和一切炎熱也必不傷害他們，因為寶座中的羔羊必牧養他們，領他們到生命水的泉；神也必從他們眼中擦去一切的眼淚。」但願主的話成為我們的幫助。保羅弟兄說：「**我們若將起初的確信堅守到底，就必作基督的同夥了。**」（來三15，來十三6）。

羅得的例證說明了父母對孩子的影響實在太大了。尤其是神的兒女，絕不可以任意放縱肉體的情慾。否則，不僅虧欠神，也讓下一代得不著祝福。神的話說：「**……人種的是甚麼，收的也是甚麼。為著自己的肉體撒種的，必從肉體收敗壞；為著那靈撒種的，必從那靈收永遠的生命。**」（加六7-8）

今天整個地都被仇敵所轄制，人們犯罪作惡視為應該。許多父母在生活上沒有好的榜樣，以致目前的下一代簡直不像樣。孝敬父母，仁義道德，他們都認為是多餘的。據報導，有的中學女學生，竟然把教她們的女老師殺成重傷，原因是她抽煙被老師管教；有的父親竟帶著兒子，看那些最邪惡淫亂的錄影帶，甚至有人還倡導換夫換妻的遊戲。這實在是太違背神的法則（猶7-8）！

《聖經》上說：「**婚姻當在眾人中間受尊重，床也不可汙穢，因為淫亂和姦淫的人，神必審判。**」（來十三4）又說：「**所以神所配偶的，人不可分開。**」（可十9）還說：「**但為避免淫亂，男人當各有自己的妻子，女人也當各有自己的丈夫。**」（林前七2）。

另外許多女孩子才十幾歲就被親生父親性侵犯，有的學校老師把自己的小女學生都侵犯了。甚至受過高等教育的大學教授也性侵犯女

學生。像類似的新聞已經不稀奇了。

不論是電視連續劇或是現實生活中，砍、殺、奪、搶、砸，簡直是處處可見，全世界都籠罩在這種危機當中。這些現象正和挪亞那個世代的光景一模一樣。因為那時候最大的特徵，就是全地上都滿了邪惡淫亂和強暴（創六5-6，13，十九4-9）。我們若要脫離這些魔鬼的網羅，唯一的道路就是活在主面前和祂的召會裡，如此才能得以脫離仇敵的網羅。

看到這些兆頭我們身為神的兒女可得要注意了！無論如何也要從世界裡分別出來，好好活在主面前，過聖潔公義，敬畏神的生活。如此，才能蒙保守不被魔鬼陷害，才能將家人和下一代領到主面前，進入召會（方舟裡）。同時對青少年的福音工作，要接受負擔，並獻上迫切的禱告，求神拯救這個邪惡淫亂的世代。

主耶穌說：「挪亞的日子怎樣，人子來臨也要怎樣。因為就如在洪水以前的那些日子，人又吃又喝，又娶又嫁，直到挪亞進方舟的那日，並不知道審判要來，直到洪水來了，把他們全都衝去；人子來臨也要這樣。」（太廿四37-39）願藉主的話使我們有回頭的亮光，免得將來哀哭切齒，後悔莫及。

恩典的承受者——以撒

　　以撒的一生是令人羨慕的，因為他一直都是一個承受祝福，領受恩典的人。他不必花一點代價，完全是坐享其成，《聖經》上說：「**耶和華向以撒顯現，說，你不要下埃及去，要住在我所指示你的地。你寄居在這地，我必與你同在，賜福給你，因為我要將這些地都賜給你和你的後裔；我必堅定我向你父亞伯拉罕所起的誓。**」（創廿六2-3）從以上的話語中，我們看見，以撒之所以能如此蒙福，乃是因著他父親亞伯拉罕的緣故。雖然是這樣，若以撒沒有蒙福的條件，神的祝福也無法賜給他。現在我們所探討是，以撒究竟有哪些蒙福的條件？

　　以撒出生的時候，父母都已年紀老邁。能得著這個兒子，真是高興極了。所以他母親撒拉就喜樂的說：「**神使我歡笑，凡聽見的必與我一同歡笑；**」（創二一6）到了以撒斷奶的日子，老夫婦還大擺筵席以示慶祝（創廿一8）！撒拉更把使女夏甲和她生的兒子以實瑪利趕出家門（創廿一10，14）。同時亞伯拉罕把自己所有的一切都給了以撒（創廿五5）。至此，以撒實在是世界上最幸福的人了，他過著無憂無慮的生活。

　　有一天早晨，他父親突然吩咐他說，你背上柴與我一同到神所指示的地方去（創廿二3）。令人稀奇的是，以撒連一句話也沒說，就背上柴跟著父親去了。這種順服的態度誰能做到呢？讓人感動的是，到了山上，亞伯拉罕將壇築好，然後捆綁以撒，把他放在壇上。以撒竟然不喊不叫，也不掙扎，他默默的接受父親的擺布。他實在是效法了主耶穌的順服（賽五三7）。以撒的順服讓神得著完全的滿足，因此，當亞伯拉罕正要舉刀殺以撒時，神馬上伸出了拯救的手，預備了

一隻羊羔代替以撒。亞伯拉罕為了記念神的恩典，給那地方取名叫：「耶和華以勒」（創廿二13-14）。意思是，在神的山上必有預備。神特別祝福以撒不是沒有原因的。

其次，以撒在擇偶的事上也是完全順服父親。他父親對管理全業的老僕人說：「你要往我本地、親族那裡去，為我的兒子以撒娶一個妻子。」（創廿四4）這個老僕人，不負所託，果然去了米所波大米，給以撒找了一個妻子，那就是利百加。老僕人把利百加帶到以撒面前，當利百加知道以撒就是她丈夫時，她立刻拿帕子把臉蒙起來（創廿四64-65）。從古代到今天，所有的女孩子結婚那天都必須蒙頭紗，但很少人知道這規矩是從何而來？感謝主！《聖經》給了我們最正確的答案。蒙頭的意義，一面說是要敬畏神，一面說是要順服丈夫（林前十一2-3）。

當老僕人將經過的情形一五一十的告訴以撒時，以撒仍然沒有說任何一句話，便領著利百加進了他母親的帳棚，娶了她為妻，且很愛她（創廿四66-67）。以撒的順服實在叫人敬佩。以撒結婚之後多年都沒有孩子，但他不埋怨神，卻常常為妻子祈求耶和華。以撒愛妻子的榜樣非常讓人感動（彼前三7）。他是合神心意的。果然，神聽了他的禱告，賜給了他一對雙胞胎（創廿五21-26）。以撒得了雙胞胎之後，家中大大興旺，一年之內有百倍的收成，牛羊成群，僕人眾多成了大富戶（創廿六12-13），真是應驗了神給他的祝福。這給我們看見主祝福以撒不是沒有原因的。

由於以撒的富足，引起當地人的妒嫉。創世記廿六章十六節說：「亞比米勒對以撒說，你離開我們去罷，因為你比我們強盛得多。」以撒仍然是不說一句話就默默地離開了那地，搭帳棚在基拉耳的谷中。本來他住在平地，家大、戶大，如今竟然住在谷裡，有誰能做到呢？以撒的態度是：都給你們罷！沒有甚麼好爭的，只要有神的同在和祝福，無論在哪裡都是豐富的（創廿六17）。正如有一首詩歌

所說：

> 父，我知道我的一生，你已替我分好；
> 所有必須發生變更，我不害怕看到；
> 我求你賜長久忠誠，存心討你歡笑。
> 每條路上都有虛假，是你要我忍耐；
> 每種境遇都有十架，是你引我倚賴；
> 但心靠你若是卑下，無論那裡可愛。
> 你愛所定我的選擇，不是我的捆繩；
> 我在暗中受你領帥，已識你的見證：
> 一生充滿捨己的愛，就是自由一生。

以撒住在谷裡，仍然不停的做工（挖井），尋找活水。結果，他不但將他父親在世時挖的井（後來被非利士人填起來）重新挖通之外，還挖到好幾口井。最寶貴的是，他的僕人還挖到一口活水井哪！比起在平地的收獲，多了好幾倍（創廿六18-22，來十三6）。

以撒對神的順服，對父親的尊敬，以及對人的忍讓與謙卑都是他蒙祝福的原因。他活到一百八十歲，日子滿足才歸到他列祖那裡（創卅五28-29）。「日子滿足」說出他一生沒有缺憾。

今天我們也是一樣，能成為基督徒，成為神的兒女，完全是神的揀選，白白恩典不需要我們花一點代價。不過，我們如果要得到神特別的祝福，卻是要付出代價的。我們能否像以撒那樣順服，那樣忍讓，不爭競，不埋怨，隱藏自己，不停的挖井（更深的追求基督，箴八35，彼前一3-5）。

地上物質的祝福對基督徒來說是次要的，最緊要的是讓基督的生命不斷的長大到我們裡面，使我們被變化成為珍珠寶石，有分於新耶路撒冷真實的建造，得到國度的獎賞。

　　啟示錄廿一章一至五節說：「我又看見一個新天新地；因為第一個天和第一個地已經過去了，海也不再有了。我又看見聖城新耶路撒冷由神那裡從天而降，預備好了，就如新婦妝飾整齊，等候丈夫。我聽見有大聲音從寶座出來，說，看哪，神的帳幕與人同在，祂要與人同住，他們要作祂的百姓，神要親自與他們同在，作他們的神。神要從他們眼中擦去一切的眼淚，不再有死亡，也不再有悲哀、哭號、疼痛，因為先前的事都過去了。坐寶座的說，看哪，我將一切都更新了。又說，你要寫上，因這些話是可信的，是真實的。」讚美主！

與神較力的人──雅各

　　雅各是以撒的兒子。他算是一個既聰明又詭詐的人。他還在母腹中就與雙胞胎哥哥以掃相爭。生產的時候還用手抓著哥哥的腳跟，因此，他的名字叫雅各，就是「抓」的意思（創廿五22-26）。稀奇的是，他既抓奪又詭詐，而神卻說：「**雅各是我所愛的，以掃是我所恨的。**」（羅九13）這到底是為甚麼呢？如果我們仔細讀神的話就會明白了。原來雅各所抓奪的重心不是為錢；他所以詭詐也不是為利，乃是要得到長子名分，這一點摸著了神的心。因為長子名分在《聖經》裡豫表祭司職分和君王職任與雙份土地，這與事奉神是有關係的。結果！這三項的祝福真的都被雅各的後代得去了（代上五1-2，申十八1-2，結四八1-7）。

　　創世記廿五章記載了這麼一段話：有一天，雅各熬湯，以掃從田野跑回來累昏了。以掃對雅各說：「**我累昏了，求你給我一些紅湯喝。**」……雅各說：「**你先把長子的名分賣給我罷。**」以掃說：「**我現在快死了，這長子的名分對我有甚麼用？**」……以掃就對他起了誓，把長子的名分賣給雅各（創廿五29-34）。

　　以掃就這樣，為了一碗紅豆湯，便把長子名分賣給了雅各。問題就出在這裡，以掃輕看長子名分，雅各卻千方百計的要得長子名分。在這裡給我們看見，神愛雅各不是沒有原因的。

　　哥哥以掃喜歡四處亂跑，而雅各卻整天安安靜靜的待在帳棚裡陪伴母親，所以母親利百加特別偏愛他（創廿五27-28）。為了讓他得到神的祝福竟然幫助他欺騙父親以撒。

　　創世記廿七章說：「**以撒年老，眼睛昏花，不能看見，就叫了他大兒子以掃來，對他說，我兒。……我如今老了，不知道那一天死。**

現在拿你的器械……往田野去為我打些野味來，照我所愛的作成美味，拿來給我吃，使我在未死之前給你祝福。」以撒對以掃說的話，利百加也聽見了，她對雅各說：「我聽見你父親對你哥哥以掃說：你去把野味帶來，作成美味給我吃，我好在未死之前，在耶和華面前給你祝福。現在，我兒，……你到羊群去，給我拿兩隻肥山羊羔來，我便照你父親所愛的，給他作成美味。你拿到你父親那裡給他吃，使他可以在未死之前給你祝福。」（創廿七1-10）。

　　利百加利用以撒年老眼花的弱點，替雅各騙取了祝福而以撒居然沒有發覺，因此他為雅各祝福說：「願神賜你天上的甘露，地上的肥土，並豐盈的五穀和新酒。願多民服事你，多國跪拜你。願你作你弟兄的主，你母親的兒子向你跪拜。凡咒詛你的，願他受咒詛；為你祝福的，願他蒙福。」（創廿七28-29）。

　　雅各剛從以撒那裡出來，以掃拿著作好的美味到父親面前給他吃。當他發現他的祝福已被雅各騙走時，立刻放聲大哭；憤恨難平的表示，一定要將雅各殺掉。這個消息又讓利百加知道了，她又出了主意，叫雅各投奔到舅舅拉班那裡（創廿七38-45）。

　　就這樣，雅各離開了溫馨的家，他離開了疼愛他的母親，走向逃亡之路。雅各走著走著，覺得好累。當天快黑時，他就在那地方停下來，順手揀了一塊石頭枕在頭下，在那裡睡著了。「他夢見一個梯子立在地上，梯子的頂通著天，有神的使者在梯子上，上去下來。耶和華站在梯子以上，說，我是耶和華你祖亞伯拉罕的神，也是以撒的神；我要將你現在所躺臥之地，賜給你和你的後裔。你的後裔必像地上的塵沙那樣多，必向東西南北開展；地上萬族必因你和你的後裔得福。看哪，我與你同在；你無論往那裡去，我必保守你，使你歸回這地。我總不離棄你，直到我成就了向你所應許的。」（創廿八10-15）。

　　雅各雖然一心一意的想得著神，得著長子名分，但是，他從來沒有遇見過神。如今神竟然親自向他顯現，而且是在這荒蕪冷寂的曠

野，孤單淒涼的黑夜，雅各被嚇住了，所以他說：「**這地方何等可畏！這不是別的，乃是神的家，也是天的門。**」（創廿八17）。

雅各說了這話，便把他所枕的石頭立作柱子，澆油在上面，給那地方起名叫「伯特利」，就是「神殿」的意思。然後向神許願說：「**神若與我同在，在我去的路上保守我，又給我食物吃，衣服穿，使我平平安安的回到我父親的家，我就必以耶和華為我的神。我所立為柱子的石頭也必作神的家；凡你所賜給我的，我必將十分之一獻給你。**」（創廿八18-22）雅各真是聰明連向神許願都要講條件。然而他的心神已經悅納了！

雅各到了舅舅的家，以為住一些日子就可以回到母親身邊，然後神所給他的應許都會突然臨到他。沒有想到有一雙美麗大眼睛的女子深深吸引了他的心，那就是舅父的小女兒拉結。雅各非常喜愛這個表妹，他主動對舅父說：「**我願為你的小女兒拉結服事你七年。**」（創廿九16-20）七年滿了，雅各滿以為可以得到心愛的拉結，卻沒有想到他舅父比他更詭詐。表面上大宴賓客，暗地裡卻把大女兒利亞給了雅各（創廿九21-23）。真是叫人想不通，雅各是個聰明絕頂的人，何以會糊塗到沒有發覺呢？這給我們看見神實在是公義的。

雅各以詐欺的手段騙了哥哥的祝福，現在別人也以詐欺的手段騙了他。雅各羨慕長子名分，羨慕得著神，但是，在作法上實在不討神的喜歡。尤其是他的母親利百加出的主意，設的圈套，表面看似乎成功了，可是所得到的後果卻是害人害己。我們都知道她這一生再也沒有機會見到她心愛的兒子雅各了，那種想念愛兒的心不是好受的。事實上，神早就告訴她，將來大的要服事小的（創廿五23）。既然是這樣，神自會有安排，用不著利百加伸出肉體的手幫神的忙。許多時候，我們也犯利百加同樣的錯誤。由於太偏愛孩子，就以自己好惡為他們打算。然而，這些天然的愛心或好心很可能是吃力不討好、有苦說不出的。

　　《聖經》上雖然沒有記載雅各氣他的母親，但當他飽受舅父苦待，他的心境如何呢？因為當初他並不同意他母親的做法（創廿七11-17）。

　　有位弟兄說：我們要懼怕自己的肉體像懼怕蛇一樣。這話是真的！時常我們也像利百加一樣，對神的應許信心不夠，時常憂愁這個、憂愁那個。所以神勉勵我們不要憂慮。因為明天如何誰又知道呢？因此神的話說：「**所以你們不要為明天憂慮，因為明天自有明天的憂慮，一天的難處一天當就夠了。**」（太六34）又說：「**凡勞苦擔重擔的，可以到我這裡來，我必使你們得安息。**」（太十一28）願她的例證成為我們的警惕。有人說：「千算萬算不如神一算。」這話是真的（腓四6-7）！

　　雅各沒有得到拉結，如何能甘心呢？於是他起來與舅父理論。他舅父對他說：「**大女兒還沒有給人，先把小女兒給人，在我們這地方沒有這樣作的。你為這一個滿了七日，我們就把那一個也給你，只要你再為她服事我七年。**」（創廿九26-27）雅各為了要得到拉結只好答應，所以又留下來服事了七年（創廿九28）。他終於得到了拉結，心想，這下可好了，能與心愛的人結合在一起，人生應該是再無所求。婚後拉結竟無法生育，而利亞卻生了好幾個。拉結為了想得到孩子，就將自己的使女嫁給了雅各。利亞為了與妹妹相爭，乾脆也把自己的使女給了雅各，並且兩個使女也都生了孩子。

　　利亞和拉結常常為了爭丈夫的寵愛而起衝突，有時候當著流便的面前也大吵特吵（創卅1-15）。可想而知，雅各的日子是多麼不好過了。最後神憐憫拉結，她也生了頭胎兒子，起名約瑟（創卅22-24）。

　　雅各在舅舅家住了廿年。臨行之時，他對他的舅父說：「**我同你在一起這二十年，你的母綿羊、母山羊沒有掉過胎；你群中的公羊，我沒有吃過；被野獸撕裂的，我沒有帶來給你，是我自己賠上。無論是白日，是黑夜，被偷去的，你都向我索要。我白日受乾熱銷磨，黑**

夜受寒霜侵蝕，不得合眼睡著，……你十次改了我的工價。」（創卅一38-41）對雅各這樣強悍的人，這廿年的歲月實在是一段痛苦的熬煉。更不幸的是，拉結在生第二胎便雅憫時，竟因難產而去世（創卅五16-19）。這無異是挖雅各的心，因為他深愛拉結，為她受了許多苦。雖然受苦，只要有心愛的人在身邊，他還是滿足的。如今拉結沒有了，他內心的痛有誰能體會呢？然而，至終神成了他真實的安慰（詩七三23-25）。真所謂祂所收去的，以祂自己來代替。

拉結死後，利亞的大兒子流便居然跑到帳棚裡與拉結的使女辟拉發生了肉體的關係。令人不解的是，辟拉是拉結的使女，她的年齡和流便的年齡應該相差甚遠，何以流便會去和她行淫呢？而且還故意讓雅各聽見（創卅五22）。似乎存心報復甚麼似的。然而，任何理由也不能廢掉神的公義。流便為自己和後代種下了禍根。

因著雅各愛拉結所以也偏愛她所生的孩子，這就引起其他弟兄的嫉妒。他們聯合起來把約瑟賣到埃及，然後把約瑟的衣服染上山羊的血，拿給雅各看，讓雅各誤以為約瑟是被野獸吃掉了。過了不久，他第四個兒子猶大的兩個兒子又相繼死亡（創卅七31-34，卅八6-10）。一次又一次的打擊已經將雅各的天然和肉體破碎煉淨得差不多了。惟一讓他心還能動一動的，只有拉結臨終所留下的孩子便雅憫。所以當全地大鬧飢荒，雅各打發他的兒子們去埃及糴糧時，就自私的把便雅憫留在身邊。他的兒子們到了埃及，沒有料到埃及的宰相竟是當初被他們賣掉的約瑟（他們不認識約瑟，但是約瑟卻認識他們）。約瑟對他們說：「**把你們最小的弟弟帶到我這裡來，我便知道你們不是奸細，**」（創四二34）

飢荒越來越大，雅各為了活命，只好答應讓小兒子也去埃及。他非常無奈的說：「**但願全足的神在那人面前賜你們憐憫，使他釋放你們的那弟兄和便雅憫回來。至於我，我若喪了兒子，就喪了罷。」**（創四三14）

　　至此，雅各這個人已經被煉淨到連一絲絲的熱氣也沒有了。所以，當他兒子們告訴他約瑟還活在人間，而且作了埃及的宰相，雅各的反應是「心裡麻木」（創四五26）。直等見到約瑟打發來接他的車輛時，他的心才甦醒過來（創四五27）。這裡的甦醒其實是指他的靈命已達到了高峰。

　　雅各在埃及過了十七年才離開人間。臨終時，他能剛強的坐在床頭上，扶著杖敬拜神（創四七31），阿利路亞！

　　讀了雅各的一生，真是讓人覺得又羨慕又稀奇。他雖然經過那麼多的苦難和對付，卻沒有聽見他說過一句埋怨神的話。反倒是每一次遇見苦難和試煉時，他總是緊緊的抓住神不放（羅八35-39），甚至對神說：「你若不給我祝福，我就不讓你去。」（創卅二26）最後連神都得佩服他說：「你的名不要再叫雅各，要叫以色列；因為你與神與人較力，都得了勝。」（創卅二28）以色列的意思是君王、是得勝者。讚美主！

　　因著神的憐憫，把一個詭詐抓奪的人變成一個為人祝福的君王。他不僅給兒子祝福，也給法老祝福，更給自己的子子孫孫留下祝福（創四八9，四九26，四七10）。這給我們看見所有的苦難和試煉都是神化裝的祝福。雅各有十二個兒子，因著他們在神面前的光景不同，有的蒙祝福，有的被懲治。但是到了千年國度，他們個個都蒙了神的祝福。即使但支派拜了偶像（士十八30-31），連受印的資格都沒有（啟七4-8，士十八30-31），也一同蒙了憐憫（結四八1）。士師記第二章一節說：「……我使你們從埃及上來，領你們到我向你們列祖起誓應許之地。我又說，我永不廢棄與你們所立的約；」

　　神與我們所立的約更是寶貴，乃是用祂的血和祂的命。因此，一次得救永不滅亡（來九20，約十28-29）。保羅弟兄說：「所以我們不喪膽，反而我們外面的人雖然在毀壞，我們裡面的人卻日日在更新。因為我們這短暫輕微的苦楚，要極盡超越的為我們成就永遠重大

的榮耀。」（林後四16-17）求主開我們的眼睛，使我們也有一顆堅定要神的心，面對苦難不發怨言。學習雅各，緊緊聯於基督，好使我們也成為一個得勝者。

輕看長子名分的人——以掃

　　以掃是以撒的長子，也是雅各的哥哥，他們是孿生兄弟。雖然是雙胞胎，但是兩人的性格卻完全不同。雅各喜歡安靜，常留在家裡，而以掃生性好動，常跑到田裡去打獵。

　　《聖經》上說：「**雅各是我所愛的，以掃是我所恨的。**」（羅九13）。

　　神為甚麼不喜歡以掃呢？以人來看，他不是蠻好的嗎？除了喜歡往田裡跑，再就是輕看長子名分而已。然而這兩點卻都是神所重看的。也就是因為他不認識這兩點而遺憾終身，不但失去神一切的祝福，還給後代留下了禍根！「**我要將亞瑪力的名號從天下全然塗抹；**」（出十七14）。

　　亞瑪人是以掃的後代（創卅六12）。亞瑪力的意思是屬肉體的人，永遠與神對立。也許我們覺得跑到田裡打打獵有甚麼了不起，但是，就是因為他亂跑常不在家，以致給雅各製造了好機會騙去了他的祝福（創廿七6-17）。難怪雅各得了便宜還賣了乖的說：「**因為耶和華你的神使我遇見好機會得著的。**」（創廿七20）。

　　若不是他在田裡跑來跑去，就絕不會累昏了，渴極了。他只想得到那碗紅豆湯，哪裡還顧到甚麼長子名分呢？只要有吃、有喝、有休息就可以了。以掃就是在這種情形之下，把長子的名分給賣掉了（創廿五31-34）。等到長子名分、一切的祝福都歸給雅各時，他才後悔而哀求父親以撒說：「**父啊，你只有一樣可祝福的嗎？我父啊，求你也為我祝福。**」（創廿七38）這幅圖畫何等悽慘，又能怪誰呢？如果以掃知道下場是如此，他絕不會輕看長子的名分，更不會在田裡跑來跑去。一定是乖乖地待在家裡（召會中），好好地珍惜他長子的名

分，緊緊的聯於主。

以掃的例證給我們警惕，我們在得救以後，原本應該承受長子名分的祝福；卻因我們輕看屬靈的福分，照樣吃、喝、玩、樂，放縱肉體的情慾，等到主來的時候，別人都與主一同坐席，領受獎賞，而我們可能會像以掃一樣哀哭切齒了。因此，希伯來書十二章十五至十七節說：「**要監察，免得有人墜落離開神的恩典；免得有苦根長起來纏擾你們，許多人便因此沾染汙穢；免得有淫亂的、或貪戀世俗如以掃的，他因一口食物把自己長子的名分賣了。後來他也想要承受祝福，竟被拒絕；雖然帶著淚苦求，還是沒有反悔的餘地，這是你們知道的。**」

有一篇報導，讓人看了怵目驚心，現將內容摘錄片段以供讀者參考：「英國政府環境變遷報告執筆人史登（NicholasStern）最近提出『末日近了，你們當警醒悔悟！』的警告，這句話有如福音派的談話，不是傳教，而是在警告世人：如果目前全球排放二氧化碳的速度不變，二千一百年前，大氣中的二氧化碳含量將是目前的三倍，地球氣溫升高、南北極溶冰、海平面上升、沿海陸地淹沒、農產品減收，人類和物種將發生大滅絕的慘況。……這些可怕的情景從近十年來地球的暴風雨、天災、山火頻傳，已獲印證……」（摘自《世界周刊》）。

對於這些爆炸性的信息，我們絕不可以掉以輕心。求主憐憫我們，保守我們的腳步，賜給我們智慧的心，知道如何揀選，是主？還是世界？

生命中作王的人──約瑟

　　約瑟是雅各的第十一個兒子。但是很奇妙，他竟得到了長子的名分（代上五1）。在古時，長子名分可是一個大的祝福，因為可以得到雙份土地和君王職任與祭司職分（創四八22，申廿一15-17）。約瑟為甚麼會得到這些呢？這是我們應該知道的。

　　《聖經》上說：「約瑟將他哥哥們的惡行報給他們的父親。」（創卅七1-2）敢去報別人惡的，自己一定是遠離惡的人，因此我們相信，約瑟的生活必是討神喜悅的。另外，約瑟非常單純。

　　《聖經》上說：「約瑟的哥哥們見父親愛約瑟過於愛他們，就恨約瑟，不與他說和睦的話。」可是約瑟作了一個夢，卻一五一十的告訴他的哥哥們（創卅七4-6）。哥哥們都已經恨他入骨，他竟然還不知道！約瑟實在是單純（太十八2-3）。

　　由此可知，神賜福給他不是沒有原因的。後來他又做了一個夢，夢見太陽、月亮與十一個星向他下拜。他哥哥們聽了就更加妒嫉他而聯合起來，設計把他賣到埃及去（創卅七9，28）。後來他又被轉賣給法老的護衛長作奴僕。因護衛長的妻子看中了他，就千方百計的引誘約瑟。最後逼得約瑟沒有辦法，只好對那個女人說：「看哪，有我在，家裡一切事務我主人都不管；他把所有的都交在我手裡。在這家裡沒有比我大的；並且他沒有留下一樣不交給我，只留下了你，因為你是他的妻子。我怎能作這大惡，得罪神呢？」（創卅九8-9）。

　　護衛長的妻子應該是容貌不錯的女人，約瑟當時尚未娶妻，要躲過如此情慾的引誘實在很難，這和他的大哥流便簡直不能相提並論。那個女人得不到約瑟，竟惱羞成怒，設下圈套將約瑟關在監牢裡（創卅九10-21）。和他一同坐牢的有兩個人，一個是埃及王的酒政，一

個是膳長。有一天夜裡，這兩個人各做一個夢，夢境非常奇怪，所以他們兩人都悶悶不樂。

約瑟問他們說：「你們今日為甚麼面帶愁容？」他們對他說：「我們各人做了一夢，沒有人能解。」約瑟對他們說：「解夢不是神的事麼？請你們將夢告訴我。」（創四十5-8）約瑟便為他們解夢，結果都應驗了。可見約瑟對神的認識實在很深（創四十9-23）。

過了兩年，法老也作了兩個奇怪的夢，找遍了埃及地所有的術士和博士，沒有一個人能解開法老所做之夢的含意。這時，酒政突然想起約瑟來，他把約瑟給他解夢的情形說給法老聽（創四一1-24），法老立刻派人把約瑟從監牢裡召了來。約瑟也為法老解夢，句句準確而合理。法老非常心服，就對他的臣僕說：「像這樣的人，有神的靈在他裡頭，我們豈能找得著呢？」（創四一38）又對約瑟說：「你必掌管我的家，我的民都必照你的話受管理；唯獨在寶座上我比你大。」（創四一40）這樣約瑟就在埃及當了宰相（創四五26）。

約瑟還有一個特點，就是愛弟兄的心。例如：全地大鬧飢荒唯獨埃及有糧，他的哥哥們奉著父命到埃及去糴糧。約瑟認識哥哥們，他哥哥們卻不認識他。可是他並沒有因著哥哥陷害他而懷恨在心或意圖報復，反而把加倍的糧食給哥哥們。到了弟兄相認時，哥哥們簡直嚇壞了，約瑟卻安慰他們說：「現在，不要因為把我賣到這裡自憂自恨。這是神差我在你們以先來，為要保全生命。」（創四五5）約瑟這一顆愛人、認識神及順服神的心是何等令人敬羨啊！他實在做到了：「不計算人的惡。」（林前十三5）也遵守了主的話說：「你們聽見有話說：『以眼還眼，以牙還牙。』但是我告訴你們，不要抗拒惡人；反而無論誰打你的右臉，連另一面也轉給他。……你們聽見有話說：『當愛你的鄰舍，恨你的仇敵。』但是我告訴你們，要愛你們的仇敵，為那逼迫你們的禱告，你們就可以作你們諸天之上父的兒子；」（太五38-39，43-45）。

　　約瑟的孝心也是我們該學習的。當他聽見老父親還健在人間，立刻就打發人到迦南地把他接到埃及與他同住，讓父親享受晚年之福。他實在是遵守了主的命令：「你們作兒女的，要在主裡聽從父母，這是理所當然的。『要孝敬父母，使你亨通，在世長壽。』這是第一條帶應許的誡命。」（弗六1-3）。

　　孝敬父母，這是神非常嚴肅的命令（出廿12，利十九3，申五16）。主耶穌曾很嚴厲的責備那些不孝敬父母的人說：「神說：『當孝敬父母，』又說，『咒罵父母的，要被處死。』你們倒說，無論誰對父母說，我所當供養你的，已經作了禮物，他就可以不孝敬父母。這就是你們因著你們的傳統，使神的話失去效力和權柄。假冒為善的人哪，以賽亞指著你們所申言的是對的；他說，『這百姓用嘴唇尊敬我，心卻遠離我；他們敬拜我也是徒然，……」（太十五4-9）因此，神的兒女一定要遵守神的命令，孝敬父母。

　　神的話說得很清楚，孝敬父母並不是奉給他們幾個錢就可以了！乃是要真心的關心照顧他們。現在有的孩子對父母連起碼的禮貌都沒有，何有孝敬可言呢！當然，這也不能完全怪罪孩子。因為許多時候，我們並沒有遵照神的法則來管教他們（箴十九18，廿三13-15）。乃是照著肉體的好惡和情緒的高低、一味的溺愛，或以血氣管教。並且夫妻的觀念又不一樣，以致讓孩子產生矛盾心理，不知道該聽誰的才是對的。另有的父母太偏愛孩子們的功課，其他的一切都無所謂。自己省吃儉用，對孩子卻是非常大方，要甚麼給甚麼，只要他們專心讀書，過得舒服就行了！以致養成孩子飯來張口，茶來伸手的習慣。

　　一點吃苦耐勞的精神也沒有。尤其女孩子很可能學了許多才藝，但對操持家事卻一竅不通。等到進入婚姻、走進家庭，那就很辛苦了。這給我們看見，讀書固然重要，而培養孩子有個正確的品格尤為更重要啊！等到孩子長成青少年時，才發覺孩子怎麼這麼不懂事，怎

麼這麼不了解父母愛他們的苦心，因而不僅失望傷心、也氣憤難平。想再來管教、再來糾正。恐怕是時機已過、已經太晚了！值得注意的是，絕不可以硬施壓力，以免彼此結怨為仇。就如同一棵樹，當它長成大樹，雖然發現它已經長歪了，也不能硬掰硬豎，否則很可能會斷掉。惟一的路就是以基督的愛和恆忍的心為孩子禱告，扶持他們直到神的光臨到。所以教導孩子必需從他們幼小時就開始，按著神的話一點一滴的傳輸給他們。讓孩子們知道，甚麼是仁義道德、禮義廉恥、怎樣才是孝敬父母、以及如何尊敬長輩……等。一定要讓他們知道蒙神祝福的路是甚麼？使他們養成習慣，活出一種榮神益人的生活，引導孩子自己會向神禱告，學著讀神的話。這會讓他們一生受益無窮，這才是真正的愛孩子。

有位姊妹的女兒突然從國外打電話對她說：「媽！當我看到您為我買的長笛，我真體會您對我的愛實在是太深了！我們家並不富有，可是您卻花那麼多錢給我買長笛……。以後我更要愛主、更要努力上進，好好地孝敬您和爸爸。」這就是神的光，臨到孩子（來十二10）。

筆者認識幾對聖徒夫婦，每天晚間都會帶著兒女們一同晚禱。從孩子還不滿五歲時，就自己會禱告。做錯事或發了脾氣，也知道向主認罪悔改。學校的學業也懂得自己負責，不需要父母督促。家事也會幫忙。他們教育孩子的祕訣就是常常為孩子禱告、也常常帶孩子一同禱告、並將神的話傳輸給孩子，讓孩子更認識神、更敬畏神。我們要向他們學習！也一同勉勵！

約瑟對神非常有把握，他在埃及住了那麼多年，但是他的信心絲毫沒有減少。他深信有一天，神一定會興起人來，帶領以色列人走出埃及地。所以在他臨終的時候留下遺命，對弟兄們說：「……『我快要死了，但神必眷顧你們，領你們出這地，上到祂起誓要賜給亞伯拉罕、以撒、雅各之地。』約瑟叫以色列的子孫起誓說：『神必定看顧你們；你們要把我的骸骨從這裡帶上去。』」（創五十24-25）後

來，神果然興起了摩西，帶領以色列人走出埃及地，而且把約瑟的骸骨也一同帶出來（出十三19）。最後把他葬在示劍（書廿四32）。

　　綜合約瑟的一生，長子名分由流便轉移給他，乃是他當得無愧的（申卅三13-17）。應驗了他父親給他的祝福說：「**你父親的神必幫助你；那全足者必將天上所有的福，地下深淵所藏的福，以及生產乳養的福，都賜給你。**」（創四九25）這給我們看見，神的祝福必須配上討神喜悅的生活。

因亂倫而禍延子孫的人
——流便

　　流便是雅各的長子，按理說，他的後代可以得到雙份土地與君王職任以及祭司職分。但是，因著他犯了亂倫的大罪，以致失去了長子的名分。創世記卅五章二十二節說：「流便去與他父親的妾辟拉同寢，以色列（雅各）也聽見了。」這真是最醜惡的一幕。已成年的流便作這件事時，應該知道事情的是非對錯，再糊塗也不會墮落到如此地步。結果！不僅自己失去應得的福分，還給後代留下了咒詛之杯，實在是太可憐了。

　　流便做這件醜事，最傷痛的當然是他父親雅各。所以在他臨終的時候把十二個兒子叫到身邊，他第一個提起的就是流便所犯的大罪。他說：「流便哪，你是我的長子，是我的能力，我強壯時首生的，本當尊榮居首，權力也居首。但你的情慾沸溢如水，你必不得居首；因為你上了你父親的床，汙穢了我的榻。」（創四九3-4）我們真不知道流便聽了這樣的審判的話，內心是甚麼滋味？但我們確信，他一定是咬牙切齒的悔不當初。若是他知道下場如此，恐怕打死他，他也不會做那樣的事。更悽慘的是，他的子孫大坍、亞比蘭。

　　民數記十六章記著這樣的話：「利未的曾孫，哥轄的孫子，以斯哈的兒子可拉，和流便子孫中以利押的兒子大坍、亞比蘭，……他們同以色列人會眾中的二百五十個首領，……聚集攻擊摩西、亞倫，……」由於他們的行為惹發神極大的憤怒，使地裂開，把所有參與的二百五十人全部都吞噬了（民十六1-33）。但是非常奇妙的一件事，利未的子孫可拉黨的眾子竟沒有死亡（民廿六11）；《聖經》詩篇中很多感人的詩，都是可拉的後裔所寫。神是公義的，何以會厚此

薄彼呢？這必定是與他們的祖先發生極大的關係。

　　記得，以色列人在曠野鑄造金牛犢得罪神，惹神發怒時，摩西當場曾說：「凡屬耶和華的，都要到我這裡來。」於是利未的子孫，都到他那裡聚集。摩西說：「耶和華——以色列的神這樣說：『你們各人把刀佩在腰間，在營中往來，從這門到那門，各人殺自己的弟兄、同伴和鄰舍。』利未的子孫照摩西的話行了。那一天百姓中被殺的約有三千。」（出卅二26-28）關鍵點就在這裡，可拉的祖先是敬畏神的，而大坍、亞比蘭的祖先流便不敬畏神，行亂倫姦淫的事，得罪神。難怪他們的後代，一個受懲治，一個蒙祝福（申五7-10）。

　　倪柝聲弟兄說：「遺傳這件事不只是醫學上的，也是《聖經》上的。主的律法說，不聽祂話的人，祂刑罰他直到三、四代；聽祂話的人，要祝福他到千代。許多人在年輕的時候有散漫的行為，有不法的行為，是因為他的父親或者他的祖父，在他面前好像隨著狂風來撒種似的。」

　　但願這些話讓我們每個神的兒女受到警醒。保羅弟兄說：「你們要逃避淫亂。人所犯的，無論甚麼罪，都在身體以外，惟有行淫的，是得罪自己的身體。豈不知你們的身體，就是在你們裡面之聖靈的殿麼？這聖靈是你們從神而得的，並且你們不是屬自己的，因為你們是重價買來的。這樣，就要在你們的身體上榮耀神。」（林前六18-20）。

　　如今世代邪惡，許多人把男女關係看得很平淡，隨便就發生性行為，這在神眼中是極可厭惡的事。據報導，二十一世紀性病和愛滋病將是人類最大的挑戰。我們身為神的兒女，絕不可在姦淫或淫亂的事上有份。要切記神的話說：「你們豈不知，不義的不能承受神的國麼？不要受迷惑，無論是淫亂的、拜偶像的、姦淫的、……都不能承受神的國。」（林前六9-10，弗五5）。

　　我們必須認識所有淫亂和情慾的背後，都隱藏著鬼的作為。因此，我們無論如何也不可停留在其中。否則我們的名譽和家庭以及下

一代，都會被毀在牠的網羅裡。為了不給魔鬼留地步，就必須有正常婚姻（林前六15-16，七2-4）。倡導苦修和苦練、禁止嫁娶是不合神心意的（西二16-23，林前七8-9，提前四1-11）。

申命記三十章十五至十九節告訴我們：「*看哪，我今日將生命與福樂，死亡與禍患，陳明在你面前。你若遵從耶和華你神的誡命，就是我今日所吩咐你的，愛耶和華你的神，行祂的道路，謹守祂的誡命、律例和典章，使你可以存活，人數增多，耶和華你神就必在你所要進去得為業的地上，賜福與你。倘若你心裡偏離，不肯聽從，反被勾引去跪拜事奉別神，我今日明明告訴你們，你們必要滅亡；在你過約旦河、進去得為業的地上，你們的日子必不長久。我今日呼喚天地向你們作證；我將生命與死亡，祝福與咒詛，陳明在你面前，所以你要揀選生命，使你和你的後裔都得存活；*」。

另一點，非常重要！在任何情形之下夫妻不可分開太久。男和女不要常常單獨相處以免被仇敵陷害。

願我們都能趁著這恩典之門尚未關閉之前徹底回轉，離棄罪惡的生活，以便坦然無懼的迎見神。

帶領以色列人出埃及的人
——摩西

　　摩西是帶領以色列人出埃及地的元帥，屬於利未支派的後代。當初雅各帶著他的兒子、眷屬去埃及時，希伯來人是很被尊重的（希伯來人即以色列人）。因為當時約瑟是埃及的宰相，所以埃及王，法老對希伯來人特別禮遇（創四七11）。但是到了約瑟那代過去之後，有不認識約瑟的新王起來就不同了。他看見希伯來人又多、又壯，心中非常懼怕。他怕日後若遇甚麼爭戰的事，希伯來人就會聯合仇敵攻擊他們（出一8-11）。所以埃及王下令苦待以色列人。首先吩咐希伯來的收生婆，若是男孩就把他殺了，女孩就留下（出一15-16）。同時吩咐他的眾民說：「凡知道以色列人生了男孩的，就把他丟在河裡淹死。」（出一22）摩西就是生在那多難的時代。

　　《聖經》記載著：「摩西生下來俊美，他的母親就把他藏了三個月。後來不能再藏，就取了一個蒲草箱，抹上石漆和石油，將摩西放在裡頭，擱在河邊的蘆葦中。摩西的姊姊遠遠站著，要知道他究竟怎麼樣。剛巧法老的女兒在那天來河邊洗澡，發現那個箱子就打發婢女拿過來。打開一看，原來是個小孩兒，長得眉清目秀，俊美非凡，正在對她哭。法老的女兒就動了慈心。這時，摩西的姊姊趕快跑過來對法老的女兒說：『我去在希伯來婦人中叫一個奶媽來奶這孩子可以不可以？』法老的女兒說：『可以。』於是摩西又回到母親的身邊」（出二2-9）。感謝主，這實在是神主宰所安排。

　　我們不清楚摩西在父母家裡究竟住了多久，但他一定是接受了一些生命的傳輸，以及他身世方面的教導。他知道自己乃是希伯來人的子孫，亞伯拉罕的後裔。摩西長大後就被送給法老的女兒，在宮中

那些年學會了埃及人一切的學問，無論是說話、行事都有才能（出二
10，徒七22）。

根據許多歷史學家的推斷，摩西很可能會成為法老的繼承人。然
而奇妙的是，摩西並沒有被那些耀眼的榮華富貴所吸引，相反地，他
天天掛念著那些受苦的同宗弟兄們。「**他寧可選擇和神的百姓同受苦
害，也不願有罪的短暫享受；他算為基督受的凌辱，比埃及的財物更
寶貴，因他望斷以及於那賞賜。**」（來十一25-26）

摩西四十歲時，由於太想念弟兄們，就跑到父家裡去看他的弟
兄們，正好碰上一個埃及人打希伯來人。他一看左右無人，乾脆把那
個埃及人打死了（出二11-12）。法老知道此事後定意要殺摩西。摩
西為了保全性命只好逃往米甸。有一天，他坐在井旁，米甸祭司的七
個女兒到井旁打水。有一個牧羊人欺負這幾個女孩，摩西幫助他們，
還幫她們打水飲羊群。於是米甸祭司把女兒西坡拉嫁給他為妻（出二
15-21），而且還生了兒子（出二22）。

摩西就這樣在米甸，一住就是四十年。在這漫長的歲月裡，他
一直牧養著岳父的羊群，心情是非常受熬煉的。他想念父母，想念家
人，想念同宗的弟兄，但是他不能回去。摩西的脾氣很急躁，然而在
這種身不由己的環境裡只有忍耐等候。一天過一天，四十年過去了，
他的盼望仍然沒有實現。很可能他已經不再盼望甚麼；很可能想在這
異地度過此生罷。他那一拳打死埃及人的火爆脾氣早已經被磨光了。
就在他灰心喪志的時候，榮耀的神親自向他顯現，並且呼召他。

出埃及記三章記載說：「摩西牧養他岳父米甸祭司葉忒羅的羊
群；一日領羊群往曠野的背面去，來到神的山，就是何烈山。耶和華
的使者從荊棘中火焰裡向摩西顯現。摩西觀看，不料，荊棘被火燒
著，卻沒有燒燬。摩西說，我要過去看這大異象，這荊棘為何沒有燒
掉呢？耶和華見他過去要看，神就從荊棘中呼叫說，摩西，摩西。他
說，我在這裡。神說，不要近前來。把你腳上的鞋脫下來，因為你所

站的地方乃是聖地；又說，我是你父親的神，是亞伯拉罕的神，以撒的神，雅各的神。摩西遮住臉，因為怕看神。耶和華說，我的百姓在埃及所受的困苦，我實在看見了；他們因受督工的轄制所發的哀聲，我也聽見了；我原知道他們的痛苦。我下來要救他們脫離埃及人的手，領他們從那地出來，上到美好、寬闊、流奶與蜜之地，就是到迦南人、赫人、亞摩利人、比利洗人、希未人、耶布斯人的地方。現在以色列人的哀聲達到我這裡，我也看見埃及人怎樣欺壓他們。故此，我要差你去法老那裡，使你可以將我的百姓以色列人從埃及領出來。」（出三1-10）摩西看見這榮耀的異象，聽見神親自向他說話，驚愕地回答說：「我是誰，竟能去法老那裡，將以色列人從埃及領出來呢？」（出三11）

　　神說：「我必與你同在；你將百姓從埃及領出來之後，你們必在這山上事奉神；這就是我差遣你的證據。摩西對神說，我到以色列人那裡，對他們說，你們祖宗的神差我到你們這裡來；他們若問我說，祂叫甚麼名字？我要對他們說甚麼？神對摩西說，我是那我是；又說，你要對以色列人這樣說，那我是差我到你們這裡來。神又對摩西說，你要對以色列人這樣說，耶和華你們祖宗的神，就是亞伯拉罕的神，以撒的神，雅各的神，差我到你們這裡來。這是我的名，直到永遠；這也是我的記念，直到萬代。……你和以色列的長老要去見埃及王，對他說，耶和華希伯來人的神遇見了我們；現在求你讓我們走三天的路程，到曠野裡去，我們好獻祭給耶和華我們的神。」（出三12-18）

　　摩西聽了耶和華給他這麼多指示，就對神說：「他們若不信我，也不聽我的話，反而說，耶和華並沒有向你顯現，那怎麼辦？耶和華對摩西說，在你手裡的是甚麼？他說，是杖。耶和華說，把杖丟在地上。他一丟在地上，杖就變作蛇；摩西便跑開。耶和華對摩西說，伸出手來，拿住蛇的尾巴；（於是摩西伸手抓住蛇，蛇就在他手掌中變

作杖；）如此好叫他們信耶和華他們祖宗的神，就是亞伯拉罕的神，以撒的神，雅各的神，已經向你顯現了。耶和華又對他說，把手放在懷裡。他就把手放在懷裡，及至抽出來，不料，手長了麻瘋，像雪那樣白。耶和華說，再把手放在懷裡。他就再把手放在懷裡，及至從懷裡抽出來，不料，手已經復原，像身上別處的肉一樣。」（出四1-7）。摩西對耶和華說：「主阿，我向來不是能言的人，就是從你對僕人說話以後，還是這樣；我本是拙口笨舌的。」（出四10）耶和華對他說：「誰使人有口？誰使人口啞、耳聾、目明、眼瞎？豈不是我耶和華麼？現在去罷，我必賜你口才，指教你所當說的話。」（出四11-12）摩西說：「主阿，你願意差遣誰，就差遣誰罷。」（出四13）耶和華向摩西發怒說：「不是有你的哥哥利未人亞倫麼？我知道他是能言的；現在他出來迎接你，他一見你，心裡就歡喜。你要對他說話，將當說的傳給他；我也要賜你和他口才，又要指教你們所當行的。他要替你對百姓說話；他要作你的口，你要作他的神。」（出四14-16）。

　　這一幕奇特的經歷，就是摩西蒙召的過程。

　　《聖經》中提到亞伯拉罕蒙召，神只說了簡短的幾句話（創十二1-3），呼召保羅說的也不多（徒廿六14-18），呼召彼得和約翰說的話更少（太四19-22），唯獨呼召摩西卻說了又說，講了又講。有指示又有神蹟，有發怒也有安慰，因為這一個蒙召是關係到整個以色列人的命運，以及神在地上的見證。難怪神是如此的費心，像是一位老父親交託兒子重大責任似的。以色列人出埃及時，除了婦女孩子之外，步行的男人就近了六十萬，其中還有一些閒雜人，並且有牛群羊群（出十二37-38）。這樣一大批人馬行走在曠野的路上，若沒有一位好的領頭人是絕對行不通的。可是摩西一點都不懼怕，因為神的榮耀不斷的伴隨著他。日間他們在雲柱裡，夜間他們在火柱中，引導他們走向流奶與蜜的迦南美地（出十三21-22）。雖然如此，摩西的擔

子還是很沉重，何況又有一批閒雜人專門找碴兒；加上百姓們因路難行而常發怨言，時起爭論，一會兒吵著要水喝，一會兒吵著要肉吃（出十五24，十六3），真是夠讓摩西為難的了。然而摩西從不灰心，他始終是忠心耿耿的服事著神的百姓。無論百姓對他怎樣無理，他還是愛護他們，有時連神都不想要這一班悖逆的百姓了。

神對摩西說：「我看這百姓真是硬著頸項的百姓。你且由著我，我要向他們發烈怒，將他們滅絕；我要使你成為大國。」（出卅二9-10）摩西不但不接受，反而為百姓代求說：「求你記念你的僕人亞伯拉罕、以撒、以色列，你曾指著自己向他們起誓說，我要使你們的後裔繁增，如同天上的星那樣多，並且我要把所應許的這全地，賜給你們的後裔，他們要永遠承受為業。」（出卅二13）他的代禱摸著神的心，所以沒有降禍給這些百姓。每次百姓犯罪惹神發怒時，摩西總是為他們代禱，甚至犧牲自己說：「倘若如今你肯赦免他們的罪……不然，求你從你所寫的冊上塗抹我的名。」（出卅二32）甚至摩西還為百姓不只一次的禁食、祈求四十晝夜（申九18-19，22-27，十10）。這種超人的愛誰能做到呢？

由於以色列人三番五次地得罪神，也一再地向摩西發怨言，使摩西一時衝動，在血氣中責備了他們，同時還在怒氣中再一次擊打磐石，以致被神判定不得進入迦南美地（民二十10-12）。令人不解的是，以色列人那麼頑梗背逆，基本上應受懲罰，神自己不是也一再對摩西說：「將他們滅絕」嗎，而摩西只是向百姓發了脾氣卻受到嚴重的處分。在此給我們看見，神何等珍愛祂的每一隻羊啊！難怪主耶穌警戒我們說：「你們要當心，不可輕看這小子裡的一個。」（太十八10）。

摩西雖然知道，自己不能進入迦南美地，但他沒有因此退去，或是埋怨神，反倒為以色列人擔心。於是他到神面前求神說：「摩西對耶和華說，願耶和華萬人之靈的神，立一個人治理會眾，可以在他們面前出入，也可以引領他們出入，免得耶和華的會眾如同沒有牧人

的羊群一般。」（民廿七15-17）摩西的心太美了。其實摩西與神辯論，理由是很充分的，他可以說：「神啊！當初是你呼召我。在曠野這些年，為了服事你的群羊，我受盡了苦難。而今我又沒有犯大罪，你不但不讓我進迦南，還讓我上毗斯迦山頂去看迦南。神啊！你如此對待我，似乎太不公平了。」（申三23-27）然而摩西沒有說任何一句話，難怪神讚賞他說：「**我的僕人摩西……他在我全家是忠信的。**」（民十二7）。

摩西活到一百廿歲，臨終時眼睛沒有昏花，精神沒有衰敗（申卅四7）。他死後，耶和華親自將他埋葬，直到今天沒有人知道他的墳墓在哪裡（申卅四6）。我們相信他是一直活在神面前的。在新約馬太福音十七章那裡記載，當主耶穌在變化山上改變形象時，摩西和以利亞也在那裡。我們都知道以利亞是活著被提的，摩西既然和他在一起，當然也是在神的寶座前了。事實上，摩西最終的賞賜比進迦南還榮耀。這究竟是甚麼原因呢？

毫無疑問，這與他已經知道自己不能進迦南，卻仍然忠心往前有關。按照一般人的想法，既然不能進迦南，那還有甚麼盼望？算了，下到世界去與妻子快快樂樂地享受罪中之樂罷！假如摩西真的那樣做，試問，那將是怎樣的一個局面？恐怕所有的百姓都被絆倒了，並且神的見證和榮耀也受到何等大的虧損。感謝主，摩西實在是神的忠心僕人，他得到神賜的最高賞賜乃是配的。他為著主，寧可捨棄榮華富貴名利地位、為著主他寧可忍受委屈也不離開神（詩八四10，來十一24-26，林前九15）。

在今天這個只顧自己的世代，又有幾個人能與摩西相比呢？人可以大聲傳講「撇棄世界，背起十架跟從耶穌」，然而當榮華富貴、名利地位擺在我們面前時，我們還能說這句話嗎？當我們忍受委屈被人誤解時，我們能否說：「主啊！感謝你！因為你的美意本是如此。」（太十一26）有一首詩歌非常感人，可以作為摩西事奉神的寫照：

讓我愛而不受感戴，

讓我事而不受賞賜；

讓我盡力而不被人記，

讓我受苦而不被人睹。

只知傾酒，不知飲酒；

只想擘餅，不想留餅。

倒出生命來使人得幸福，

捨棄安寧而使人得舒服。

不受體恤，不受眷顧，

不受推崇，不受安撫；

寧可淒涼，寧可孤苦，

寧可無告，寧可被負。

願意以血淚作為冠冕的代價，

願意受虧損來度旅客的生涯。

因為當你活在這裡時，你也是如此過日子，

欣然忍受一切的損失好使近你的人得安適。

我今不知前途究有多遠。

這條路一去就不再還原；

所以，讓我學習你那樣的完全，

時常被人辜負心不生怨。

求你在這慘澹時期之內，

擦乾我一切暗中的眼淚；

學習知道你是我的安慰並求別人喜悅以度此歲。

　　願藉這首詩歌讓我們更多學習隱藏的功課。摩西的例證給我們看見，神的旨意若要通行在地上，就必須有一班人像摩西一樣，不顧自己只顧神。我們真要迫切禱告，求神不斷的得著這樣的器皿，好讓神

的旨意早日成就。

　　據報導，關於摩西使紅海分開之事蹟，各宗教版本記載雖有不同，但都提到約在三千年前，摩西領以色列人逃離埃及，後有法老的軍兵追趕，而紅海竟能一分為二，讓摩西和族人安全走到對岸，這是千真萬確的。

　　現由美國國家大氣研究中心以電腦模擬結果顯示，紅海所以能夠分開，乃是藉由一股強大的東風徹夜吹拂，以致讓紅海被吹開，露出中間一條安全通道，讓以色列人過了紅海，海水又迅速回流，使其合攏。（載自2010年9月23日《世界日報》）。

　　這樣的研究和報導與《聖經》完全吻合，一點也不差（出十四13-31）。讚美主！

　　《聖經》亙古不變、從不迎合潮流而有所更動。然而科學理論卻朝令夕改、日新月異；但無論怎麼改，如果不能與《聖經》吻合，就絕對站立不住。例如：1492年，當大多數人認為地是平面時，哥倫布卻揚帆西向，雖然沒到印度，卻得知地球是圓的。但早在人類尚未發現地球是圓形以前，《聖經》已記載地球是圓的了。以賽亞第四十章二十二節說：「**神坐在地的大圈之上，地上的居民好像蚱蜢。神舖張諸天如幔子，展開諸天如可住的帳棚。**」

　　後來從1512到1529年，科學家哥白尼（Copornicus）研究出地球不僅是圓的，而且還懸在空中，繞著太陽旋轉。同樣這個事實也早已在《聖經》裡記載了。約伯記二十六章七節說：「**神將北極鋪在空中，將大地懸於虛無之上。**」三十八章十四節又說：「**因這光，地面改變如泥上蓋印，萬物出現如衣服一樣。**」這就如同古代人印書泥在印字版上旋轉一樣！

　　我們堅信《聖經》句句都是神的話，是永不改變的真理，不受空間的限制，經得起時間的考驗。讚美主！

舊約中第一位大祭司──亞倫

　　亞倫是摩西的哥哥。當初神呼召摩西的時候，因著摩西說自己是拙口笨舌的，神便同時呼召了亞倫替摩西對百姓說話。摩西以亞倫作口，亞倫把摩西當作神（出四16）。因此摩西和亞倫同出同入，神呼召摩西上西乃山，也叫亞倫一塊兒去（出十九24）。他們原本該得到同樣的賞賜，但很遺憾，亞倫並不像他弟弟摩西那麼完全，所以他的結局也不像摩西那麼榮耀。

　　出埃及記卅二章說：「百姓見摩西遲延不下山，就大家聚集到亞倫那裡，對他說，起來，為我們造神像，可以在我們前面引路；因為領我們從埃及地上來的那人摩西，我們不知道他遭遇了甚麼事。亞倫對他們說，把你們妻子、兒子、女兒耳上的金環摘下，拿來給我。眾百姓就把他們耳上的金環摘下，拿來給亞倫。亞倫從他們手裡接過來，鑄了一隻牛犢，是用雕刻的工具作成的。他們就說，以色列阿，這是領你從埃及地上來的神。亞倫看見，就在牛犢面前築壇，並且宣告說，明日要向耶和華守節。次日，百姓清早起來，獻上燔祭，並帶來平安祭，然後坐下吃喝，起來玩耍。」（出卅二1-6）。

　　亞倫為了滿足百姓的要求，明知違背神的命令卻仍然去做，犯下如此大的錯誤，以致惹起神大大的震怒。正當亞倫和百姓歡天喜地，又吃、又喝、又拜金牛犢之際，摩西從山上下來了。看見亞倫所鑄的牛犢和百姓狂歡的光景，真是五內俱焚，暴跳如雷，立刻把從神那裡帶來的兩塊法版──十誡（出廿1-17），扔在山下摔碎了（出卅二19）。他向亞倫大發脾氣，對他說：「這百姓向你作了甚麼，你竟使他們陷在這樣大的罪裡？」亞倫推託說：「求我主不要發烈怒。這百姓專於作惡，是你知道的。他們對我說，你為我們造神像，可以在我

們前面引路；……我對他們說，凡有金環的，可以摘下來，他們就給了我。我把金環扔在火中，這牛犢便出來了。」（出卅二21-24）亞倫說的可真好聽，把責任推得一乾二淨，這實在是亞倫的軟弱。

摩西心中難過憂傷，他知道亞倫這樣縱容百姓，不但讓神失去榮耀，也給撒但羞辱神的機會（出卅二25）。所以他勇敢的當機立斷，站在營門中說：「凡屬耶和華的，都到我這裡來！」於是利未的子孫都到他那裡聚集（出卅二26-28）。

在會幕的事奉上，亞倫家發生了一件大事。利未記十章一至二節記載：「亞倫的兒子拿答、亞比戶各拿自己的香爐，盛上火，加上香，在耶和華面前獻上凡火，是耶和華沒有吩咐他們的。就有火從耶和華面前出來，把他們燒滅，他們就死在耶和華面前。」

兩個孩子死了之後，摩西對亞倫說：「這就是耶和華所說，在親近我的人中，我要顯為聖別；在眾民面前，我要得著榮耀。」（利十3）這話就像一把兩刃的利劍刺在亞倫的心上。身為祭司，家裡的孩子竟然不知獻祭的規矩，他們是藐視神的定規或是熱心過度？不受約束還是根本不知道呢？實在令人不解，所以亞倫默默無言（利十3）。他心情之複雜絕不是外人所能了解。他一定很自責當初自己造金牛犢的行為，可能他也很遺憾為甚麼平日沒有好好地引導孩子。但是自責、悔恨又有何用？該發生的都發生了。這給我們看見，在我們人生的旅程中，有的錯誤是用任何力量也彌補不回來的，求主憐憫。

摩西的姊姊——米利暗

　　米利暗是亞倫和摩西的姊姊。摩西出生後，由於法老王的禁令，不容許希伯來的男嬰存活，他母親就把他藏了三個月。等不能再藏了，就把他放在蒲草箱裡，擱在河邊的蘆荻中。米利暗遠遠的站在旁邊守著，當她發現法老的女兒要收養弟弟時，立刻找媽媽來充當弟弟的奶媽（出二4），由此可見米利暗實在愛這個弟弟。她跟摩西、亞倫一起長大，當摩西帶領以色列人從埃及出來的時候，我們相信，他們姊弟三人一定是同心合意。尤其是摩西舉杖使紅海分開，讓以色列人下海如同走乾地，而追趕以色列人的埃及軍兵、車輛卻都葬身在海底時，米利暗真高興極了。她一面打鼓，一面載歌載舞。她唱說：「⋯⋯**你們要歌頌耶和華，因祂大大戰勝，將馬和騎馬的投在海中。**」（出十五19-21）那時是她屬靈的高峰！《聖經》上稱她是女先知①（申言者）（出十五20）。

　　但是何等可惜，由於人的私慾作祟，慢慢地在他們姊弟三人中間發生了矛盾。主要的原因是，摩西在神面前有一份尊貴的服事，而身為兄姊的亞倫和米利暗凡事卻得聽命於這個幼弟，在情緒上難免不平。耶和華又常常向摩西說話，百姓又都尊重摩西（出十八15-16），這就讓米利暗和亞倫產生了嫉妒的心。正如雅各書一章十五節說：「⋯⋯**私慾懷了胎，就生出罪；罪既長成，就產生死。**」米利

---

① 先知就是指申言者。「先知」一詞，指那些在事情還沒有發生之前，就能說出豫言的人。這詞的來源，主要是因為西方《聖經》學者在翻譯以賽亞書、耶利米書時，將這些書翻為Prophetic books。而當福音傳到中國時，Prophet這個字就被翻成了「先知」，而沒有注意到這個名詞另兩個重要的意義；就是將神說出來和為神說話的兩層意義。所以，李常受弟兄在翻譯恢復本《聖經》時，為了忠於《聖經》中的原意，採用了「申言者」這詞。

暗就是在這種情形下上了魔鬼大當。結果，不但長了大痲瘋，還被關鎖了七天（民十二10-15）。照著《聖經》的記載是這樣的：「**米利暗和亞倫因摩西所娶的古實女子就譭謗他，（因為摩西娶了一個古實女子，）他們說，難道耶和華只藉著摩西說話，祂不也藉著我們說話麼？**」（民十二1-2）。

摩西娶古實女子為妻當然不對，但米利暗和亞倫沒有資格審判他。雅各第四章十二節說：「**設立律法者和審判者只有一位，就是那能救人，也能滅人的。你這審判鄰舍的，你是誰？**」更何況他們的動機並不完全針對這件事。我們可以從他們說：「**難道耶和華單與摩西說話，不也與我們說話嗎？**」這話已經說明他們完全是出於嫉妒，目的是讓摩西的形象受損，讓所有的百姓不要再尊重摩西。難怪耶和華發怒了。

民數記十二章七至九節說：「**我的僕人摩西不是這樣；他在我全家是忠信的。我與他面對面說話，……你們譭謗我的僕人摩西，為何不懼怕呢？耶和華向他們二人發怒，就離開了。**」或許有人會說，耶和華何以對摩西這麼偏愛！他娶了古實女子不但不責備他，還誇他是忠心的僕人。其實並不是耶和華偏愛摩西，乃是因為米利暗和亞倫在神的前頭審判了摩西，而且動機又不單純，若是神也跟他們一樣，那可是不公義啊？我們可以很大膽地說，是米利暗和亞倫幫了摩西的忙，否則神在祂的公義裡，怎樣對付摩西誰也不知道。

米利暗和亞倫既然不尊神為大，還能怪神誇獎摩西嗎？願我們從米利暗身上得到光照。米利暗發肉體的結果是「百姓沒有往前行」，也就是說耶和華的軍隊不能往前（民十二15）。這是何等嚴肅的事。在跟隨主的道路上，最破壞人往前的就是驕傲和妒嫉，因為這兩種罪都是魔鬼所發起的。當初神創造美好的宇宙（創一1），立定了大地的根基，不僅晨星一同歌唱，神的眾子也都一起歡呼（伯卅八7）。

那時，神坐在榮耀的寶座上是何等的尊榮。這時候，那個有野

心的天使長看在眼裡，恨在心裡。牠可能想：「坐在寶座上的為甚麼不是我呢？我是全然美麗呀！」背叛的心已經在牠裡面發動了，終於牠帶著三分之一的天使墮落成魔鬼，也變成了神的仇敵。牠常利用人的妒嫉和驕傲破壞神的旨意，因此神的兒女必須要警醒以免被魔鬼陷害。當然，每一個人裡面都有妒嫉，這是從亞當墮落之後所帶下來的原罪（可七20-23）。雖然如此，我們卻不可放縱情慾付諸行動，否則自己受虧損事小，影響神的見證事大。保羅弟兄說：「**但那屬基督耶穌的人，是已經把肉體連肉體的邪情私慾，都釘了十字架。**」（加五24）。

這件事表面看來實在很消極，但卻讓我們經歷到愛的真諦。首先是亞倫，當他發現米利暗長了大麻瘋時，立刻懇求摩西說：「**我主阿，求你不要將我們愚昧所犯的這罪，加在我們身上。求你不要使她像那出母腹，肉已半爛的死胎。**」而摩西呢？他並沒有說：「活該！我才不管，誰讓你們攻擊我，毀謗我……」他乃是立刻哀聲求告耶和華：「**神啊，求你醫治她！**」於是神答應了他的禱告。但是在神的公義裡不得不對付米利暗，所以把她關在營外七天，然後又把她領進來（民十二11-15）。在此我們不僅摸著弟兄的愛，更是摸著神的愛，正如大衛在詩篇裡所說的：「**因為他的怒氣不過是轉眼之間，他的恩惠乃是一生之久。**」（詩卅5）。

讀了米利暗的例證，我們對主更有信心，也許我們會有失敗，會有軟弱，但是神的愛永不改變。「**壓傷的蘆葦，他不折斷；將殘的火把，他不吹滅；**」「**所以我們只管坦然無懼的來到施恩的寶座前，為要受憐憫，得恩典，作應時的幫助。**」（太十二20，來四16）。

愚昧的先知──巴蘭

　　巴蘭可算是一個最愚昧的先知（申言者）了。愚昧的原因，在於他重看錢財，過於他事奉神的職分。最後不僅分文未得，還白白的招到咒詛，賠上了性命。歷世歷代許多傳道人都會以巴蘭做為貪財者的警惕。

　　巴蘭的失敗分為三點：

　　第一，他腳踏兩條船，想抓主又想抓瑪門（金錢）。

　　第二，他不夠警醒。神曾一再地給他機會讓他回頭，可是他一直執迷不悟。

　　第三，他鬼迷心竅。為了要得錢財和尊榮，竟然去求法術，故意犯罪褻瀆神，以致被神厭惡遭到殺身之禍。

　　現在我們來看巴蘭是如何一步一步地步向死亡之路。

　　民數記廿二章這樣記載：「那時西撥的兒子巴勒作摩押王。他差遣使者往大河邊的毗奪去，到比珥的兒子巴蘭本鄉那裡，召巴蘭來，說，有一民從埃及出來，遮滿這地，住在我的對面。這民比我強盛，現在求你來為我咒詛他們，或者我能擊敗他們，把他們趕出此地；因為我知道，你為誰祝福，誰就得福；你咒詛誰，誰就受咒詛。」（民廿二4下-6）由以上的話裡，我們可以看出巴蘭乃是一位大有能力的先知，在神面前非常有分量，否則他絕不會為誰祝福，誰就得福；咒詛誰，誰就受咒詛。

　　西撥的使者拿著銀子到了巴蘭那裡表明來意。巴蘭表現很不錯，他對來的人說：「你們今夜在這裡住宿，我必照耶和華所告訴我的回報你們。……。」（民廿二8）巴蘭還沒有開口向神求問，神的話就臨到巴蘭說：「在你這裡的人都是誰？」巴蘭將實情告訴耶和華，

神立刻對巴蘭說：「你不可同他們去，也不可咒詛那民，因為那民是蒙福的。」（民廿二9-12）第二天早晨巴蘭照神的吩咐對巴勒的臣僕說：「因為耶和華不許我和你們同去。」（民廿二13）。

巴勒不見巴蘭來，心有不甘，第二次派了更多的臣僕去引誘巴蘭：「求你不容甚麼事攔阻你不到我這裡來，因為我必使你得極大的尊榮。你向我說甚麼，我就去作；只求你來為我咒詛這民。」（民廿二15-17）巴蘭說：「即使巴勒將他滿屋的金銀給我，我也不可越過耶和華我神的話做事，少作多作都不可。現在請你們今夜也在這裡住宿，等我得知耶和華還要對我說甚麼。」（民廿二18-19）巴蘭口中雖然說著好聽的話，其實他的心已經動了。一個人心一動就甚麼都完了，難怪《聖經》上說：「你要切切保守你心」（箴四23）巴蘭的心，神當然知道，事實上耶和華早已警告他，不准他去，既然如此還有甚麼好問的呢？所以神先用話試試巴蘭，對他說：「這些人既來召你，你就起來同他們去，但你只當遵行我對你所說的話。」（民廿二20）。

神竟然主動叫他去，簡直太令巴蘭高興了。這時他甚麼都忘了，只想發大財，得大尊榮，恐怕一個晚上也沒有睡好，一大早就起來備上驢和摩押的使臣一同去了（民廿二21）。

耶和華因巴蘭真的去了，就大發烈怒，差遣使者在半路上攔阻他。巴蘭騎在驢上正洋洋得意時，沒有想到驢看見耶和華的使者站在路上，手裡有拔出來的刀，就從路上跨進田間。巴蘭用鞭打驢想要牠回轉上路，但是耶和華的使者就站在葡萄園的窄路上，驢沒有辦法，只好貼著牆壁走，這樣巴蘭的腳就被擠傷了。如果巴蘭稍有警醒之心而馬上回去，應該是來得及的，可是非常可惜，巴蘭不但不回頭反而再一次打那隻驢，驢被打得無可奈何，又無處可逃，乾脆臥在地下不起來了。這樣，巴蘭更是氣上加氣，所以他狠狠的用杖打那隻可憐的驢。

　　耶和華看見巴蘭如此的執迷不悟，只好叫驢開口說話。驢對巴蘭說：「**我不是你從小時直到今日所騎的驢麼？我素常向你這樣行過麼？**」（民廿二22-30）。

　　這時，耶和華使巴蘭的眼睛明亮，他看見耶和華的使者，就站在自己面前。假如巴蘭這時回頭還是可以，只可憐他被錢財迷昏了頭，根本不想回頭。他對使者說：「**你若不喜歡我去，我就轉回。**」（民廿二34）這是一句廢話，他心裡應該清楚從開始神就不讓他去，現在又差遣使者在路上攔阻他，而且還叫驢開口說話，難道這些印證還不夠嗎？若是巴蘭那時悔改向神說：「**主耶和華啊！赦免我，我決定不去了。**」那該多好呢？但他不僅沒有抓住機會，反而還為自己找尋藉口，耶和華知道巴蘭定意要去，只好任憑他！

　　巴蘭到了巴勒那裡，巴勒親自到京城迎接他，並且宰牛殺羊款待巴蘭。這兩個人各有所圖，一個想發大財得大尊榮，一個想利用巴蘭咒詛以色列民。總之，他們的心都不是正直的。

　　巴勒帶著巴蘭到巴力的高處，讓他觀看以色列的邊界。此時的巴蘭已經把耶和華忘得乾乾淨淨，他吩咐巴勒趕快築七座壇，預備七隻公牛七隻公羊獻祭。巴蘭甘心樂意的要替巴勒咒詛以色列民。結果，出乎他的意料之外，他竟不由自主的唱起詩歌來說：「**巴勒引我出亞蘭，摩押王引我出東方的山，說，來阿，為我咒詛雅各；來阿，怒罵以色列。神沒有咒詛的，我焉能咒詛？耶和華沒有怒罵的，我焉能怒罵？我從高峰看他，從小山望他；這是獨居的民，不將自己算在萬民中。誰能數算雅各的塵土？誰能數點以色列的四分之一？願我之死如正直人之死；願我之終如正直人之終。**」（民廿三7-10）。

　　巴勒一聽這些話真是生氣極了，對巴蘭說：「**我領你來咒詛我的仇敵，不料，你竟完全為他們祝福。**」（民廿三11）巴勒把巴蘭請來，目的就是讓他咒詛以色列民，而巴蘭來的目的就是想發大財，如今兩個人都沒有達到目的，怎能甘心呢？所以巴勒又把巴蘭請上毗斯

迦山頂，在那裡也同樣的築了七座壇，同樣的獻上七牛七羊為祭物，他們想這一次一定會成功。不料，巴蘭卻再一次的唱起歌來說：「巴勒阿，你起來聽；西撥的兒子阿，你向我側耳。神並非人，必不至說謊，也非人子，必不至後悔。祂說話，豈能不作成？祂發言，豈能不立定？我奉命祝福；神既已賜福，這事我不能翻轉。祂未見雅各中有罪孽，也未見以色列中有禍患；耶和華他們的神與他們同在，有向王歡呼的聲音在他們中間。神領他們出埃及；他們似乎有野牛之力。斷沒有法術可以害雅各，也沒有占卜可以害以色列。……這民起來彷彿母獅，挺身好像公獅；……」（民廿三18-24）。

巴勒幾乎氣瘋了，可是他仍不灰心，又帶著巴蘭到毗珥山頂，仍然是築七座壇，獻七隻公牛，七隻公羊（民廿三28-29）。巴蘭這回有些清醒了，他知道耶和華絕對不會咒詛以色列民的，所以就不像前二次，再去求法術。巴蘭面向曠野，神的靈臨到他身上，他仍舊以詩歌祝福以色列民說：「雅各阿，你的帳棚何其佳美！以色列阿，你的帳幕何其華麗！如延展的山谷，如河旁的園子，如耶和華所栽的沉香樹，如水邊的香柏木。水要從他的桶裡流出，他的種子必撒在多水之處；他的王必超過亞甲，他的國必被高舉。神領他出埃及；他似乎有野牛之力。他必吞喫敵國，打碎他們的骨頭，用箭射透他們。他蹲臥如公獅，又如母獅，誰敢惹他？凡給你祝福的，願他蒙福；凡咒詛你的，願他受咒詛。」（民廿四5-9）。

巴勒一聽，簡直是五內俱焚，他一面拍掌，一面大發雷霆的說：「我召你來為我咒詛仇敵，不料，你這三次竟完全為他們祝福。如今你快回本地去罷！」（民廿四10-11）巴蘭只好悽悽慘慘的回到他的本地。臨行前，很無奈的對巴勒說：「我豈不曾告訴你所差遣到我那裡的使者說，即使巴勒將他滿屋的金銀給我，我也不能越過耶和華的話，憑自己的心意行好行歹麼？耶和華說甚麼，我就說甚麼。現在我要回本族去。你來，我指示你這民日後要怎樣待你的民。」（民廿四

12-14）接著巴蘭提起詩歌說：「眼目睜開的人宣告說，得聽神的言語，得知至高者的知識，得見全足者的異象，仆倒而眼目得開的人宣告說，我看祂，卻不在現時；我望祂，卻不在近日。必有一星從雅各而出，必有一杖從以色列興起，祂必打碎摩押的四角，毀壞舍特所有的子孫。祂必得以東為基業，又得仇敵之地西珥為產業；以色列必行事勇敢。有一位出於雅各的，必掌大權，並除滅城中的餘民。」（民廿四15-19）這豫言是指著主耶穌說的（太二2，羅一3）。

　　巴蘭曾是大有能力的先知，神也曾給他多次回轉的機會，只可惜他太剛硬，甘心樂意走了猶大①的路，最後甚麼也沒得到卻白白送掉性命（民卅一8）。這是一件何等可悲的事。

　　巴蘭的例證說出，貪愛錢財乃為萬惡之根（提前六10）。這裡的貪，是指著貪愛不法不義的錢財。至於正當工作所賺得的份，那並不是貪。例如：保羅在地上的時候，為了生計，他也以製造帳篷為業，賺取應得的酬勞（徒十八3）。魔鬼利用錢財的魅力不知讓多少人陷入牠的網羅。尤其在這末世時代，魔鬼不僅陷害世人，更陷害神的兒女。據報導，有的人竟將眾聖徒奉獻給召會的錢財，佔為己有。這是多麼羞恥的行為！難道這樣的事主不會審問嗎？

　　有一位美國非常有名的牧師剛開始事奉時，真是忠心又敬畏主。但當他有了成就之後，卻經不起金錢和女色的誘惑，竟陷入魔鬼的網羅裡。最終被法院判了四十五年的徒刑。何等悲慘的下場！我們真要求主保守，因為我們都不是撒但的對手。我們要常常禱告求主救我們脫離鬼的權勢。

　　事實上，一個基督徒對錢財的態度，應該是清清潔潔的；有衣有食就當知足，因為我們沒有帶甚麼到世上來，也不能帶甚麼去（提前六7-8，17-19，傳五15）。我們只該學習亞古珥，他向神禱告說：

---

① 猶大乃新約《聖經》中出賣主耶穌的門徒。

「我求你兩件事，在我死前，不要不應允我：求你使虛假和謊言遠離我。求你使我也不貧窮也不富足；我需用的那分飲食，求你供給我，免得我飽足了，就否認你，說，耶和華是誰？又免得我貧窮就偷竊，以致褻瀆我神的名。」（箴卅7-9）但願這也是你我的禱告。

對神忠信到底的人──約書亞

約書亞是一位可愛的年輕人。摩西死後，由他接續帶領以色列人的任務。他也和摩西一樣，對神不僅忠心而且敬畏。

《聖經》上說，當五個亞摩利王聯合攻打基遍時，基遍人打發人去見約書亞求他幫助。約書亞得著神的應許，就帶領兵丁和大能的勇士從基遍上去，在基遍大大殺敗了敵人。當神將亞摩利人交付以色列人的日子，約書亞向神禱告說：「**日頭阿，你要停在基遍；月亮阿，你要止在亞雅崙谷。於是日頭停留，月亮止住，……約有一整日。**」（書十5-13）十四節接著又說：「**在這日以前，這日以後，耶和華聽人的禱告，沒有像這日的，……**」。

英國天文學家包愛文爵士，他是專門研究太陽系的循環時間與週期。有一天，他突然發現太陽系的循環當中，少了整整廿四小時，使他非常納悶。後來他與他的同事，美國耶魯大學教授特勞得先生以及其他教授一同研究，結果在《聖經》約書亞記第十章找到答案，但是核對算式數目只能補上廿三點二十分，還差四十分。於是他們繼續查讀《聖經》，讀到列王紀下廿章八至十一節，以賽亞書卅八章八節，神答應希西家王禱告時，讓日晷後退十度，作為兆頭。十度剛好是四十分鐘，與約書亞十章所短的時間合算起來整整是廿四小時。包愛文爵士本來不信耶穌，也不信《聖經》是神的話，然而因著這些看見他低頭敬拜神說：「主啊！我信了！」（摘自福音故事）。

現在我們要來看約書亞何以會在禱告的職分上有如此大的能力？而耶和華神又何以會這麼聽他的禱告？假如我們仔細讀讀他的生平，就會發現在約書亞身上有許多蒙神悅納的特點：

第一，他是一個謙卑順服的人。當初摩西帶著以色列人出埃及，

過紅海，行神蹟，那時以色列人一面行走，一面唱歌。可是沒過多久，他們就遭遇種種的難處，歌聲立刻變成了怨言。他們很想吃肉卻沒有肉吃，他們又是大發怨言（出十六3）。正當百姓又鬧又吵又發怨言的時候，亞瑪力人竟趁機打了過來。摩西對約書亞說：「**你為我們選出人來，出去和亞瑪力人爭戰。**」（出十七8）。若是換了一個不敬畏神，不顧到神見證的人，他就不會打這場仗。因為當時的百姓都已經亂成一團，他如何選出人來與敵人爭戰？然而約書亞二話不說，就照著摩西的話親自上去和亞瑪力人爭戰。這種順服的態度實在無人能及（出十七9-10）。

其次，他是個信靠神的人。當摩西打發十二個探子去窺探迦南地時，約書亞也被打發去了（民十三8，16）。被派去的十二個首領，除了迦勒和約書亞之外，其餘十個探子，都向摩西和以色列人報惡信說：「**那些探子論到所窺探之地，向以色列人報惡信，說，我們所經過、窺探之地，是吞吃居民之地，我們在那裡所看見的人民都身量高大。我們在那裡看見拿非利人；（亞衲人的子孫就是拿非利人的一支；）我們看自己就如蚱蜢一樣，他們看我們也是如此。**」（民十三32-33）但是約書亞和迦勒卻有不同的說法；他們說：「**我們所經過、窺探之地是極美之地。耶和華若喜悅我們，就必領我們進入那地，把那地賜給我們；那地乃是流奶與蜜之地。**」（民十四7-8）對約書亞來說，不在乎那裡的人高大與否，乃在乎神是否喜悅我們，幫助我們。若是如此，我們就必進入那地。約書亞信靠神的心是令人羨慕的（羅八31，來十三6）。

第三，約書亞是個對神忠心到底的人。當亞倫領著百姓拜金牛犢時，營中發生了弟兄殺弟兄的慘劇（出卅二28）。以色列人惶惶不安，人人自危，不敢再到營外的會幕敬拜神了。（會幕豫表今天的召會）。

《聖經》上說：「**各人在自己帳棚的門口下拜。**」（出卅三10

下）但是《聖經》又接著說：「**但他的幫手，一個少年人，就是嫩的兒子約書亞，不離開會幕。**」（出卅三11下）約書亞的忠誠使神對他滿了把握，因此將帶領以色列人的重責大任轉移在他身上，而他也能順利完成神所交託他的使命。由於他堅守立場，至終他得以進入迦南美地（民十四26-30）。約書亞這一顆堅定的心，我們必須要學習。

反觀今天許多神的兒女，稍遇困頓就埋怨主，甚至不要主了。有的聽了或看了一些消極和死亡就立刻被絆跌，這是非常可惜的事。有一位姊妹對筆者說：「你看，那位弟兄還是個事奉神的人，竟然做這樣事，以後我也不聚會了。你看，那個弟兄和姊妹那麼沒有愛心，那麼勢力眼……」我就反問她說：「你信的是神呢？還是人呢？如果你讀的大學裡，有個同學搶了人家的皮包被警察抓了，請問，你就放棄學業了嗎？或者你被同學罵了一頓就不讀書了嗎？」我們必須看見沒有一個人是完全的，即使是摩西、大衛、所羅門也不例外，假如你能站住或過敬畏神的生活，那是神的憐憫和保守，並不是我們比別人強（傳七20，羅十一17-20）。更何況許多時候，都是我們的疑心所產生的驕傲和自卑（約八44），叫我們絆跌。因此，我們要靠著主的恩典，拒絕這些心思的攪擾！

名布道家葛理翰博士（Billy Graham），他是神所大用的僕人。無數的靈魂藉著他得救。但當媒體訪問他時，他竟然這樣說：「我的問題是應該比任何一位聖徒都需要在神面前認罪悔改……。」請看，這是何等謙卑的心！

求主賜給我們謙卑的心，千萬不要落在驕傲裡。說實在話，越到末期，不法的事越要增多。否則，主耶穌在地上不會預先提醒他的門徒說：「**那時，有許多人要絆跌，也要彼此陷害，彼此恨惡；且有好些假申言者要起來，迷惑許多人。只因不法的事增多，許多人的愛心就漸漸冷淡了。惟有忍耐到底的，必然得救。**」（太廿四10-13，啟三10-12）。

願我們都是忍耐到底的一班人。事實上，我們只該作一件事：就是為著主的名，主的旨意，主的榮耀，也為著主裡的眾聖徒，和我們自己的家人，禱告再禱告。同時我們也要謹慎言行，尤其在召會中有事奉的弟兄姊妹，更要特別小心。否則把人絆倒了，自己還不知道呢（太十八7）！

保羅弟兄勸誡我們說：「**敗壞的話一句都不可出口，只要按需要說建造人的好話，好將恩典供給聽見的人。並且不要叫神的聖靈憂愁，你們原是在祂裡面受了印記，直到得贖的日子。一切苦毒、惱恨、忿怒、喧嚷、譭謗，同一切的惡毒，都要從你們中間除掉。你們要以恩慈相待，心存慈憐，彼此饒恕，正如神在基督裡饒恕了你們一樣。**」（弗四29-32）。

主耶穌也曾親口警誡我們：「**要使絆跌人的事不發生是不可能的，但那絆跌人的有禍了。**」（路十七1）求主憐憫，讓我們不作一個絆倒人的人。

有位姊妹問，究竟甚麼是真理？約翰福音第八章四十五至四十七節說：「**我講真理，你們卻因此不信我。……出於神的，必聽神的話……。**」這裡告訴我們，神的話就是真理。約翰福音第一章一至二節說：「**太初有話，話與神同在，話就是神。……。**」這已經非常清楚了。因此我們須要更多追求神的話，更多享受神的話，好讓我們完全明白真理如此才能站穩腳步，忍耐等候著主的回來（羅八22-25）。

約書亞到老年的時候，爭戰已經告一段落，所得來的土地也已分配給各支派了。他召聚以色列的各長老、族長、審判官等聚在他面前，很嚴肅的對他們說：「**現在你們要敬畏耶和華，純誠忠信的事奉祂，將你們列祖在大河那邊和在埃及所事奉的神除掉，來事奉耶和華。若是你們以事奉耶和華為不好，今日就可以選擇所要事奉的，……至於我和我家，我們必定事奉耶和華。**」（書廿四14-15）。

　　約書亞的例證給我們莫大的啟示：一個神的兒女，若要蒙神喜悅，絕不是偶然的，必是在他們身上有某些蒙福的條件。無怪乎，有的人禱告蒙主垂聽，而有的人禱告效果卻不大。求主憐憫，但願從今天開始我們也效法約書亞，活出一種蒙神喜悅的生活（詩六十六18）。

為神爭戰到底的人──迦勒

迦勒的特點是剛強壯膽，絕對站在神這邊為神爭戰到底，難怪神稱讚他說：「唯獨我的僕人迦勒，因他另有一個靈，專一跟從我，我就要把他領進他所去過的那地；他的後裔也必得那地為業。」（民十四24）。

迦勒和約書亞是老一代進入迦南地的僅存兩人，其餘的都是新生代的以色列人。現在我們所要介紹的是迦勒有甚麼特點值得神如此稱讚呢？

《聖經》民數記十三章一至二節有這樣的記載：「耶和華對摩西說，你打發人去窺探我所賜給以色列人的迦南地，他們每宗族支派中要打發一個人，都要作首領的。」摩西就照耶和華的吩咐，從巴蘭的曠野打發他們去，他們都是以色列人的族長。迦勒也是其中之一（民十三6）。

四十天之後，他們都回來將那地的情形報告給摩西，有的人說：「我們到了你所打發我們去的那地……然而住那地的民強壯，城邑也堅固寬大，並且我們在那裡看見了亞衲人的後代。亞瑪力人住在南地，赫人、耶布斯人、亞摩利人住在山地，迦南人住在海邊並約旦河沿岸。」接著又有人說：「我們所經過、窺探之地，是吞吃居民之地，我們在那裡所看見的人民都身量高大。……我們看自己就如蚱蜢一樣，他們看我們也是如此。」（民十三27-33）這時迦勒站出來安撫百姓說：「我們立刻上去得那地罷，因為我們足能得勝。」（民十三30）除了約書亞，那十個探子都不站在迦勒一邊，並且說：「我們不能上去攻擊那民，因為他們比我們強壯。」（民十三31）。

因著探子們所報的惡信，使以色列人的信心整個瓦解了，全會

眾都大大哭號起來，並且向摩西、亞倫大發怨言說：「巴不得我們早死在埃及地，或是死在這曠野。耶和華為甚麼把我們領到這地，使我們倒在刀下？我們的妻子和孩子必被擄掠。我們回埃及去，豈不更好麼？」眾人彼此說：「我們不如立一個首領，回埃及去罷。」（民十四1-4）他們七嘴八舌的亂成一堆，在這種混亂的情況下摩西和亞倫真不知該如何是好，只好俯伏在百姓面前。此時迦勒和約書亞撕裂衣服對全會眾說：「……我們所經過、窺探之地是極美之地。耶和華若喜悅我們，就必領我們進入那地，把那地賜給我們；那地乃是流奶與蜜之地。只是你們不可背叛耶和華，也不要怕那地的民；因為他們是我們的食物。蔭庇他們的已經離開他們，有耶和華與我們同在；不要怕他們。」（民十四7-9）他倆想極力的挽回百姓的信心，可是百姓不但不聽，反而要用石頭打死他們。

就在這時，耶和華的榮光突然向以色列人顯現，對摩西說：「這百姓藐視我，要到幾時呢？……我要用瘟疫擊殺他們，使他們不得承受那地；……惟有耶孚尼的兒子迦勒和嫩的兒子約書亞，才能進去。」（民十四10-12，30-31）。

在這裡給我們看見一件很奇妙的事；十二個探子同時到了迦南地，但所認識和感受的竟是如此的不同。當然，他們的結局也完全不一樣，有的不但自己進入美地，後代也承受了美地；有的不但不得進入，反遭瘟疫死在神面前（民十四37）。如果我們仔細讀《聖經》，就知道那十個探子所說的並非假話。

從兩個以色列人，才能抬一挂迦南地的葡萄一事來看，可知那裡的人是多麼高大。加上南地有亞瑪力人住著，山地有赫人和耶布斯人以及亞摩力人，海邊與約旦河又有迦南人在那裡，以人的眼光來看，實在可怕極了（民十三23，28-29）。所以那十個探子看看環境，看看自己，簡直一點指望也沒有。可惜的是，他們把神給忘了；把神給他們的應許也忘了。

神曾說：「現在你和你從埃及地領上來的百姓，要離開這裡，上我所起誓要賜給亞伯拉罕、以撒、雅各的地去；我曾對他們說，要將這地賜給他們的後裔。我要差遣使者在你前面；我要攆出迦南人、亞摩利人、赫人、比利洗人、希未人、耶布斯人。」（出卅三1-2）。

神的話是如此的堅定，這十個探子竟然沒有聽進心裡去，並且把神為他們所行的神蹟奇事也都忘得一乾二淨。他們忘記是誰將埃及的軍兵葬在紅海裡（出十四21-25），是誰將嗎哪從天降下（出十六4-5，31），又是誰讓磐石流出水來給他們喝（出十七6）；他們只看敵人高大，只看自己如同蚱蜢。他們悲慘的下場是因著不信，迦勒蒙福的點是專一信靠神（來三16-19，十一6）。

以色列人在爭戰中得了許多土地，約書亞照著神的吩咐把這些土地都分給以色列的各支派。當時迦勒對約書亞說：「耶和華的僕人摩西從加低斯巴尼亞打發我窺探這地，那時我正四十歲；我按著心裡的真誠向他回報。然而，同我上去的眾弟兄使百姓的心融化；但我專一跟從耶和華我的神。當日摩西起誓說，你腳所踏之地必定歸你和你的子孫永遠為業，因為你專一跟從耶和華我的神。現在，看哪，自從耶和華對摩西說這話的時候，耶和華照他所說的使我存活這四十五年；其間以色列人在曠野行走。看哪，現今我八十五歲了。今天我還是強壯，像摩西打發我去的那天一樣；無論是爭戰，是出入，我的力量那時如何，現在還是如何。現在求你將耶和華那日所說的這山地給我；因為那日你也曾聽見那裡有亞衲人，並寬大堅固的城邑。或者耶和華與我同在，我就把他們趕出去，……」（書十四7-12）。

迦勒這番話讓聽話的人靈裡都高昂起來了。八十五歲的他仍然如此強壯勇敢，而且主動向仇敵挑戰，他果真是另有一個心志。約書亞照著迦勒所求的把基列亞巴分給他，結果，他把那地上的三個亞納族長全部趕了出去（書十五13-14）。阿利路亞！

看了迦勒的生平，我們這些多年奔跑天路的聖徒可要注意了。

那些與迦勒並肩作戰的首領們因著眼目不夠專一，看仇敵凶猛，看自己無能，對神不夠完全信靠，以致灰心喪志不得進入美地，這是一件非常嚴肅的事。我們是否也是跑哇跑哇，跑到最後被撇棄在門外呢？我們都必須坐下來好好的算算帳（腓二16）。我們要這樣禱告：「主啊！我的不信，求你幫助。」（可九24）

願我們在這最後衝刺的階段裡學習迦勒，靠著那加能力給我們的神，挺身昂首眼目專一的往前直跑，在現今時代成為得勝者。

冒死救敵的妓女——喇合

　　喇合是耶利哥城中人人鄙視的妓女，她因著有一顆尋求神的心，和要神的心，不僅她自己得了大福，也救了她全家人的性命。約書亞記二章記載：約書亞打發兩個人作探子，去窺探那地和耶利哥。他們來到一個妓女名叫喇合的家裡，就在那裡躺臥。有人告訴耶利哥王說：「今夜有以色列人來到這裡，探查此地。耶利哥王打發人去見喇合說，那來到你這裡，進了你家的人，你要交出來，因為他們來，是要探查全地。女人將二人隱藏起來，回答說，是有人到我這裡來；但他們是那裡來的，我並不知道。天黑要關城門的時候，他們出去了，……」（書二1-5）很明顯的，喇合乃是冒著生命的危險，不顧一切的救他們脫離耶利哥王的手。讓我們覺得納悶的是，喇合為甚麼做如此大的犧牲呢？

　　約書亞記二章八至十三節記載：「二人還沒有躺臥，女人就上房頂到他們那裡對他們說：『……耶和華怎樣在你們前面使紅海的水乾了，以及你們怎樣待約旦河東亞摩利人的兩個王西宏和噩，將他們盡都毀滅。我們一聽見，心就融化了。……現在我既以恩慈待你們，求你們指著耶和華向我起誓，也要以恩慈待我父家，並給我一個可靠的記號，……拯救我們的性命不死。』」

　　喇合雖然是妓女，但她卻是一個聰明智慧的人。她聽過耶和華所行的神蹟奇事，以及神種種的作為，使她產生一顆渴慕要神的心。等到她看見以色列的兩個探子來到她家，立刻抓住機會不顧性命的為神效力。由於喇合的幫助，那兩個探子的性命得以保全。後來約書亞帶領眾百姓和祭司攻打耶利哥城，並且大獲全勝，他們把城中所有的男女老幼、牛羊和驢，統統殺光，只留下喇合一家和她的親屬（書六

20-23）。

喇合得救後，嫁給猶大支派中作首領的撒門。因著他們的婚配，生出了大衛祖父波阿斯（代上二10-11），也就是主耶穌肉身的祖先（太一5，16）。何等稀奇，這條生命延續的路線，竟是由做過妓女的喇合傳下來的。以人的眼光來看，喇合真是不配，因為她是一個汙穢的妓女。然而神並不嫌棄她，因為神看人是看人的內心，也許喇合外面不乾淨，但是她卻有一顆很美的心：

第一，是她的信心，為了要得著神不顧性命。

第二，是她的愛心。

約書亞記第二章十三節，喇合對兩個探子說：「**要使我的父母、兄弟、姊妹、和一切屬他們的都能存活，拯救我們的性命不死。**」她不僅顧到她的父母家人，也顧到所有的親戚朋友。我們相信喇合得救後一定脫去妓女的身分，否則她怎麼可能嫁給撒門，這就難怪神恩待喇合了（林後五17）。這給我們看見信心和愛心必須配上行為才完全。喇合接待探子是她的好行為；她顧到她的家人以及親戚朋友，使他們免於喪命也是她的好行為。

有人說：「我們既然靠著恩典得救，就不在乎行為。」果真如此，神就沒有公義了，所以神的話說：「**你們要結出果子，與悔改相稱，**」（路三8）雅各弟兄說：「**我的弟兄們，若有人說自己有信心，卻沒有行為，有甚麼益處？難道這信心能救他麼？若有弟兄或姊妹經常是赤身露體的，又缺了日用的食物，而你們中間有人對他們說，平平安安的去吧，願你們穿得暖，吃得飽；卻不給他們身體所需用的，有甚麼益處？信心也是這樣，若沒有行為，就是死的。**」（雅二14-17）走筆至此！想到筆者得救的見證：

1955年，外子因著對職務過分認真，以致得罪人被某同仁陷害而冤枉入獄。以往的親朋好友都離我們遠去，當時孩子們都還小，我年紀又輕，頓時失去了倚靠。幸好，有一班基督徒常來照顧我們，並

迫切替我們禱告。感謝主，祂聽了弟兄姊妹的禱告，使外子得以洗清罪名，也因此我們全家都認識了真神。幾十年過去了，回憶當初的患難，若不是弟兄姊妹的愛心扶持，就很難保有這個完整的家。感謝主！也謝謝那些可愛的弟兄姊妹。願他們所結的仁義之果存到永遠。所以信心與愛心一定要加上行為才實際。主耶穌說：「**憐憫人的人有福了，因為他們必蒙憐憫。**」（太五7）。

附記

以下是外子生前自己所寫的見證：

尚未認識神之前，我對做人的看法就是要誠實，其次做事要公正就可以了。社會上有形形色色的人在我們四周，常常到頭來才發現不少人藉各種謊言來騙人搞錢。實在不容易知道那個人是否本著良心行事？因此，朋友偶爾向我傳揚耶穌，我最多對他們只是笑笑而已，甚至給他們難堪，因為我立志不進召會，不聽福音。我心裡常想，可憐的人啊！你們去受騙吧！

我有一個好朋友，李端木弟兄，很早就送給我一本《聖經》。我只讀了一點點，就丟到一邊了。我心想，從上古以來，人死如燈滅，一死百了。耶穌三天復活，這怎麼可能呢？

1955年，我工作的單位標售二手金屬貨。放行時，明明一卡車已超過五千公斤，卻只登記八百公斤。真叫人心痛！於是我向上級反應。誰知他不但不聽，反而認為我擋了他的財路。沒多久，突然莫明其妙的來了一輛卡車，把我架送到監獄關起來。我受到如此大的冤屈，真是火冒三丈，氣炸了肺。我好恨這個沒有天理、沒有王法的世界。當時，覺得我的四周滿了黑暗；每天不吃也不喝，白天黑夜以淚洗面。我的反應讓同室的犯人都很驚訝。有的人勸我要想開一點，有的人小聲談論說：「他大概是個殺人犯，所以很難過的樣子。」過了

幾天，我太太來看我，帶來一本《聖經》給我。我心想：「無聊透了！帶這幹甚麼？」後來，躺在床上無聊，無意之間就翻到以賽亞書三十五章。首先，裡面說到：「**曠野和乾旱之地必然歡喜，沙漠也必歡騰，又像玫瑰開花。必開花繁盛，樂上加樂，……**」當我讀到歡喜和快樂時，忽然精神大振。神的話讓我真要歡呼起來。接著又讀到：「**你們要剛強，不要懼怕；看哪，你們的神必來伸冤，必來施行神的報應；……在那裡必有一條大道，一條路，稱為聖別之路；……乃為贖民行走；……永遠的喜樂必歸到他們頭上。……憂愁歎息盡都逃避。**」

　　以賽亞書三十五章裡的每一句話、每一個字都是我的需要、我的拯救。從那天開始，我心裡一點也不怕了。當我被囚快一年時，有一個高級法官來視察。我立即將冤情向他申訴，請他主持公道，並將牢裡不合理的情形也提供給他。不久，有位收發工作的朋友，他告訴我剛收到一封有關於我的信。信的大意是說要嚴格管制我，並千萬不能讓我到處揭發實情、惹事生非。此時，我才明白官官相護、一道而黑。每天一想到家中的妻子、孩子，心中就焦慮不安。眼看四周一丈多高的牆，又有衛兵站崗，加上兩道鐵門深鎖，任何人插翅也難飛。有一次，我問管事的為甚麼不放我出去？他說：「很難，你在這裡，還不學好，把我們都告了。況且，送你來這兒的，是個大人物。你算甚麼？別想出去了！死在牢裡吧！」他的話真是如一顆當頭的炸彈掉在我頭上！至此，我完全絕望了！於是大聲呼求：「神啊！這世界果真有你的話，求你救我！求你救我三天出監牢！」那時是下午四點。當時，我心裡覺得這是無理的要求。

　　非常奇妙，就在當天夜裡，有位偷東西被關進來的同監的室友，突然暗暗的對我說：「某某，我明天被選上可以外出買菜。你有沒有私信我可以幫你寄出去？」我一聽！真是高興萬分！心想，終於機會來了！立刻回答說：「有！有！謝謝你！不過你千萬要小心呀！」因

為他一旦被查到，馬上就會被懲罰；銬上手銬腳鐐兩個星期，其重量高達8公斤（17.6磅）。我連夜偷偷的寫了一封信給我的老師，內裡另附上一封信給我過去的長官，請求我的老師無論如何幫忙將信轉到我的長官手裡。在給我長官的信中詳述我被冤屈的經過。將信交給他之後，我一直在想這位室友過去也曾被選上出去買菜（小偷管的並不嚴格），怎麼從來沒有想幫我寄信呢？而且是冒著那麼大的危險！這真是一件奇怪的事。後來我又想，這大概是主做工吧！到了第三天下午，突然有人喊我的名字，我還以為有人來牢裡看我，沒想到，卻是一個少年人飛奔而來，喊著：「某某！快捲行李，你可以出獄了！」我心裡又驚訝又稀奇！立刻，淚如泉湧，哭了出來。神啊！在這世界上真的有你！我雖是無理的要求，你卻白白成就。我說三天，你就給我三天。正是下午四點，分毫不差。真是所謂「在人不能，在神凡事都能。」出獄之後，才知道那封信真的轉到我長官手裡了。他非常傷痛而生氣，怎麼會有這麼黑暗和不法的事。所以立刻派人將我保釋出來。至此，我不得不仆倒在主的光中，向神徹底認罪悔改！主啊！謝謝你！

　　過去我一直拒絕主，直到遇到困難無路可走時，才當即呼求神的名，祂就拯救了我，成了我蒙恩的見證。雖是因說「實話」被下在監裡，付出一年又十天牢獄之災的代價，但是卻換得了「無價之寶」得著「天地的主」。真是榮耀無比！也感謝李端木弟兄，當年送我《聖經》來結下我這個福音果子。李弟兄若知道，當會大大喜樂。至此，我不能將神的大愛遮蓋下去，應該將此活神的見證寫下來，叫不信的人趕快來信神。耶穌是我們的救主，榮耀歸給神！

欺哄神叫全營受害的人
——亞干

　　亞干是一個在見證上失敗的青年弟兄。當約書亞帶著以色列人攻打耶利哥城的時候，亞干是其中的一員。以色列人不用刀槍就輕易地把耶利哥城攻下來，原因是他們照著神所吩咐的，每天要繞耶利哥城一次，七個祭司拿七個羊角走在約櫃前，到第七天要繞城七次，然後大聲呼喊，城牆就倒塌了（書六3-5）。

　　以色列人打了勝仗，歡呼讚美，高興萬分，此時，約書亞對百姓說：「**至於你們，務要謹慎，不可取那當滅的物，恐怕你們取了那當滅的物，就使自己成為當滅的，並且叫以色列全營遭禍，使全營成為當滅的。**」（書六18）相信每一個百姓都聽見這些話，亞干當然也聽見了。然而非常可惜，亞干竟然經不起貪欲之心的引誘，偷取了當滅之物，不僅自己受虧損，更嚴重的是讓以色列全營受到連累而敗在仇敵面前。也許當初亞干覺得做這事沒人會看見，但是他忘了神是無所不知，「**耶和華的眼目遍察全地。**」（代下十六9）。

　　主耶穌說：「**……因為掩蓋的事沒有不被揭露的，隱藏的事沒有不被人知道的。**」（太十26）亞干的行為，給了魔鬼攻擊神的把柄，以致使神沒有立場再祝福以色列人，所以當他們攻打艾城的時候，竟被打的落花流水，死傷慘重，在仇敵面前逃跑（書七4-5）。

　　約書亞不明白為何會敗到如此地步，就撕裂衣服與以色列的長老們把灰撒在頭上，在耶和華的約櫃前俯伏在地直到晚上，約書亞禱告說：「**哀哉！主耶和華阿，你為甚麼竟領這百姓過約旦河，將我們交在亞摩利人的手中，使我們滅亡呢？我們不如住在約旦河那邊倒好。主阿，以色列人既在仇敵面前轉背逃跑，我還有甚麼可說的呢？迦南**

人和這地一切的居民聽見了，就必圍困我們，將我們的名從地上剪除。那時你為你的大名要怎樣行呢？」（書七6-9）。

因著約書亞的悲傷苦求，耶和華便告訴約書亞說：「你為何這樣面伏於地？以色列人犯了罪，違背了我所吩咐他們的約，取了當滅的物；又偷竊，又行詭詐，又把那當滅的物放在他們的物件中。因此，以色列人在仇敵面前站立不住；他們在仇敵面前轉背逃跑，是因成了當滅的；你們若不把當滅的物從你們中間毀掉，我就不再與你們同在了。」（書七10-12）也許我們從未想到神的軍隊會因一人的犯罪而敗在仇敵手中，落在神的咒詛之下，這實在不是一件小事。為著神在世人面前的見證，我們也要手潔心清謹慎的行事為人！

亞干認罪後，以色列人把亞干和那銀子、衣服、金子以及他的兒女、牛、驢、羊、帳棚以及他所有的都帶到亞割谷去。以色列眾人用石頭打死他，又用火焚燒他所有的。而亞干想貪得的，最後一樣也沒有享受到。這又能怪誰呢？只怪他不聽神的話。如今在亞割谷只有一堆石頭、一堆灰留在那裡，警告神的兒女不要貪戀世俗（書七25-26）。

耶和華曾經領先知以西結到耶路撒冷去，讓他看看以色列家真實的光景。當他被帶到院門口時，他看見牆壁上有個窟窿。神對他說：「你要挖牆……。」他一挖牆卻發現一個門，神吩咐他說：「你進去，看他們在這裡所行邪惡可憎的事。」以西結進去一看，「見四面牆上雕著各樣爬物和可憎走獸的像，並以色列家一切的偶像。在這些像前有以色列家的長老七十人站立，……各人手裡拿著自己的香爐，煙雲的香氣上騰。……」（結八7-16）何等令人傷痛的畫面。

這些事奉神的，可能在牆外有著非常虔敬的外貌，也可能教導百姓們如何行公義，施憐憫。但他們在牆內暗地裡卻作一些與罪為伍的事。所以耶和華對以西結說：「你看見了嗎？猶大家在這裡行這些可憎的事，豈是小事麼？他們又使這地滿了強暴，再三惹我發怒，看

哪，他們手拿枝條舉向鼻前。因此，我也要在忿怒中行事。我眼必不顧惜，我也不可憐他們；他們雖向我耳中大聲呼求，我還是不聽。」（結八17-18）保羅弟兄說：「因為他們所行隱密的事，就是提起來也是可恥的。」（弗五12，太廿三2-6）

　　以賽亞書一章有一段話，值得所有的聖徒注意：「耶和華說：『你們所獻的許多祭物，與我何益呢？公綿羊的燔祭和肥畜的脂油，我已經夠了；公牛、羊羔和公山羊的血，我都不喜悅。你們來朝見我的時候，誰要你們手中帶著這些，踐踏我的院宇呢？你們不要再帶虛浮的供物來；你們所燒的香是我所憎惡的。守月朔和安息日，宣召大會，也是我所憎惡的；作罪孽又守嚴肅會，我不能容忍。你們的月朔和所定的節期，我心裡恨惡；這些都成了我的重擔；我擔當得不耐煩了。你們伸開雙手禱告，我必遮眼不看你們；就是你們多多禱告，我也不聽。你們的手滿了殺人的血。』」（賽一11-15）。

　　如果我們仔細觀察一下，有些聖徒的情形是不是這樣呢？這實在太讓神傷痛了。其實神不要我們守規條，守律法。所要的是我們過敬畏主的生活和單純愛祂的心！不要忘記主曾警誡我們，當祂回來的時候，要和我們算帳；看看我們究竟是賺了錢，還是賠了錢。有的人也許賺了很多，有五千兩的，有兩千兩的，也有一千兩的；然而有些人很可能連一毛也沒有賺到，反倒賠了錢！不是嗎？當我們大發熱心時曾帶了很多人歸向主。後來，因著自己的軟弱和敗壞的行為，以致絆倒了許多許多的人。請看！這是不是賠了錢呢？所以我們都當謹慎自己的存心動機和所作所為，以免落到哀哭切齒的下場（太廿五14-30）。

　　有一位弟兄，他在召會中很熱心。他的孩子雖然都信了耶穌，但卻很少到召會去敬拜神，這讓他覺得很沒有面子；所以天天逼、天天罵，以致讓孩子更加反感。有一天，他大發雷霆的責備孩子說：「你們為甚麼不去召會聚會？」他的兒子和太太異口同聲的說：「因

為看到你在家裡總是以稱王稱霸的樣子對我和媽媽，我們連主也不想信了！」這不僅是賠錢，簡直是破產！要知道我們生活的榜樣將會影響孩子的一生；這是非常嚴肅的事！難怪主耶穌會這樣責備法利賽人和經學家說：「**文士和法利賽人是坐在摩西的位上……他們說而不行。……**」（太廿三1-3）。

　　願藉著亞干的例證，使我們每一位聖徒都得著亮光。知道是從哪裡墜落，再從哪裡起來，個個都能披麻蒙灰，徹底回轉，伏在神前省察自己，使神在地上的行動和見證不受到打岔。

　　哈該書第一章七節至八節說：「**萬軍之耶和華如此說，你們要省察自己的行徑。你們要上山取木料，建造這殿；我就因此喜樂，且得榮耀；**」這說明外面做的無論多漂亮，但我們的心主都知道（徒十九15-16）。

信心的大能勇士──基甸

　　基甸是一位大能的勇士，這名字是耶和華在橡樹下向他顯現時給他的稱呼（士六12）。約書亞死後，以色列人就任意而行，三番兩次得罪神，使神不得不把他們交在米甸人的手中，讓他們受痛苦，士師記六章說：「以色列人又行耶和華眼中看為惡的事，耶和華就把他們交在米甸人手裡七年。米甸人的手壓制以色列人；以色列人因米甸人的緣故，就在山中為自己挖穴、挖洞、建造營寨。以色列人每逢撒種之後，米甸人、亞瑪力人、和東方人都上來攻打他們，對著他們安營，毀壞地的出產，直到迦薩，沒有在以色列中留下食物，羊、牛、驢也沒有留下；因為那些人帶著牲畜和帳棚上來，像蝗蟲那樣多，人和駱駝無數，都進入境內，毀壞那地。以色列人因米甸人的緣故，極其窮乏；以色列人就哀求耶和華。」（士六1-6）。

　　耶和華的使者到了俄弗拉，坐在橡樹下。這時，基甸正在酒醡那裡打麥子，為要防備米甸人。耶和華的使者向基甸顯現對他說：「大能的勇士啊，耶和華與你同在！」（士六11-12）耶和華的使者告訴基甸說：「你靠著你這能力去拯救以色列人脫離米甸人的手，不是我差遣你去的麼？基甸說，主阿，請容我說，我憑甚麼拯救以色列人呢？我的家族在瑪拿西支派中是至貧窮的，我在我的父家又是至微小的。耶和華對他說，我必與你同在，你必擊打米甸人，如擊打一人一樣。基甸說，我若在你眼前蒙恩，求你給我顯一個證據，使我知道是你與我說話。求你不要離開這裡，等我回到你這裡，將禮物帶來擺在你面前。祂說，我必等你回來。」（士六14-18）。

　　這一段的對話把基甸的謙卑和誠實完全表明出來。耶和華的使者稱他為「大能的勇士」，他卻一再的強調他是「貧窮的，微小的」，

若是換了別人不自大自狂的說：「耶和華都稱我為大能的勇士，那誰能與我相比呢？」這給我們看見神使用人不是沒有原因的（雅四6）。

當天夜裡，耶和華又向基甸顯現，吩咐他說：「你取你父親的牛來，就是那七歲的第二隻牛，並且拆毀你父親為巴力所築的壇，砍下壇旁的木像，在這保障頂上整整齊齊的為耶和華你的神築一座壇，將第二隻牛獻為燔祭，用你所砍下的木像作柴。基甸就從他僕人中挑了十個人，照著耶和華告訴他的行了。」（士六25-27）。

基甸順服神的行動如此的積極，他沒有等到天亮，就連夜進行工作。他也不管父親知道了會有甚麼後果，他更不管全城老百姓看見他拆巴力的壇、燒掉木偶會怎樣忿怒的處置他，他甚麼都不顧，只顧服在神的旨意之下。

第二天清早，城裡的人看見那一幅驚人的景像，查出凶手乃是基甸時，個個都吵著要把他治死。這時，米甸人、亞瑪力人和東方人都聚集過河要與以色列人爭戰，耶和華的靈降在基甸身上，他就大大吹角，有很多人都起來跟隨他準備迎戰（士六28-35）。

基甸為要證實神驗中他作首領的準確性，就對神說：「你若照著你所說的，要藉我的手拯救以色列，我就把一團羊毛放在禾場上：若單是羊毛上有露水，而地上都是乾的，我就知道你要照著你所說的，藉我的手拯救以色列。次日基甸清早起來，見果然是這樣；他將羊毛擠一擠，從羊毛中擰出滿盆的露水來。基甸又對神說，求你不要向我發怒，我再說這一次：讓我將羊毛再試一次。但願只有羊毛是乾的，而地上都有露水。這夜神也如此行，只有羊毛是乾的，而地上都有露水。」（士六36-40）。

基甸的靈是這樣誠實柔細，他不肯輕舉妄動，對神給他的託付絕不馬虎。當他有了神的印證，有了確實把握，他即召集了一切所有跟隨他的人，共有三萬二千人在哈律泉旁安好營寨，準備與敵人開戰。

這時耶和華突然對基甸說：「跟隨你的人太多，我不能將米甸人交在他們手中，……」以人來看，打仗不是人愈多愈好嗎？但是基甸沒有講任何理由，馬上向會眾宣告：「凡懼怕戰慄的，可以離開這裡回去。」結果只剩下一萬人，其他的都退去了（士七3）。接著神又對基甸說：「人還是太多；你要帶他們下到水旁，我好在那裡為你試試他們。……」（士七4）。

基甸仍然是不說一句話，立刻帶著跟隨他的人下到水旁。最後神只揀選了三百人去與米甸人爭戰。當天夜裡，耶和華又再一次對基甸提出要求說：「起來，下去攻營，……，倘若你怕下去，就帶你的僕人普拉下到營那裡去。」基甸還是沒說一句話，就帶著僕人普拉下到營旁（士七9-11）。

基甸是如此謙卑專一的跟從耶和華。他不厭其煩，一次次接受神給他的引導，不問理由，不顧艱難，更不管環境是否順利，只管忠於神的託付。他在事奉上可稱得上是一個謹慎、順服、沒有意見的勇士。果然米甸人被打得落荒而逃，大大的吃了敗仗（士七22-25）。基甸還在的日子，國中太平四十年沒有戰爭（士八28）。這是基甸最輝煌的年日。

另外還有一點值得一提，當初跟隨基甸的是三萬二千人，但是因為他們膽怯，有二萬二千人都退去了（士七3）。其餘的也經不起耶和華的試驗而被淘汰，最後只剩下三百人與米甸人爭戰。這讓我們被警戒，跟隨主必須經得起試驗，否則是會被淘汰的！

基甸的蒙召，是那麼的榮耀。他的事奉又是那麼謙卑順服。真是叫人羨慕又敬佩！然而因著他成功後的鬆懈及不夠警醒，以致中了仇敵的詭計；所以他的結局並不完美。

基甸剛蒙召事奉時，非常的戰兢謙卑。他絕不敢輕舉妄動，凡事尊主為大。例如：他為著心裡清楚，神是否真的揀選他作首領拯救以色列人，曾經一次再次以羊毛上是否有露水或無露水做憑據來印證神

的旨意。可見他當時是多麼的敬畏神啊！然而等到他得了成就之後，卻經不起眾百姓的推崇和尊大，竟然自作主張用奪得的金銀製造了一個以弗得（祭司的背心）供百姓膜拜，讓神的榮耀蒙羞，以致使他和他的全家都陷入網羅之中（士八22-27）。這實在是一件何等可惜的事！

基甸的例證告訴我們，一個服事神的人，必須處處謹慎，仰望神的憐憫和保守，持守當初在神面前所領受的恩典和託付，跟隨主的引導，一步一步的往前走，奔跑屬天的賽程。絕不可自滿自足，竊取神的榮耀。否則將會給自己留下難以彌補的遺憾。

詩篇第十六篇第五節說：「耶和華是我的產業，是我杯中的分；我所得的分你為我持守。」願主保守我們的心！

大力士──參孫

參孫一出生，就獻給神作拿細耳人，照《聖經》的規定，他必須專一事奉神。從常理說，參孫應該從神那裡得到賞賜才對，卻沒有想到，他竟被人挖了雙眼而死，這究竟是為甚麼呢？現在讓我們來看他的一生。

《聖經》上記著：參孫的母親向來不懷孕，有一天神的使者向她顯現，對她說：「如今你必懷孕生一個兒子。所以你當謹慎，清酒濃酒都不可喝，一切不潔之物也不可吃。……不可用剃頭刀剃他的頭，因為這孩子從母腹裡就歸神作拿細耳人；他必起首拯救以色列脫離非利士人的手。」（士十三2-5）。

參孫在神的應許中生下來，長大之後神賜福給他，並且神的靈也感動他（士十三24-25）。只要神的靈臨到他，他就有超人的能力，在手無寸鐵的情形下可以把獅子活活的撕了。參孫非常聰明，但因為太放縱肉體，加上不敬畏神又貪戀女色，以致被魔鬼陷害。參孫下到亭拿，在那裡看見一個女子，參孫要求父母讓他娶那女子為妻。他父母說：「在你弟兄的女兒中，或在我所有的族人中，豈沒有一個女子，何至你去在未受割禮的非利士人中娶妻呢？」（士十四2-3）。

由於參孫執意要娶那女子，便註定了他悲慘的結局，參孫為了慶祝他大喜的日子，在非利士人之地，大擺筵席，也許他太喜樂了，所以得意忘形。

《聖經》記載著參孫說：「參孫對他們說，我給你們出一個謎語，你們在七日筵宴之內，若能猜出謎底，清楚的告訴我，我就給你們三十件細麻裡衣，三十套衣裳；」過了三日他們猜不出謎語的意思，到第七天，他們對參孫的妻說：「你誆哄你丈夫，叫他把謎底告

訴我們，不然我們要用火燒你和你父家。」參孫的妻在丈夫面前啼哭，到第七天逼著他，參孫就把謎語的意思告訴了妻子，他妻子馬上告訴她本國的人（士十四10-17）。

這是參孫在女人面前初次的失敗。當參孫知道他的妻子吃裡扒外時，氣憤萬分，立刻下到亞實基倫殺了三十個人，奪了他們的衣裳，然後跑到岳父家找妻子，沒想到他的岳父已經把他的妻子送給別人（士十四19-20）。這一下，可把參孫氣瘋了。決定加害非利士人，他捉了三百隻狐狸，放在非利士人站著的禾稼中，如此一來，將堆集的禾捆以及未割的禾稼並橄欖園全部燒光（士十五1-5）。

本來非利士人就壓制猶大人，現在因著參孫，就更加苦害猶大人了。猶大人受不了非利士人的逼迫，聚集了三千人到參孫那裡，要捆綁他，將他交在非利士人手中。參孫說：「你們要向我起誓，應承你們自己不殺害我。他們說，我們只要將你捆綁交在非利士人手中，我們斷不會殺你。」於是用兩條新繩捆綁參孫，將他交給非利士人。非利士人看見參孫，都歡呼喧嚷，高興萬分。這時，神的靈大大感動參孫，他臂上的繩子就像火燒的麻一樣，從參孫身上脫了下來。參孫伸手拿起一塊未乾的驢腮骨，一口氣殺了一千個非利士人，屍骨成堆（士十五11-17）。參孫覺得又累又渴，就向耶和華求救說：「你既藉僕人的手施行這麼大的拯救，我現在豈可渴死，落在未受割禮的人手中？」神就使利希的窪處裂開，有水從其中湧出來。參孫喝了，精神復原。由此可以看出，神的靈是常常與參孫同在的，只可惜，參孫太輕忽神的恩典，放縱情慾，自甘墮落！這事過後，參孫作了以色列的士師二十年（士十五18-20）。

後來他到了迦薩，但仍然改不了他的老毛病，在那裡看見一個妓女，參孫就與她親近。不久，在梭烈谷又喜愛一個婦人，名叫大利拉（士十六1-4）。一個人一旦落在情慾的敗壞中，就顯示他已經給魔鬼開了大門，其結果一定是被吞吃掉。雖然如此，憐憫的神仍然給參

孫好幾次的機會，遺憾的是他始終不肯回頭，最後陷入魔鬼為他所設計的網羅，而且一步一步走向死亡。當人執意不敬畏神，縱然神有憐憫也是徒然啊！

非利士人得知參孫與大利拉在一起，立刻派人去見那個名叫大利拉的婦人，對她說：「**求你誆哄參孫，探探他因何有這麼大的力氣，我們用何法能勝他，捆綁剋制他。我們就每人給你一千一百舍客勒銀子。**」大利拉想得銀子，就對參孫說：「**求你告訴我，你為何有這麼大的力氣，當用何法才能捆綁克制你。**」（士十六5-6）。

若是參孫稍有警醒的心，他應該想起前妻的詐騙技倆而趕快離開這個女人。可是參孫不但沒有離開反而與這個婦人開起玩笑來，參孫說：「**人若用七條未乾的青繩子捆綁我，我就軟弱像別人一樣。**」那婦人立刻告訴非利士人，他們就拿了七條未乾的青繩子交給那婦人，並埋伏在婦人房間，婦人將參孫捆綁起來，然後說：「**參孫哪，非利士人來捉你了！**」參孫就掙開繩子，如掙斷經火的麻線一般（士十六7-9）。

後來參孫又和大利拉開了好幾次玩笑，讓她用不同的繩子綁住他，卻都被掙斷。最後在大利拉的催逼下，參孫把真話說出來，他說：「**向來人沒有用剃刀剃我的頭，因為我從母腹裡就歸神作拿細耳人；若剃了我的頭髮，我的力氣就離開我，我便軟弱像所有的人一樣。**」大利拉見他把心中所藏的都告訴了她，就打發人去告訴非利士人的首領。於是非利士的首領手裡拿著銀子上到婦人那裡，大利拉使參孫枕在她的膝上睡覺，叫了一個人來剃他的頭髮，大利拉克制他，他的力氣就離開他了。非利士人很容易的便拿住參孫，挖了他的眼睛，帶他下到迦薩，用銅鏈鎖他，下在監裡推磨。此時的參孫可能是又悔又恨，也可能是又悔改又認罪，所以神仍然給他最後一次的能力，因為他在監裡，頭髮又慢慢的長了起來（士十六15-22）。

有一天，非利士人的首領聚集要給他們的神大袞獻祭，並且歡樂，他們說：「**我們的神將我們的仇敵參孫交在我們手中了。**」他們

正在宴樂的時候，就說：「叫參孫來，在我們面前戲耍戲耍。」他們將參孫從監提出來，使他站在兩柱中間，參孫向拉他手的童子說：「求你讓我摸著托房的柱子，我要靠一靠。」那時房內坐滿男女，非利士人的眾首領也都在那裡，房的平頂上約有三千人（士十六23-27）。此時此景我們深信參孫的內心一定是痛苦萬分，他求告說：「主耶和華阿，求你記念我。神阿，求你賜我力量，就只這一次，使我在非利士人身上一次報那剜我雙眼的仇。」（士十六28）。

參孫禱告後就抱著托房的那兩根柱子，左手抱一根，右手抱一根，用力屈身說：「我情願與非利士人同死！」兩根柱子一同倒塌，現場的非利士人連男帶女，老老少少都壓死了，當然參孫也不例外。這是何等悽慘的一幅圖畫。當初神對參孫的期望非常大，巴不得藉著他拯救以色列人，然而，參孫不但沒有完成神的心願，反而讓神傷心欲絕（士十六29-30）。

參孫最大失敗點，是放縱情慾，輕忽神的恩典，以致遺憾終身。因此我們必須警惕：一個服事神的拿細耳人（新約聖徒都是）謹慎自守，實在太重要了。當然，今天在新約裡的聖徒比參孫蒙福，因為主耶穌已經為我們的罪死了，所以一次得救就永不滅亡。祂的血永遠有功效（約十28，加三13-14）！祂的血永遠有功效！但是神的話也鄭重告訴我們：「雖然得救乃像從火裡經過一樣。」（林前三15）。

許多時候，我們不小心，弄傷了皮膚都會痛徹心腑，何況從火裡經過，那是何等疼痛的事啊！當記神的話告訴我們：「連那被情慾沾染的衣服也當厭惡。」（猶23）實在求主保守，無論如何也不讓我們遇見這樣的試探。否則我們的下場將會像參孫一樣，天天過著推磨的日子，不僅看不見屬靈的亮光，生命也不長進，轉來轉去始終在原地踏步。

願我們都能珍惜自己的年日，快快脫離罪惡的生活，以免落到哀哭切齒的境遇中。

因跟隨神而命運轉換的人
——路得

　　路得是摩押人的後代。摩押族是被神咒詛的，因為他們的始祖是羅得與他大女兒犯淫亂而傳下來的（創十九36-38）。因此神吩咐摩西：「亞捫人或摩押人不可入耶和華的會；他們的子孫，即使到第十代，也永不可入耶和華的會。」（申廿三3）奇妙的是，路得不僅入了耶和華的會，並且還成了主耶穌肉身的祖先。這究竟是怎麼一回事呢？

　　路得記一章說：「當士師秉政的時候，以色列地遭遇饑荒。有一個人帶著妻子和兩個兒子，從猶大的伯利恆往摩押鄉間去寄居。這人名叫以利米勒，他妻子名叫拿俄米；他兩個兒子，一個名叫瑪倫，一個名叫基連，都是猶大伯利恆的以法他人。……後來拿俄米的丈夫以利米勒死了，剩下婦人和她兩個兒子。這兩個兒子娶了摩押女子為妻，一個名叫俄珥巴，一個名叫路得，在那裡住了約有十年。瑪倫和基連二人也死了，剩下婦人拿俄米，兩個孩子沒有了，丈夫也沒有了。」（得一1-5）。

　　路得雖是摩押人，但是因她嫁給猶大人瑪倫（得四10），所以她的籍貫也跟著改換了，這是路得在人生的路程中命運轉換的第一步。不幸的是她的公公、大伯和丈夫都相繼去世，一個家只剩下三個女人。在此淒涼的境遇中，她的婆婆拿俄米想起她的家鄉伯利恆來，她聽說：「耶和華眷顧自己的百姓。」就更想回去，於是她的婆婆對她和她大嫂說：「你們各人回娘家去吧。……願耶和華使你們各在新夫家中尋得安息。」（路一6-9）兩媳婦聽了婆婆的話都放聲而哭說：「不然，我們必與你一同回你本民那裡去。」婆婆說：「我女兒

們哪，回去罷。為何要跟我去呢？我腹中還有兒子可以作你們的丈夫麼？我女兒們哪，回去罷；我年紀老邁，不能再有丈夫。即或我說，我還有指望，今夜有丈夫可以生子，你們豈能等著他們長大呢？你們豈能為他們守身不嫁人呢？我女兒們哪，不要這樣。我比你們更是愁苦，……」兩個媳婦又放聲大哭，最後俄珥巴與婆婆親嘴而別，只是路得捨不得拿俄米（得一10-14）。

　　路得的嫂子覺得婆婆的話很有道理，所以她又回到摩押地。可是路得卻不是這樣，因為她看準婆婆有耶和華神。她說：「不要催我離開你回去不跟隨你。你往那裡去，我也往那裡去；你在那裡住宿，我也在那裡住宿；你的民就是我的民，你的神就是我的神。你在那裡死，我也在那裡死，也葬在那裡。除非死能使你我相離，不然，願耶和華重重的降罰與我。」拿俄米見路得定意要跟隨，就不再勸她了（得一16-18）。從路得的話裡，我們發現她對婆婆所信的神有相當的認識。否則，她不會說：「願耶和華重重的降罰與我。」感謝主，路得是個聰明的人。她不在意眼前的窮困和無望，而揀選那上好的福分。

　　路得跟婆婆回到伯利恆，每天為了生活出去到別人的田裡拾取麥穗。很奇妙，正好走到她公公的一個親戚大財主波阿斯的田裡，波阿斯看見路得就問僕人：「那是誰家的女子？」監管收割的僕人回答說：「是那摩押女子，隨同拿俄米從摩押鄉間回來的。」（得二1-6）。

　　波阿斯聽了僕人的話就對路得說：「女兒阿，聽我說，不要往別人田裡拾取麥穗，也不要離開這裡，要緊隨著我的使女們。你要留意她們在那塊田收割，你就跟著她們去。我已經吩咐僕人不可觸犯你；你若渴了，就可以到器皿那裡喝僕人打來的水。路得就面伏於地叩拜，對他說，我既是外邦人，怎麼在你眼中蒙恩，使你這樣顧恤我呢？波阿斯回答說，自從你丈夫死後，凡你向婆婆所行的，並你離開

父母和出生地，到素不認識的民中，這一切事人全都告訴我了。願耶和華照你所行的報答你；你來投靠耶和華以色列神的翅膀下，願你滿得祂的酬報。」（得二8-12）到了吃飯的時候，波阿斯還留路得吃飯。到了晚上，路得將所得的麥穗以及所得的食物，都拿回家給婆婆。在這裡給我們看見路得對婆婆是何等的孝順啊（得二14-18）！

過了些日子，她婆婆對她說：「女兒啊，我不當為你找個安身之處，使你享福嗎？……波阿斯不是我們相識的人麼？看哪，他今夜在禾場上簸大麥。你要沐浴抹膏，換上衣服，下到禾場上，卻不要使那人認出你來，直等他吃喝完了。到他躺下的時候，你看準他躺臥的地方，就進去掀開他腳上的被，躺臥在那裡；他必告訴你所當作的事。路得說，凡你所說的，我必遵行。」（路三1-5）。

一個女子在夜裡到一個男人的腳下去躺著，還要掀起被子，這實在太難了，可是路得沒有反抗，也沒有講理由，只說：「凡你所吩咐的，我必遵行。」因著她的順服，給自己帶下的祝福是無限的。那夜，波阿斯吃喝完了，心裡歡暢，就去睡在麥堆旁邊，路得便悄悄的來掀開他腳上的被，躺臥在那裡。到了半夜，那人忽然驚醒，翻過身來，不料有女子躺在他腳下。他說：「你是誰？」路得回答說：「我是你的婢女路得。請你展開你的衣邊遮蓋你的婢女，因為你是我的親人。波阿斯說，女兒阿，願你蒙耶和華賜福。你末後所顯出的恩慈比先前的更美；因為少年人無論貧富，你都沒有跟從。女兒阿，現在不要懼怕；凡你所說的，我必為你行，因我本城的人都知道你是個賢德的女子。」（得三6-11）。

不久，波阿斯娶了路得為妻，耶和華使路得懷孕，生了一個兒子，起名叫俄備得。俄備得是耶西的父親，耶西是大衛的父親，大衛是主耶穌肉身的祖先（羅一3，得四21-22，賽十一1-10）。

這一連串的過程給我們看見：路得要神和愛婆婆的心是討神喜悅的，印證保羅說的話：「神為愛祂的人所預備的，是眼睛未曾看見，

耳朵未曾聽見，人心也未曾想到的。」（林前二9）。

　　路得能如此蒙福，我們覺得她婆婆的功勞最大。不是嗎？假如拿俄米不起來歸回老家，試問路得怎可能嫁給波阿斯呢？這給我們看見：拿俄米實在是一個有啟示、有亮光的姊妹，因著她的歸回不僅給自己帶下祝福，也給別人帶下無限的祝福（得四13-16）。相反地，若是拿俄米落在心思裡，她一定會想：「哎呀！我已經離開十年了，怎麼好意思回去？那多沒面子。」如果拿俄米接受魔鬼的建議，定規是繼續留在摩押地，那麼神的祝福她一樣也得不著。但是感謝讚美主，我們的拿俄米姊妹真是聰明，她甚麼都不管只知道一件事：「**耶和華眷顧自己的百姓，賜糧食給他們。**」（得一6）對神的兒女也是一樣，也許由於某種因素離開了召會生活，然而只要我們肯效法拿俄米歸回神的家（召會），無論甚麼時候回去，都是動手割大麥的日子（得一22）。這樣，不僅自己得飽足，別人也得著生命（生出基督），而神更要得著榮耀，願我們都做聰明人。

　　路得的一生可以作我們的榜樣。我們原本是被咒詛的族類，與神的國無分無關，因著主的憐憫得以成為神的兒女，承受屬天的祝福。然而我們能否像路得一樣經得起試驗，過討神喜悅的生活呢？試想：路得跟一個窮婆婆生活在一起，家無產業，手無分文，每天只靠著揀拾別人田裡的麥穗充飢，還得照顧婆婆。

　　一般人愛自己的母親很自然，愛婆婆可得出代價，尤其像拿俄米這樣窮苦的婆婆有誰能愛得出來呢？然而路得卻愛得那麼真實，這就難怪神賜福給她，人也稱讚她了。當然拿俄米也很愛這個媳婦，這可從她對路得說的話中得到證明，她說：「**女兒啊，我不當為你找個安身之處，使你享福嗎？**」這一幅婆媳相愛的圖畫真是太美了，她們實在是遵守了主的命令：「**叫你們彼此相愛**」（約十三34）。

　　今天婆媳不合的情形非常嚴重，即使事奉主的家庭也不例外。有的老姊妹常拎著《聖經》包跑召會，她可以愛別人家的媳婦，對自己

的媳婦卻是百般刁難。而有的青年姊妹，對別人家的老人可以恭恭敬敬，唯獨對自己的公婆不屑一顧，這實在是一件不美的事。

有位律法師問主耶穌誡命中哪一條是最大的。

主耶穌說：「……『你要全心、全魂並全心思，愛主你的神。』這是最大的，且是第一條誡命。其次也相仿：『要愛鄰舍如同自己。』一切律法和申言者的教訓都繫於這兩條誡命。」（太廿二35-40）

有一首詩歌說得極為貼切：

一、眾人湧進主的國度，十架少人負！
　　眾人爭奪主的賞賜，世界有誰辭！
　　人雖無心走主道賂，仍想主祝福！

二、但那誠實愛主的人，禍福都不問！
　　就是他們寶貴心血，也願為主捨！
　　求主給我這樣心志，赤忠忘生死！

願主的話使我們得著啟示和亮光。

獻子給神的婦人——哈拿

哈拿是撒母耳的母親。她丈夫有兩個妻子，另一個有兒女，而她卻沒有，所以內心愁苦萬分（撒上一1-2）。她是一位敬畏神，常常禱告的姊妹；在她想，只要自己專心禱告，向神切切的祈求，神一定會賜給生育的能力。為此，她進到耶和華的殿，痛痛哭泣，祂禱告說：「萬軍之耶和華阿，你若垂顧你婢女的苦情，記念我，不忘記你的婢女，賜你的婢女一個男孩，我必將他終身獻與耶和華，不用剃刀剃他的頭。」（撒上一10-11）。

哈拿在耶和華面前不住禱告，因著哈拿專一仰望信靠神，加上她切切不停的苦求，抓住神不放鬆，耶和華終於顧念哈拿，答應了她的禱告，賜給她一個兒子。哈拿就給他起名叫撒母耳，意思是說：「因為他是我從耶和華求來的。」（撒上一20）

哈拿得著這個兒子之後，她並沒有忘記自己向神許的願而把撒母耳佔為己有。當孩子一斷奶，她就把孩子帶到聖殿，另帶了三隻公牛，一伊法細麵，一皮袋酒，然後把撒母耶交給以利，學習事奉神（撒上一24-28）。像哈拿如此認真禱告，對還願和奉獻也不隨便的人，真值得我們效法。

哈拿將孩子獻給耶和華之後，內心滿了感讚，她歌頌神說：「我的心因耶和華歡騰；我的角因耶和華高舉；我的口向仇敵張開，因為我以耶和華的救恩為樂。沒有誰像耶和華那樣聖別，除你以外沒有別的；也沒有磐石像我們的神。你們不要再說高傲的話，也不要口出狂妄的言語；因耶和華是全知的神，人的行為被祂衡量。勇士的弓都被折斷；跌倒的人卻以力量束腰素來飽足的，反作雇工求食；飢餓的，不再飢餓。不能生育的，生了七個兒女；多有兒女的，反倒衰微。

耶和華使人死，也使人活；使人下陰間，也使人上來。耶和華使人貧窮，也使人富足；使人卑微，也使人高昇。祂從灰塵裡抬舉貧寒人，從糞堆中提拔窮乏人，使他們與尊貴人同坐，承受榮耀的座位。地的柱子屬於耶和華，祂將世界立在其上。祂必保護祂虔誠人的腳步，使惡人在黑暗中寂然不動；因為人都不能靠力量得勝。與耶和華爭競的，必被打碎；祂必從天上以雷攻擊他們。耶和華必審判地極的人；祂必將力量賜與祂所立的王，高舉祂受膏者的角。」（撒二1-10）。

哈拿這篇頌讚文實在太美了，充分表達她心底的感謝，快樂榮耀。從她的禱告詞中，我們發現她是那麼認識神，對神那麼有把握。難怪，她那麼容易就把撒母耳獻給耶和華了，因為她知道若是把孩子給主，主會給她更多，若是她不把孩子給主，很可能她就只有這一個。果然不錯，《聖經》告訴我們說：「耶和華眷顧哈拿，她就懷孕，生了三個兒子和兩個女兒。」（撒上二21上）。

但願哈拿的例證能幫助我們。雅各書一章六至八節說：「只要憑著信心求，一點不疑惑；因為那疑惑的人，就像海中的波浪，被風吹動翻騰。這樣的人，不要想從主那裡得到甚麼；心懷二意的人，在他一切的路上，都是搖蕩不定的。」

瑪拉基書第三章十節說：「萬軍之耶和華說，你們要將當納的十分之一，全然送入倉庫，使我家有糧，以此試試我，是否為你們敞開天上的窗戶，傾福與你們，甚至無處可容。」

終身聖別歸神的大祭司
——撒母耳

　　撒母耳還在母腹中，就已經被奉獻給耶和華，終身事奉神。當他一斷奶，就被母親帶到示羅，讓他住在耶和華的殿裡，跟著祭司以利學習事奉神（撒上一24-28）。

　　撒母耳記上三章三至十節說：「神的燈還沒有熄滅；撒母耳睡臥在耶和華的殿中，那裡有神的約櫃。耶和華呼喚撒母耳。撒母耳說，我在這裡。他就跑到以利那裡，說，你呼喚我，我在這裡。以利說，我沒有呼喚你，回去睡罷。他就去睡了。耶和華又呼喚說，撒母耳。撒母耳起來，到以利那裡，說，你呼喚我，我在這裡。以利說，我兒，我沒有呼喚你，回去睡罷。那時撒母耳還未認識耶和華，耶和華的話還未向他啟示。耶和華第三次呼喚撒母耳。撒母耳起來，到以利那裡，說，你呼喚我，我在這裡。以利才明白是耶和華呼喚童子。於是以利對撒母耳說，去睡罷；祂若呼喚你，你就說，耶和華阿，請說，僕人敬聽。撒母耳就去，睡在原處。耶和華又來站著，像前幾次呼喚說，撒母耳，撒母耳。撒母耳說，請說，僕人敬聽。」

　　這一段話給我們看見撒母耳的單純、可愛和乖巧，一次次的到以利面前接受他的帶領。以利叫他怎樣做，他就怎樣做，不急躁也不反抗。撒母耳的殷勤伶俐，倒襯托出祭司以利的遲鈍麻木。換了其他年輕人也許會頂撞他，但撒母耳實在是柔順，他服在神的手下，默默的等候神再一次的向他說話。後來撒母耳長大了，神就正式立他為先知，並且再一次向他顯現，使他說的話沒有一句是落空的。從但到別示巴，所有的以色列人都知道耶和華立撒母耳為先知（撒上三19-20）。

撒母耳一生敬畏神，愛護神的百姓，常常不停的為他們禱告（撒上十二23）。當掃羅犯罪惹神發怒時，他心中極其憂愁，竟然終夜為掃羅哀求耶和華。撒母耳對眾聖徒的愛心實在是我們的榜樣（撒上十五11）。

撒母耳到年老髮白的時候，仍然能非常豪邁的對眾百姓說：「**我從幼年直到今日，都在你們前面行。……你們只管在耶和華面前，並在他的受膏者面前，作見證指控我。我奪過誰的牛，搶過誰的驢，欺壓過誰，虐待過誰，從誰手裡受過賄賂因而眼瞎？若有，我必償還。眾人說，你未曾欺壓我們，虐待我們，也未曾從誰手裡拿過甚麼。……有耶和華和他的受膏者今日在你們中間作見證。**」（撒上十二2-5）。

在我們一生服事主的路上，能否也有撒母耳這樣的靈，不僅手潔心清，施愛與人，也能不斷為弟兄姊妹代禱，到了年老髮白時，仍能站在耶和華和眾聖徒面前，挺身昂首見證自己的無過。保羅說：「**我凡事給你們作了榜樣，叫你們知道，必須這樣勞苦，扶助軟弱的人，並且記念主耶穌的話，他自己說過，施比受更為有福。**」（徒廿35）。

筆者認識一位夏老弟兄，他一生清心愛主，常常讀經禱告，而且非常敬畏神。他活到近九十歲時，有一天突然對兒女說：「**你們準備一下，過兩天主會來接我去祂那裡。**」他女兒以為他年紀大了亂說話，就回答他說：「**爸爸，您不要胡思亂想。您能吃能喝又能睡，怎麼會去主那裡呢？**」他說：「**你不用管！只管準備就行了。**」果然過了兩天，他跌了一跤，就這樣安息主懷了。在安息聚會中，所使用的詩歌和經節也都是他預先寫好的呢。他的死真是既尊嚴又榮耀。這樣的經歷哪一位聖徒不羨慕呢？然而若不是老弟兄平時那麼親近主、那麼敬畏神，哪裡可能聽見主會親自向他說話呢？願我們都能學習他。

合神心意的人——大衛

　　大衛是個牧羊童，但卻被神選中，立為以色列的君王。大衛曾犯過殺人與淫亂的大罪，而神卻一再地說，大衛是合乎祂心意的人。這到底是為甚麼呢？如果我們仔細的讀讀《聖經》，就會發現在大衛的身上有很多美德，是一般人所沒有的。現在讓我們來看看他究竟有哪些美德。

　　大衛生長在一個大家庭裡，弟兄姊妹很多，他是最小的男孩（代上二13-15）。他有三個哥哥跟隨掃羅在外面作戰（撒上十七13-14）。惟有他被安排在曠野放羊。大衛武功高強，勇猛無比。《聖經》告訴我們，當他牧羊時，有時來了熊，有時來了獅子，他會揪著獅子和熊的鬍子，把牠們打死（撒上十七34-35）。他既然有這麼好的武功，若是換了一個驕傲的人，才不甘心牧羊呢！可是他不發任何怨言，他忠心耿耿地牧羊，保護羊群。

　　其次，大衛非常孝順，他父親吩咐他到戰場上去給哥哥們送食物，他哥哥們見了他竟然說：「你下來作甚麼呢？在曠野那幾隻羊，你交托了誰？」（撒上十七28）可見他哥哥們平時對他並不友善，若是換了一個不孝順的人絕對不會去的。即使在逃避掃羅的追殺時，他也不忘記為父母安排住處（撒上廿二3-4）。

　　大衛非常有憐憫的心腸，對人滿了體恤，不分窮富、不分高低，他都一視同仁（撒上廿二2）。而且他很重情義，即使別人供給他一點點食物，他也要感恩圖報（撒下十九32-39）。

　　大衛最可貴之處是他認識神，並且倚靠神。例如：當他給哥哥們送食物到戰場時，正巧碰上非利士人哥利亞向以色列人挑戰。這個哥利亞身高六肘零一虎口，手裡拿的槍杆，粗如織布的機軸；光是鐵

槍頭的重量就有六百舍克勒①（撒上十七4-7）。整個以色列全營中包括作王的掃羅在內都懼怕萬分，沒有一個敢出來應戰。大衛聽見哥利亞在那裡叫罵不休，立刻憤憤的說：「這未受割禮的非利士人是誰呢？竟敢向活神的軍隊罵陣麼？」（撒上十七26）。

以色列營裡那麼多戰士，包括大衛的哥哥和掃羅，沒有一個能說出這樣認識神的話，而大衛不但敢說，並且還要親自去與哥利亞交戰。掃羅見他年紀太輕就攔阻他說：「你不能去對抗這非利士人，與他戰鬥；因為你年紀還輕，他自幼就作戰士。」（撒上十七33）大衛卻回答說：「你僕人曾打死獅子和熊，這未受割禮的非利士人向活神的軍隊罵陣，也必像獅子或熊一般。……耶和華救我脫離獅子和熊的爪，也必救我脫離這非利士人的手。」（撒上十七36-37）。

於是大衛手中拿杖，又在溪中挑選了五塊光滑的石子放在牧人帶的囊中，然後帶著甩石機弦就迎向哥利亞。對他說：「你來攻擊我，是靠著刀槍和銅戟；我來攻擊你，是靠著萬軍之耶和華的名，就是你所怒罵帶領以色列軍隊的神。今日耶和華必將你交在我手裡。我必殺你，斬你的頭，又將非利士軍兵的屍首給空中的飛鳥、地上的野獸吃，使普天下的人都知道以色列中有神；又使這眾人知道耶和華使人得勝，不是用刀用槍，因為爭戰的勝敗全在乎耶和華。他必將你們交在我們手裡。」（撒上十七40-47）。

大衛對自己所信的神是如此的有把握，他不看環境如何險惡，也不看仇敵如何凶狠，他只知道他所信的神是全能的，這樣的信心實在令人羨慕。大衛憑著熟練的甩石工夫，只用一塊小石頭就打入哥利亞的額內，於是哥利亞仆倒了，大衛跑過去用刀殺死他，割下他的頭帶回耶路撒冷（撒上十七49-54）。

大衛的愛心與包容也是一般人所沒有的。當他打死哥利亞凱旋回

---

① 六百舍克勒大約等於今天的六點八四公斤。

來時，整個以色列人都哄動起來。很多婦女們從以色列各城裡出來迎接，打鼓擊磬，歌唱跳舞，大聲讚美說：「**掃羅殺死千千，大衛殺死萬萬。**」（撒上十八7）這樣，就惹起了掃羅的妒嫉，定意要除掉大衛。後來有惡魔降在掃羅身上，他就拿著槍要將大衛刺死（撒上十八11）。

大衛為了保全性命，東奔西逃，躲躲藏藏吃盡了苦頭。令人稀奇的是大衛一點也不恨掃羅。

有一次掃羅追殺大衛，到了路旁的羊圈，在圈下有個洞，掃羅進洞裡大解。豈料，大衛和跟隨的人正藏在裡面。跟隨的人對大衛說：「**耶和華曾對你說，我要將你的仇敵交在你手裡，你可以照你看為好的待他；如今那日子到了。大衛就起來，悄悄的割下掃羅外袍的衣邊。隨後大衛心中自責，因為割下掃羅的衣邊；他對跟隨他的人說，我的主乃是耶和華的受膏者，我在耶和華面前萬不敢作這樣伸手害他的事，因他是耶和華的受膏者。**」（撒上廿四3-6）這樣敬畏神的人，在神的兒女中能有幾個呢？

還有一次，掃羅挑選了三千精兵追殺大衛到了哈基拉山，在道旁上安營。剛好大衛就躲在附近，他看見掃羅和他的元帥都沉睡不醒，就悄悄的把掃羅頭旁的槍和水瓶拿走了。當時跟隨大衛的人對大衛說：「**今日神將你的仇敵交在你手裡了，現在求你讓我拿槍將他刺透在地，一刺就成，不用再刺。**」可是大衛仍然不肯。他說：「**不可殺害他；有誰伸手害耶和華的受膏者而無罪呢？**」（撒上廿六1-9）。

這就是大衛蒙神悅納的原因，他並不是怕掃羅而是敬畏神！論武功他比掃羅強多了，是不是呢？後來掃羅和他兒子們陣亡的消息傳來，大衛立刻撕裂衣服，悲痛哭嚎，禁食直到晚上。還寫哀歌悼念掃羅（撒下一1-17）。並且把掃羅的孫子米非波設接到家中，與他同席吃飯，又把掃羅一切的田產都歸還給米非波設（撒下九7）。大衛實在做到了主所吩咐的話：「**但你們要愛你們的仇敵，也要善待他**

們；」（路六35）。

大衛作王之後，南爭北戰，出生入死，但他的心最掛念的只有一件事，就是要為耶和華建造一座聖殿，讓神有家可安息（撒下七1-2）。為著建造神的殿，他曾起誓說：「我必不進我的帳幕，也不上我的床榻；我不容我的眼睛睡覺，也不容我的眼皮打盹；直等我為耶和華尋得所在，為雅各的大能者尋得居所。」（詩一三二3-5）。

為著神的殿如此焦急的只有主耶穌一人。約翰福音二章十七節記著：「我為你的家，心裡焦急，如同火燒。」為著建造神的殿，大衛將他所有的積蓄完全獻上。他說：「我為我神的殿已經盡力，預備金子作金器，銀子作銀器，……且因我愛慕我神的殿，就在我已預備建造聖殿的材料之外，又將我自己積蓄的金銀獻上，」（代上廿九2-5）大衛囑咐他的兒子所羅門說：「我兒阿，現今願耶和華與你同在；願你亨通，照祂指著你說的話，建造耶和華你神的殿。惟願耶和華賜你見識和聰明，願祂託付你治理以色列，願你遵守耶和華你神的律法。……你當剛強壯膽，不要懼怕，也不要驚惶。看哪，我在困難之中為耶和華的殿預備了金子十萬他連得，銀子一百萬他連得，」（代上廿二10-15）接著大衛在會眾面前稱頌耶和華說：「耶和華以色列的神，我們的父，你是當受頌讚的，從亙古直到永遠。耶和華阿，尊大、能力、榮美、勝利、威嚴都是你的；凡天上地上的都是你的；國度也是你的，並且你被高舉，為萬有之首。豐富尊榮都從你而來，你也治理萬有。在你手裡有能力和權能，使人尊大強盛都出於你。我們的神阿，現在我們稱謝你，讚美你榮耀的名。我算甚麼，我的民算甚麼，竟有力量如此樂意奉獻？因為萬物都從你而來，我們把從你手所得的獻給你。我們在你面前是客旅，是寄居的，與我們列祖一樣；我們在地上的日子如影兒，沒有指望。耶和華我們的神阿，我們預備這許多材料，要為你的聖名給你建造殿宇，都是從你手而來，都是屬你的。……又求你賜我兒子所羅門純全的心，遵守你的誡命、

法度、律例，成就這一切的事，用我所預備的建造宮殿。」（代上廿九10-19）阿利路亞！

大衛為神建造一座物質的殿，尚且如此奉獻，如此忘我。何況，今天我們在這裡乃是建造一座屬靈的宮殿，而且這殿是用我們的靈來建造，我們又當把持何種心態呢？。何等榮耀，願我們也能像大衛一樣把全人獻上，讓神得著完全的安息。

大衛這顆不顧自己只顧神的心，神能不悅納嗎？難怪神不只一次的對所羅門說：「你若行我的道路，……正如你父親大衛所行的……我必……」（王上三14，九4，十一33，38，十四8）。

筆者所在的召會中，有位非常愛主的寡婦姊妹。她有六個孩子，生活清苦，家徒四壁。但她從來沒有愁眉苦臉，總是喜喜樂樂地，背著小的，領著大的來召會聚會。弟兄姊妹也都很愛她們這個家。

有一次，召會擴建會所，聖徒們不僅同心合意的禱告，也將當納的財物奉獻出來。這位寡婦姊妹，平時的生活已經很為難了，那還會有多餘的錢奉獻呢？可是她覺得在這項服事上，必須有份才可以。所以她迫切的向主禱告，求主成全她的心願。她禱告說：「主啊！在建會所的事奉上，我必須有份。可是我沒有錢，求你為我預備，求你憐憫我！答應我！答應我！」她不斷的向主禱告。有天早晨，她又為此事向主禱告，突然有聲音對她說：「你的頭髮，你的頭髮。」一時之間，她被嚇呆了！她不懂這究竟是甚麼意思！中午的時候，她提一盆水，準備在房門前洗頭髮。剛剛把頭髮放開（她的頭髮很長），正巧有位女美髮師，騎著腳踏車路過她的門前，看見她的長頭髮，停下車對她說：「太太，你的頭髮又黑又亮，好漂亮啊！你願不願意賣給我？因為有位小姐結婚，她要梳皇后頭，需要你這樣的長頭髮……。」（那時候尚未發明假髮）至此，這位姊妹明白了！原來主是讓她賣頭髮來奉獻。當時她被主的愛感動的流下淚來，馬上回答說：「我願意！我願意！」感謝主，祂真是智慧而信實的神。

會所建成後，這位姊妹將這又活又真的經歷見證出來；所有的聖徒無不受感動，而被激勵，榮耀歸給神。主耶穌說：「……**我實在告訴你們，這窮寡婦投入庫裡的，比眾人所投的更多。……**」（可十二43）。

後來，神賜福給這位姊妹。她的孩子都長大了，每一個都成材成器。因此他們的家，一掃過去的貧困生活。感謝主！耶和華實在是信實的神。

大衛曾因不夠警醒被仇敵迷惑犯了大罪，讓他一生受盡煎熬。

《聖經》上說：「**一日，傍晚時分，大衛從床上起來，在王宮的平頂上散步，從平頂上看見一個婦人沐浴，容貌甚美。大衛差使者去，將婦人接來；……**」（撒下十一2-4）大衛與這個婦人犯了淫亂的大罪，還設下計謀讓這婦人的丈夫烏利亞陣前被殺，然後正式娶了拔示巴為妻（撒下十一14-15，26-27）。這一連串犯罪事實，恐怕大衛都是迷迷糊糊的，否則他絕不會說：「**行這事的人是該死的，他必償還羊羔四倍。**」（撒下十二5-6）直等到先知拿單責備他，他才清醒過來。拿單對大衛說：「**耶和華以色列的神如此說，我膏你作以色列的王，救你脫離掃羅的手；我將你主人的家業賜給你，將你主人的妻妾交在你懷裡，又將以色列和猶大家賜給你；這若是太少，還可以多多的加給你。你為甚麼藐視耶和華的話，行祂眼中看為惡的事？……你既藐視我，娶了赫人烏利亞的妻子為妻，故此刀劍必永不離開你的家。耶和華如此說，看哪，我必從你家中興起禍患攻擊你；我必在你眼前把你的妻妾賜給與你親近的人，他必在日光之下與她們同寢。你在暗中行這事，我卻要在全以色列面前，在日光之下施行報應。**」（撒下十二7-12）。

這些控訴和判決的話，震撼大衛深處的良心，真如同一把兩刃的利劍刺在他的心上。因此他有氣無力的說：「**我得罪耶和華了。**」（撒下十二13）果然，不久之後，神從大衛的家中興起禍患來。首先是他與拔示巴生的兒子死了（撒下十二18）。接著他親生的兒子暗嫩

玷汙了他親生的女兒他瑪（撒下十三10-14）。過了不久，他另一個
兒子押沙龍為了給妹妹他瑪報仇，竟將暗嫩殺死（撒下十三32），而
他們都是大衛的親骨肉。試想，大衛的心是甚麼滋味呢？後來，他的
兒子押沙龍又起來革命造反，他不僅要奪取大衛的王位，還定意要把
他殺掉。大衛為了逃命，只好帶著一些親信四處逃亡（撒下十五13-
15）。這一幅圖畫該是何等悽慘啊！

　　大衛逃走之後，在宮中留下十個妃嬪，有人給押沙龍出主意，讓
他與這些妃嬪親近，並且在宮殿的平頂上支搭帳棚，押沙龍竟在眾人
眼前和這些妃嬪行淫亂的醜事（撒下十六21-22）。這種種事件一一
發生，應驗了神對大衛所說的話，並且也印證了神的公義和嚴厲。落
在神的審判之下，實在是可怕呀！最可悲的是在這些風波中，大衛的
四個兒子都相繼喪命，也應驗了他自己說的話（償還四倍）。

　　第一個兒子是他與拔示巴所生的死了（撒下十二18）。第二個兒
子是暗嫩（撒下十三32）。第三個兒子是押沙龍（撒下十八14）。第
四個兒子是亞多尼雅，他為了搶奪繼承大衛的王位被所羅門差人殺死
（王上二25）。這些都是外面的懲罰，而良心的控告更讓大衛難受。
自從先知拿單將他的罪指出來之後，大衛悔恨交加，甚至晝夜哭泣，
他哀嚎著禱告說：「耶和華阿，求你不要在怒中責備我，不要在烈怒
中懲治我。因為你的箭射入我身，你的手壓住我。因你的惱怒，我的
肉無一完全；因我的罪，我的骨頭無一健全。我的罪孽高過我的頭，
如同重擔叫我擔當不起。因我的愚昧，我的傷口發臭流膿。我屈身彎
腰，彎到極低，終日徘徊哀痛。我滿腰灼痛，我的肉無一完全。我被
壓傷，身體麻木；因心裡歎息，我就呼喊。」（詩卅八1-8）「因終
日唉哼，而骨頭枯乾。白日黑夜，你的手在我身上沉重；我的精液耗
盡，如在夏天的乾旱中。」（詩卅二3-4）「因為我知道我的過犯，
我的罪常在我面前。」（詩五一3）「神阿，求你為我造清潔的心，
使我裡面重新有正直的靈。不要丟棄我，使我離開你的面；要從我取

去你聖別的靈。」（詩五一10-11）他哀求說：「神阿，憂傷痛悔的心，你必不輕看。」（詩五一17）。

假如一個人天天都在這種心情下過日子，活著實在太苦了！雖然如此，大衛卻覺得他是罪有應得。所以當他逃避他兒子押沙龍時，示每罵他是流人血的壞人（撒下十六5-8）。他一點也不生氣，反而說：「他咒罵，若是因耶和華告訴他要咒罵大衛，如此，誰敢說你為甚麼這樣行呢？……由他咒罵吧！……或者耶和華見我遭難，為了今日這人對我的咒罵，就以好處回報我。」（撒下十六5-12）大衛太認識神了（撒下廿四10-14）。

後來他兒子押沙龍，因造反被大衛的元帥殺了，大衛就上城門樓，一面走一面哭著說：「我兒押沙龍阿！我兒，我兒押沙龍！我恨不得替你死，押沙龍阿，我兒，我兒！」（撒下十八33）他深知押沙龍的死，與他犯罪有關，他深知該死的是他自己。大衛這顆憂傷痛悔的心，感動了神的心，並且大衛實在已經付出了罪犯應服的刑罰（利廿六40-42）。而且刑罰之重，真是讓人恐懼戰兢！

大衛的謙卑也是無人能及。當他為著押沙龍哭泣悲哀不肯走出帳棚時，他的元帥約押責備他說：「你今日使你一切僕人臉面慚愧了；他們今日救了你的性命，和你兒女妻妾的性命，你卻愛那些恨你的人，恨那些愛你的人；你今日表明了，將帥和僕人對你不算甚麼。我今日才曉得，若押沙龍活著，我們都死亡，你就喜悅了。現在你當起來，出去安慰你僕人的心。我指著耶和華起誓，你若不出去，今夜必無一人與你同在一處；這禍患就比你從幼年到如今所遭的更甚。」（撒下十九5-7）大衛沒有說任何一句話，卻立刻走出帳棚坐在城門口（撒下十九8）。

大衛的清廉更是令人敬佩，尤其在處理錢財方面，絕對是清清潔潔，一點都不馬虎（撒下廿四18-25）。更何況大衛一生中，除了因情慾而跌倒那件事之外，他沒有再做過一件得罪神的事，都是行耶

和華眼中看為正的事（王上十五5）。大衛被神稱為是合乎神心意的人，應該是當得無愧的。

看了大衛的生平，我們該得著極大的警惕，不要放縱肉體得罪神！有人說：「大衛犯了那麼嚴重的罪，神都赦免了他，只要我們憑信心就行了。」說這樣話的人是因為不認識神。還有人說：「從前在舊約時代是活在律法之下，今天來到新約，我們乃是活在恩典之下，根本不在乎行為。」說這樣話的人，是自欺欺人。話是不錯，但只對了一半，不在律法之下就可以放縱嗎？

主耶穌親口說：「**不要以為我來是要廢除律法或申言者；我來不是要廢除，乃是要成全。我實在告訴你們，即使到天地都過去了，律法的一撇或一畫，也絕不能過去，直到一切都得成全。**」（太五17-18）保羅弟兄說：「**基督釋放了我們，叫我們得以自由；所以要站立得住，不要再受奴役的軛挾制。**」（加五1）。

很多不信主的人常用諷刺的話取笑基督徒說：「你們可真好！白天犯了罪，晚間求主的寶血一洗就可以了，然後死了就上天堂。」真是這樣嗎？

有位老姊妹說：「每一個基督徒在主那裡都有一冊帳簿。將來到審判臺前，主將要照著上面所記載的來審判我們。」她的話筆者深有同感。所以我們不可任意放縱自己，以免後悔莫及。在新約《聖經》中，有位弟兄犯了淫亂的罪。保羅弟兄說：「**把這樣的人交給撒但，使他的肉體受敗壞，好叫他的靈在主的日子可以得救。**」（林前五5）試想，在撒但的捉弄之下過日子哪裡還會好受呢？同時保羅又說：「**人的工程若被燒燬，他就要受虧損，自己卻要得救；只是這樣得救，要像從火裡經過的一樣。**」（林前三15）。

願我們都不作愚昧人。我們得救之後，從亞當繼承的原罪，主耶穌已經在十字架上為我們擔當了。彼得前書二章廿四節說：「**祂在木頭上，在祂的身體裡，親自擔當了我們的罪，使我們既然向罪死了，**

就得以向義活著；因祂受的鞭傷，你們便得了醫治。」同時我們得救之前所犯的罪，包括大罪小罪，一切的罪，也都在主的救贖大愛中，一筆勾消完全得到赦免（羅三24-26，林後五17）。甚至得救之後，由於我們的軟弱與對基督享受不夠，偶爾被過犯所勝，犯了罪，只要我們虔心悔改，主在祂的憐憫和信實裡也會饒恕我們，塗抹我們的罪案（耶五十20，賽五四6-10，約八8-11）。但是，如果我們不珍惜主的大愛卻任意放縱，隨便犯罪得罪神，那恐怕就要自己承擔罪的工價了，落到哀哭切齒裡了（太廿二11-14），無分國度的獎賞，受苦一千年。

《聖經》中說，每一個基督徒都擁有兩件義袍。一件是得救時神賜給我們的（路十五22），不用花任何代價，只要信就得著了。另一件是需要我們自己預備才有的，《聖經》稱它為細麻衣（詩四五13-14）。這件義袍不是每個聖徒都有，乃是那些得勝的弟兄姊妹才有，這與我們平時的生活大有關係。

《聖經》上說：「這細麻衣就是聖徒所行的義。」（啟十九8）誰說我們將來得賞賜，與我們今天的行為沒有關係呢？馬太福音廿二章十一至十四節：「王進來觀看坐席的，見那裡有一個沒有穿婚筵禮服的，就對他說，朋友，你沒有穿婚筵的禮服，是怎麼進到這裡來的？那人無言可答。於是王對僕役說，把他的手腳捆起來，扔在外面黑暗裡，在那裡必要哀哭切齒了。因為被召的多，選上的少。」

主耶穌在祂的國度憲法裡囑咐的非常清楚（太五-七）。所以我們不要放縱肉體。古人說：「國有國法，家有家法，主的法則比人的更嚴格。」

願我們都能趁著還有今天，把那些失去的光陰再贖回來。約翰弟兄說：「我們若認自己的罪，神是信實的，是公義的，必要赦免我們的罪，洗淨我們一切的不義。」（約壹一9）藉著神的話讓我們得到鼓勵和信心（珥二25）！

為驕傲與狂心所勝的王
——掃羅

　　掃羅算是一個傑出的青年人，他是屬便雅憫支派的人。他長的又健壯又俊美，在以色列中沒有一個比上他的（撒上九1-2）。掃羅原本是非常謙卑而有人性的，但是到後來，卻變成為又自私又驕傲，又愛錢財又愛名利，又狠毒又交鬼，且明知故犯的褻瀆神。因此，他的結局非常悽慘，現在讓我們來看看他的生平。

　　照著《聖經》的記載是這樣的：「*以色列的長老都聚集，來到拉瑪見撒母耳，對他說，看哪，你已經年老，……現在求你為我們立一位王治理我們，……*」（撒上八4-5）這事過了不久，掃羅的父親突然丟了幾頭驢，便吩咐掃羅去找回來。掃羅非常聽話，立刻帶著僕人去找驢，但是他們跑遍山地和平原，就是找不到。掃羅對僕人說：「*我們回去罷，免得我父親不為驢掛心，反為我們擔憂。*」（撒上九3-5）這是掃羅作王之前的光景；他是一個極有人性而富於孝心的人。他的僕人建議他說：「*這城裡有一位神人……凡他所說的全都應驗。我們不如往他那裡去，或者他能將我們當走的路指示我們。*」（撒上九6）於是他們就來到撒母耳的城裡，掃羅沒有去之先，耶和華已經指示撒母耳：「*明日大約這時候，我必使一個人從便雅憫地到你這裡來，你要膏他作我民以色列的領袖。*」（撒上九15-16）。

　　掃羅一到那裡，神的話便臨到撒母耳說：「*看哪，這人就是我對你所說的，他必治理我的民。*」於是撒母耳對掃羅說：「*以色列所仰慕的是誰呢？不是你和你父的全家麼？*」掃羅回答說：「*我不是以色列支派中至小的便雅憫人麼？我的家族不是便雅憫支派中至小的家族麼？你為何對我說這樣的話呢？*」（撒上九17-21）掃羅沒作王之前是何

等的謙卑啊！接著撒母耳將膏油倒在掃羅頭上，對他說：「耶和華的靈必衝擊你，……並且變成另一個人。……因為神與你同在。你當在我以先下到吉甲，看哪，我必下到你那裡，獻燔祭，並獻平安祭。你要等候七日，等我到你那裡；我要指示你當行的事。」（撒上十6-8）。

就這樣，掃羅作了以色列的王。但是非常令人惋惜，他頭一件事就大大的違背了神的命令。因為撒母耳曾吩咐他，讓他在吉甲等候七天，等他到來之後再獻燔祭給神；然而掃羅沒有聽撒母耳的話，竟然自作主張把燔祭獻上（撒上十三8-9）。掃羅剛一獻完祭，撒母耳趕到了，他發現掃羅所行的事，心中甚是難過。他責備掃羅說：「你作了糊塗事了，沒有遵守耶和華你神所吩咐你的命令。……但現在你的國必不得繼續存立。耶和華已經為自己尋著一個合乎祂心的人，耶和華已經立他作百姓的領袖，……」（撒上十三13-14）掃羅聽了這樣的話，應該立刻警醒起來，可惜的是他根本沒有放在心上。

這事過了之後，撒母耳又吩咐掃羅說：「耶和華差遣我膏你為王，治理祂的百姓以色列；所以現在你當聽從耶和華所說的話。萬軍之耶和華如此說，以色列人從埃及上來的時候，在路上亞瑪力人抵擋他們；為著亞瑪力人向以色列人所作的，我要懲罰他們。現在你要去擊打亞瑪力人，滅絕他們所有的，不可憐惜他們，……並牛、羊、駱駝和驢，盡都殺死。」（撒上十五1-3）。

掃羅立即召集百姓，共有步兵二十萬，另有猶大人一萬去擊打亞瑪力人。結果大大地打了勝仗，還活捉了亞瑪力王亞甲，用刀殺盡亞瑪力眾民。但是當他發現上好的牛、羊、牛犢、羊羔和一切美物時，居然起了貪慾之心，捨不得把這些完全毀掉，只毀掉那些瘦弱的，下賤的，好的都留了下來（撒上十五4--9）。掃羅再一次違背了神的命令，他以為他做的很不錯，所以對撒母耳說：「願耶和華賜福與你，耶和華的命令我已遵守了。」（撒十五13）掃羅的膽子可真不小；前一次他不聽撒母耳的話，這次又在那裡騙，豈不知撒母耳早就知道

了。撒母耳故意問掃羅說：「我耳中聽見的這羊叫、牛鳴，是怎麼回事呢？」掃羅知道不能再隱瞞了，但他卻把責任推到別人身上。他說：「這些是從亞瑪力人那裡帶來的；因為百姓愛惜上好的牛羊，要獻與耶和華你的神；」（撒上十五14-15）。

由於掃羅不肯認錯，還一再的推卸責任，又撒謊所以撒母耳非常生氣，很不客氣的對他說：「你住口罷，我要將耶和華昨夜向我所說的話告訴你。……你雖然以自己為小，豈不是以色列支派的元首麼？耶和華膏了你作以色列的王。……你為何沒有聽從耶和華的話，急忙擄掠財物，行耶和華眼中看為惡的事呢？」（撒上十五16-19）。

掃羅聽了這樣的話應該立即悔改認錯，可能神會赦免他。哪裡想到他不但不認錯，乾脆硬心到底他對撒母耳說：「我實在聽從了耶和華的話，行了耶和華所差遣我行的路，擒了亞瑪力王亞甲來，並滅絕了亞瑪力人。百姓卻在所奪得的物中取了牛羊，就是當滅之物中最好的，要在吉甲獻與耶和華你的神。」（撒上十五20-21）撒母耳看到掃羅這種光景，傷心欲絕，對他說：「耶和華喜悅燔祭和平安祭，豈如喜悅人聽從祂的話呢？看哪，聽從勝於獻祭；聽命勝於公羊的脂油。悖逆與行邪術的罪相等；頑梗與拜虛神和家神相同。你既厭棄耶和華的話，耶和華也厭棄你作王。」（撒上十五22-23）。

儘管掃羅仍然試圖為自己辯護，找理由，找藉口，可是已經太晚了。撒母耳走了之後，耶和華的靈就離開了掃羅，同時有惡魔臨到他身上，使他不得安寧。他被折磨得非常痛苦，只好打發人去找了一個青年人來。這個人善於彈琴，他一彈琴掃羅身上的邪靈就離開，使掃羅舒暢爽快；掃羅非常喜愛他，這個人就是大衛（撒上十六14-23）。

非利士人招集軍旅，要與以色列人爭戰。有一個討戰者名叫哥利亞，他拿著粗如織布機軸的槍杆，早晚都向以色列人罵陣，長達四十日之久。以色列全營中沒有一個敢去應戰的。當大衛聽到這個非利士人的狂語之後，他血脈噴張，立刻不顧一切的跑去與他交戰，只用一

塊小小的石頭就把這個巨人打死了（撒上十七1-16，40-51）。大衛不僅解除了掃羅的困境，也拯救了所有的以色列人。

按理說，掃羅應該更喜歡大衛更感謝他才對；沒有想到因著嫉妒心作祟，掃羅竟然千方百計的要殺掉大衛。他曾用槍刺大衛兩次，但都沒有刺成。槍既刺不成，他就另設別的計謀，他對大衛說：「**你可以……作我的女婿，……只要一百非利士人的陽皮。**」掃羅的用意是想藉非利人的手，將大衛殺掉。結果大衛不但活著回來，並且交給掃羅雙倍的陽皮。這麼一來，掃羅更加嫉妒大衛，他無論如何一定要把大衛除掉（撒上十八10-11，25-27）。

大衛為了逃命，只好逃到祭司亞希米勒那裡，亞希米勒供給他食物和武器。這情形被掃羅的一個臣子看見了，他報告了掃羅，掃羅立刻派人去把亞希米勒召來，然後吩咐多益，將亞希米勒城裡的男女老少，以及孩童都殺光。連牛、羊、驢一個也不留下，最不可原諒的是殺了八十五個穿細麻衣的人（祭司，撒上廿二11-19）。

掃羅東追西趕尋索大衛的性命，用盡心思，用盡辦法，結果不但沒有如願，反而大衛的家日漸興盛。最後，掃羅在走頭無路的情況下，使出神最厭惡的一招，去求問交鬼的婦人。他從前曾在全國中剪除所有交鬼的和行巫術的（撒上廿八3）。如今他自己竟明知故犯的來褻瀆神（撒上廿八5-10）。這真是應驗了主耶穌的話：「**汙靈從人裡面出來，在無水之地蕩來蕩去，尋找安歇之處，卻尋不著。便說，我要回到我所出來我的屋裡去。到了，就見裡面空著，打掃乾淨，裝飾好了。於是去另帶了七個比自己更惡的靈來，一同進去，住在那裡。那人末後的景況，就比先前更壞了。**」（太十二43-45）到了這種地步，難怪神要大發烈怒了（撒上卅一6）。

《聖經》上說：「**這樣，掃羅死了，因為他對耶和華不忠信，沒有遵守耶和華的話，又因他求問交鬼的婦人，沒有求問耶和華；所以耶和華使他被殺，把國轉給耶西的兒子大衛。**」（代上十13-14）。

　　看了掃羅的一生，讓我們不得不謹慎，神固然是慈愛的，但也是極其嚴厲的。我們既蒙了光照，嘗過天恩的滋味，又與聖靈有分，就絕不可硬著心一再的犯罪得罪神，尤其是再去沾染邪靈（申六4-15）。主耶穌說：「**所以我告訴你們，人一切的罪和褻瀆，都能得赦免；唯獨褻瀆那靈，不能得赦免。**」（太十二31）。

　　有人說：「掃羅是在舊約的律法時代，所以比較嚴厲，今天我們活在新約的恩典時代，哪有那麼嚴重？」還有人說：「**神太不公平，大衛犯了奪妻殺人的大罪，神都赦免他；掃羅只是嫉妒大衛，追殺他而已，就落得如此悽慘。**」若是我們仔細讀讀他們的事蹟，就不會存有不平之心了。

　　第一，當先知拿單將大衛所犯的罪指出來之後，大衛馬上痛思悔改，厭惡自己（撒下十二13，詩五一3）。可是掃羅呢？從來沒有為罪憂傷過。撒母耳已經把他犯罪的事告訴他，他不但不認錯，還把責任推給了老百姓，這種損人利己的行為，神是非常厭惡的（撒上十五15）。

　　第二，大衛一心一意要為神建造殿宇，使神有安息之所。而掃羅呢？他為了自己，不惜明知故犯的與邪靈打交道。大衛是他的救命恩人，他不但不感恩還一再的追殺。這種恩將仇報的心也是神最厭惡的。更何況還殺了那麼多無辜的人（撒上廿二18-19）。

　　神曾給他多次悔改的機會，他卻一再的藐視神。終於惹發神的震怒。掃羅對自己的所作所為應該完全負責！

義薄雲天忠心愛友的王子 ——約拿單

　　約拿單是掃羅的兒子（撒上十四29）。他是一位非常善良而有感性的青年。他與大衛有著生死的情誼（撒上十八1-4）。為了想要拯救大衛脫離他父親的手，他費盡了心思，還差一點將命喪在他父親的手中（撒上廿1-42）。約拿單明明知道他父親掃羅的所做所為是違背神的，是違背良心和道德的，但是由於他天然的觀念和屬肉體的情感，竟然在取捨上，沒有當機立斷的選擇，結果陷入仇敵的網羅中，這真是何等令人傷痛。他的遭遇實在是可憐，我們不能不為他同聲一哭。現在讓我們來看看他的事蹟。

　　《聖經》上說：「掃羅對他兒子約拿單和眾臣僕說，要殺大衛；掃羅的兒子約拿單卻甚喜愛大衛。……約拿單向他父親掃羅說大衛的好話，說，王不可得罪王的僕人大衛，因為他未曾得罪你，他所行的都與你大有益處。他不顧性命殺那非利士人，耶和華就為全以色列大行拯救；那時你看見，也很歡喜，現在為何無故要殺大衛，犯流無辜人之血的罪呢？」（撒上十九1-5）。

　　掃羅聽見兒子這麼說，他也想放過大衛，但是經不起嫉妒心的慫恿，他仍然要殺大衛（撒上十九6-10）。約拿單卻幫助大衛（撒上廿1-29）。掃羅怒罵約拿單說：「……你這邪僻悖逆之婦人的兒子！我豈不知道你選擇耶西的兒子，自取羞辱，並且使你母親露體蒙羞麼？耶西的兒子若在地上活著，你和你的國必站立不住。現在你要打發人去，將他捉拿交給我；他是該死的。約拿單回答他父親掃羅說，他為甚麼該被處死？他作了甚麼呢？掃羅向約拿單掄槍要刺他，約拿單就知道他父親決意要殺大衛。於是約拿單氣忿忿的從席上起來，在這

初二日沒有吃飯；他因見父親羞辱大衛，就為大衛愁煩。」（撒上廿30-34）。

從這一段對話中已經把掃羅的喪心病狂完全暴露無遺。像這種父親能值得尊敬嗎？還能值得孝順嗎？若是約拿單站在神的立場以及屬靈的原則來處理，相信下場不會那麼悽慘，如果他當時選擇與大衛一同離開掃羅，等過一段時日，掃羅氣消了，或許會良心發現。那麼約拿單，甚至包括掃羅在內，很可能不會遭到殺身之禍（撒上卅一2-6）。我們要避免愚孝！

主耶穌說：「但智慧從她的行為得稱為義。」（太十一19）有一位慕道的朋友，提出一個問題，她說，對信耶穌她並不排斥，只是對《聖經》中有些話她不明白。她說，從小她所接受的教導，就是要孝順父母，尊敬長輩，可是《聖經》中卻說，如果要作主的門徒，要跟從主，就必須愛主勝過愛父母和親人，甚至要恨父母（路十四26），所以她沒有辦法接受。

如果我們認真讀《聖經》，我們一定會讀到《聖經》裡，神曾不只一次的教訓人一定要孝順父母，尊敬長者，行仁義講道德和倫理，在十條誡命中說的更清楚。主耶穌也親口教訓人，要孝順父母不能只在儀文上，必須要在實際裡（可七11-13）。何以在這裡竟會說「恨」這個字呢？以掃羅的事例來看，難道不可恨嗎？難道要順服他嗎？這給我們看見主並不是讓我們恨父母，恨親人，乃是要我們棄絕他們肉體的行為，守住神的法則。

有一次主耶穌正在對著群眾講道，忽然他的母親帶著他弟兄們站在外面找他，還打發人進去叫主耶穌出來。

《聖經》上說：「有群眾在耶穌周圍坐著，他們就告訴祂說，看哪，你的母親和兄弟，並你的妹妹，在外面找你。耶穌回答他們說，誰是我的母親和弟兄？於是祂環視那些圍祂而坐的人，說，看哪，我的母親，我的弟兄！因為凡實行神旨意的，就是我的弟兄、姊妹和母

親了。」（可三31-35）。

主耶穌說的話表面聽起來，似乎沒有親情，沒有感情，然而若是我們深入探討，就能體會他愛神的心，愛世人的心了。假如主耶穌聽見人們告訴他，他母親和弟兄找他，他立刻停下傳講福音的工作，將群眾撇在一邊，跑出會場與他的母親兄弟相聚交談，那將是一個何等難堪的局面。以後還有甚麼人願意聽祂的教訓呢？因為祂和世人沒有兩樣嘛。

事實上，主耶穌的話完全正確，因為肉身的關係是屬人的（可十二18-27）。但到了永世，我們將會脫離了肉身的關係，成為屬靈的。凡是有神生命，遵行神旨意的，都有分建造新耶路撒冷，最終讓神與人、人與神互為居所，永不分離。這真是何等榮耀的盼望（林前十五22-28）！

主耶穌是神的兒子，祂來到地上，是要將神的百姓從罪惡裡救出來。因此祂的愛是超越人肉體之愛，也是超越人天然之愛，祂的愛是無私，無我的愛（路二49，約四34）。而且祂知道，當祂傳達神的旨意時，魔鬼是不甘的，牠會利用各種不同的手段，各種不同的人、事、物來攪擾、來打岔，就連彼得也被魔鬼利用過（太十六21-23）。求主憐憫，讓我們能常常操練回到靈的深處，凡事禱告主，問問主。或說話，或行事，都不給魔鬼留地步。

筆者認識一位青年人，他生長在一個傳統的家庭裡，全家人都非常保守，尤其對信耶穌更是排斥。後來他考取了大學離開了家，他同學帶他去召會聽見神的福音，他蒙恩了，受洗了，成為一個神的兒女。如此一來，在他的全家掀起了極大的風浪。父親打，母親罵，祖母哭，姊姊諷刺，親友棄絕，回到家沒有食物吃，因為每樣食物都拜過了。甚至斷絕他的學費，那位青年弟兄為著主實在吃盡了苦頭。但他始終站在主耶穌這一邊，為主作榮耀的見證，讚美主！

有一次他父親又打他，他跪在地上哭著對父親說：「爸爸，我已

經重生了，神的生命已經賜給我，就如同你在肉身生了我，我的身上流著你的血，這是沒有辦法改變的事實，就是到死了，到永世裡，神仍然是我的父神，你就是把我打死了也沒有用⋯⋯。」至此他父親的心軟了下來，從那天開始沒有再打過他。全家人對他的態度也有了些許的改變。慢慢地，他的家人發現他除了對信耶穌堅持之外，其他在做人方面，都比從前還好，尤其對父母比沒有信主以前更加孝敬，對人很有愛心，樂意幫助人，常常向人傳講耶穌，告訴人說：「信耶穌得永生。」他迫切為著家人禱告，如此他的家人都陸續的認識了神的救恩。感謝主。主為這位弟兄預備了一位非常愛主的姊妹，並賜給他一雙可愛的兒女，前幾年在一次國際特別聚會中，筆者遇見他們全家，中午我們在一起共進午餐，交談得很甜美。他的兒子已經讀大學，女兒也讀研究所了，他已經放下職業，做了傳道人。這實在應驗主耶穌親口說的話：「⋯⋯**我實在告訴你們，人為我和福音，撇下房屋、或是弟兄、姊妹、母親、父親、兒女、田地，⋯⋯在來世得永遠生命的。**」（可十29-30）這樣的應許是何等的信實。但願我們都能認識。

保羅說：「**所以不可丟棄你們的膽量；這膽量是會得大賞賜的。**」（來十35）。

篡父王位的美男子──押沙龍

押沙龍是大衛的兒子，他容貌俊美，毫無瑕疵，從腳底到頭頂，找不出一點毛病。

《聖經》上說：「**全以色列之中，無人像押沙龍那樣俊美，大得人的稱讚；**」（撒下十四25）他最大的特色是頭髮甚重，每到年底剪髮一次，所剪下來的，按著王的平稱一稱，就有二百舍克勒（撒下十四26）。因著他如此完美無缺，以致讓他有了驕傲之心，最後被魔鬼擄去，他的下場很可憐。讓我們來看看他的生平。

押沙龍有個妹妹名叫他瑪，被同父異母的大哥暗嫩給玷汙了（撒下十三1-14）。押沙龍為了替妹妹報仇，居然吩咐僕人把暗嫩殺掉，當時雖然眾弟兄都在現場，卻沒有一個人敢攔阻他（撒下十三8-29）。

押沙龍殺了暗嫩之後，為了懼怕父親大衛懲罰他，所以他逃跑了。過了三年大衛仍然想念他的兒子，於是押沙龍又回到耶路撒冷（撒下十三38-39，十四23）。按說，他應該感謝父王的憐愛和恩典。卻沒有想到驕傲使他失去人性應有的美德，竟然圖謀造反，搶奪父親大衛的王位。他常常早晨起來，站在城門的道旁，凡有爭訟要去求王判斷的，押沙龍就叫他過來，對他說：「**你的事有情有理，無奈王沒有委人聽你伸訴。……恨不得我被立為這地的士師！凡有爭訟求審判的到我這裡來，我必為他施行公義。**」若有人近前來要拜押沙龍，押沙龍就伸手拉住他，與他親嘴。如此，押沙龍暗中得了以色列人的心（撒下十五2-6）。

在押沙龍背叛的行列中有二百人，最值得同情和惋惜的是，他們根本不知道押沙龍造反的動機，就隨聲附和，糊裡糊塗的跟著他。

　　《聖經》上說：「有二百人應邀從耶路撒冷與押沙龍同去，都是單單純純去的，並不知道甚麼事。」（撒下十五11）另外還有一個人，平時是給大衛作謀士的，名叫亞希多弗，他給押沙龍出了很多主意，一心一意要把大衛殺掉。然而亞希多弗的計謀沒有一件成功，神的話告訴我們：「這是因耶和華命定要破壞亞希多弗的良謀，為要使災禍臨到押沙龍。」（撒下十七14）後來押沙龍在追殺大衛的途中，與大衛的臣僕在田間交戰。結果，押沙龍的軍隊慘敗而退，陣亡的人甚多，高達二萬人。我們信，那二百位誠誠實實的老實人，也一同遇難了。真是令人一掬同情之淚（撒下十八6-8）。

　　押沙龍可能因為打了敗仗，所以心情不好，他騎著騾子單獨一個人，跑到大橡樹的密林裡。更不知怎麼搞的，當他騎在騾子上往前走的時候，他那美麗的頭髮突然被樹枝繞住，整個人也就懸掛起來了，而所騎的騾子也跑走了。押沙龍吊在樹上，上不去也下不來。正在此時，大衛的元帥約押趕到了，手拿三杆短槍趁押沙龍還活著就刺透他的心（撒下十八9-14）。

　　押沙龍就這樣因他那美麗的頭髮喪了命，也悲悲慘慘的結束了他年輕的旅程。他的死沒有王子之死的尊榮，他的生也沒有得著王位。實在可憐！神的話說：「驕傲在敗壞以先；高傲的靈在跌倒之前。」（箴十六18）。

　　押沙龍若是知道結局是這樣，無論如何他也不會作出如此大逆不道的事。然而事已至此又能怪誰呢？是魔鬼利用押沙龍狂妄自大的心把他陷害，是他自己沒有好好珍惜父王給他的機會而走上了絕路（箴六16-19，伯三三16-18，詩五5）。

　　其實押沙龍原本是一位非常可愛的王子，否則，他那裡會得到那麼多人的敬重。而且他恨惡罪行，我們可以從他對暗嫩的態度得到證明。暗嫩玷汙了他妹妹他瑪，押沙龍恨惡至極，還把他給殺掉。但是等到他落在驕傲和嫉妒背叛父王時，即使與父親的妃嬪在光天化日之

下行淫亂的事也不以為可恥（撒下十六22）。這給我們看見：如果人心裡存有驕傲，就等於給魔鬼開了門。主耶穌曾說了一個比喻：

　　「有兩個人上殿裡去禱告，一個是法利賽人，另一個是稅吏。法利賽人站著，自言自語的禱告說，神啊，我感謝你，我不像別人，勒索、不義、姦淫，也不像這個稅吏。我一周禁食兩次，凡我所得的，都獻上十分之一。那稅吏卻遠遠的站著，連舉目望天也不敢，只捶著胸說，神啊，寬恕我這個罪人！我告訴你們，這人回家去，得稱為義，那人卻不然。因為凡高抬自己的，必降為卑；降卑自己的，必升為高。」（路十八10-14）。

　　有位姊妹在她的牆壁上掛著幾個字「求知若飢，虛心若愚」來警惕自己，免得落在驕傲裡。

　　事實上，我們只該效法主耶穌，當人稱祂為良善的夫子時，祂立刻回答說：「你為甚麼稱我是良善的？除了神一位以外，再沒有良善的。」（路十八18-19）因著主耶穌的謙卑，魔鬼在祂的身上連一絲絲的縫也找不到。神的話說：「在暗中讒謗他鄰居的，我必滅絕；眼目高傲，心裡驕縱的，我必不容忍。」（詩一〇一5）。

呼風喚雨的先知──以利亞

　　以利亞是舊約中一位大有能力的先知（申言者）。在新約雅各書五章十七至十八節有這樣的記載：「**以利亞是與我們性情相同的人，他懇切禱告，求不要降雨，雨就三年零六個月不降在地上。他又禱告，天就賜下雨水，地也生出土產。**」在這段話裡說明以利亞的禱告是與眾不同的。另外，以利亞是活著被提的（王下二11）。他為甚麼活著被提？又為甚麼禱告那麼有能力？這是我們所要探討的，現在讓我們來看看《聖經》上是怎麼說的。列王記上十七章二至六節記載著：「**耶和華的話臨到以利亞說，你離開這裡往東去，藏在約旦河前的基立溪旁。你要喝那溪裡的水，我已吩咐烏鴉在那裡供養你。以利亞就去，照著耶和華的話行了；他去住在約旦河前的基立溪旁。烏鴉早晨給他叼餅和肉來，晚上也給他叼餅和肉來；他又喝那溪裡的水。**」

　　以人的觀點來看，喝溪裡的水還可以，讓烏鴉供養他就太難接受了，因為這是不可能的事。但是以利亞甚麼也沒說，就照著耶和華的吩咐去行了。結果，烏鴉真的天天叼餅，叼肉給他吃。過了些日子，由於天不下雨溪裡的水已經乾了，耶和華的話又臨到以利亞說：「**你起身往西頓的撒勒法去，住在那裡；我已吩咐那裡的一個寡婦供養你。**」（王上十七8-9）

　　這樣的話也很難接受，可是以利亞仍然是不說一句話就起身往撒勒法去了（王上十七10）。很奇妙，在西頓的撒勒法城門，果然看見一個寡婦在那裡撿柴。（古時候寡婦的服裝與一般婦女不同）（創卅八19）。以利亞到她面前對她說：「**求妳用器皿取點水來給我喝，也求妳拿點餅來給我。**」寡婦回答說：「**我指著永活的耶和華你的神**

起誓，我沒有餅，壇內只有一把麵，瓶裡只有一點油；我現在撿兩根柴，要回去為我和我兒子作餅；我們吃了，就死了罷。」（王上十七11-12）若是以利亞信心不夠，內心一定會疑惑神：「這個寡婦自己都沒得吃，還能供養我麼？」但是以利亞一點也不懷疑，他深信神的話既已說出必會成就。所以他對寡婦說：「不要怕，可以照你所說的去作罷。只要用這油和麵先為我作一個小餅，拿來給我，然後為你和你的兒子作餅。因為耶和華以色列的神如此說，壇內的麵必不用完，瓶裡的油必不短缺，直到耶和華使雨降在地上的日子。」（王上十七13-14）。

那個寡婦就照著以利亞的話去行了。真是奇妙，她和她家中的人並以利亞吃了許多日子，罈內的麵和瓶裡油果然都不減少（王上十七15-16，路六38）。

到了第三年，耶和華的話又臨到以利亞說：「你去！使亞哈得見你，我要降雨在地上。」（王上十八1）我們都知道，這亞哈利用他的妻子耶洗別專殺耶和華的先知，若是換了一個膽怯沒有信心的人，定規不敢自投羅網。但是以利亞真是一個順服神的人，他聽了神的話之後，立刻就起身去找亞哈了（王上十八2）。他不僅去見亞哈，而且還挺身昂首地，為神大作見證。

以下是他和亞哈的對話：「亞哈見了以利亞，便說，使以色列遭災的就是你麼？以利亞說，使以色列遭災的不是我，乃是你和你父家；因為你們離棄耶和華的誡命，去隨從諸巴力。現在你當差遣人，招聚以色列眾人，和耶洗別所供養，巴力的那四百五十個申言者，以及亞舍拉的那四百個申言者，使他們都上迦密山去見我。」（王上十八17-19）亞哈知道以色列地久旱不雨，飢荒遍地，都是以利亞禱告的結果。現在為了要救國民脫離乾旱之苦，他只好照著以利亞的話，招聚以色列眾人和先知，都一同上到迦密山（王上十八20）。

「以利亞對眾民說，作耶和華申言者的，只剩下我一個人，巴

力的申言者，卻有四百五十人。當給我們兩隻公牛，巴力的申言者可以挑選一隻，切成塊子放在柴上，不要點火；我也預備一隻公牛放在柴上，也不點火。你們呼求你們神的名，我也呼求耶和華的名；那降火回應的神，就是神。眾民回答說，這話甚好。」（王上十八22-24）。

巴力先知們將牛犢放在柴上，從早晨到午間，求告巴力的名，他們在所築的壇四圍踴跳，但是沒有一點回應。以利亞羞辱巴力的先知說：「大聲呼求罷，因為他是神；他或在默想，或走到一邊，或在行路。他或在睡覺，就要醒來。」（王上十八26-27）這些話真是叫巴力的先知們受不了，因此他們就更大聲求告，狂呼亂喊，甚至用刀槍自割自刺，弄得全身都血淋淋的。可是任憑他們喊叫，任憑他們受盡皮肉之苦，依舊是沒有動靜。原來他們的神是死的，有手不能動，有口不能言（王上十八28-29）。

這時！以利亞對眾民說：「你們都到我這裡來。」於是眾民就都到他那裡去了。他首先重修已經毀壞的耶和華的壇；照雅各子孫支派的數目，取了十二塊石頭，用這些石頭為耶和華的名築了一座壇，在壇的四圍挖溝，又在壇上擺好柴，把牛犢切成塊子放在柴上對眾人說：「你們用四個桶盛滿水，倒在燔祭和柴上。」然後他說：「倒第二次。」又說：「倒第三次。」水流在壇的四圍，溝裡也滿了水。到了獻晚祭的時候，以利亞禱告說：「亞伯拉罕、以撒、以色列的神，耶和華阿，求你今日使人知道你在以色列中是神，也知道我是你的僕人，又是憑你的話行這一切事。耶和華阿，求你應允我，應允我，使這民知道你耶和華是神，又知道是你叫他們的心回轉。」

霎時間，耶和華降下火來，燒盡燔祭、木柴、石頭、塵土，又燒乾溝裡的水。眾民看見了，就伏俯在地說：「耶和華是神！耶和華是神！」（王上十八30-39）讚美主！

耶和華神藉著以利亞得到完全的榮耀，魔鬼完全被羞辱。那些

巴力的先知們，被眾人拿住，帶到基順河邊，在那裡把他們全部殺死（王上十八40）。

以利亞蒙福的點是：他絕對相信神的話，絕對順服神的帶領，絕對不顧自己的得失，即使喪失性命也在所不惜，對神給他的託付絕對忠心，面對仇敵毫不懼怕，靠著神的恩典在靈裡禱告，與仇敵爭戰到底。在這些條件之下，難怪以利亞會那麼有能力，難怪他會活著被提！更難怪他的徒弟以利沙會那麼羨慕他而抓住他不放了。不但他的徒弟羨慕他，相信所有神的兒女都會羨慕他。然而我們在神面前的情形如何呢？

約翰弟兄說：「親愛的，我們的心若不責備我們，我們就可以向神坦然無懼了；並且我們不論求甚麼，就從祂得著；因為我們遵守祂的誡命，也行祂看為可喜悅的事。」（約壹三21-22）。

誓死跟隨師父的徒弟
——以利沙

　　以利沙是以利亞的徒弟，他是一位大有能力的先知。他曾治好了耶利哥城裡惡劣的水，不再使土產不熟而落（王下二19-22）。他咒詛誰，誰就遭殃（王下二24）。他可以用一瓶油倒滿許多空器皿，直到再沒有器皿，油才止住（王下四1-7）。他行神蹟叫書念婦人的兒子復活（王下四32-37）。他拿點麵放進有毒野瓜藤的鍋裡，毒就沒有了，倒出來給眾人喝（王下四38-41）。他叫人把二十個餅和新穗子給一百人吃還有剩下（王下四42-44）。

　　以利沙不必親自露面，只打發使者告訴亞蘭王的元帥，患麻瘋病的乃縵去約旦河中沐浴七回，他的肉就復原，好像小孩子的肉一樣，完全潔淨了（王下五8-14）。亞蘭人與以色列人爭戰，他一禱告，亞蘭人的眼目就昏迷，無法再侵犯以色列人（王下六15-18）。即使他死了，仍然可以賜福給別人。

　　《聖經》上說：「以利沙死了，人將他葬埋。到了新年，有摩押人結隊犯境。有人正葬死人，忽然看見一隊來襲的人，就把死人拋在以利沙的墳墓裡；一碰著以利沙的骸骨，那死人就復活，站起來了。」（王下十三20-21）現在我們所要探討是：以利沙何以會有如此大的權能呢？

　　首先給我們看見，以利沙是一個非常絕對的人，他未蒙召之前算是有田有牛的小財主。可是當他蒙召之後，立刻就把這些拋棄了，並且將牛宰了，用套牛的器具當柴煮牛肉分給百姓吃，讓所有的人都知道他已經與世界斷絕，專心事奉神了（王上十九19-21）。在今天這種拜金主義的世代裡，究竟有多少這樣絕對的人呢？差不多都是一手

抓主一手抓瑪門。難怪會沒有屬天的權能了。

以利沙另一個特點是眼目專一，信心堅定，而且時刻注視著他的師父以利亞。

《聖經》上說：耶和華要用旋風接以利亞升天的時候，以利亞對以利沙說：「**你留在這裡，因耶和華已差遣我到伯特利去。**」以利沙說：「**我指著永活的耶和華和你的性命起誓，我必不離開你。**」於是二人下到伯特利，以利亞發現以利沙不肯離開他，又對他說：「**你留在這裡，因耶和華已差遣我往耶利哥去。**」以利沙說：「**我指著永活的耶和華和你的性命起誓，我必不離開你。**」以利沙緊緊的抓住以利亞，一步也不放鬆，他們從耶利哥來到約旦河，以利沙仍然是抓住師父不放，最後以利亞只好問他說：「**我被接去離開你以前，該為你作甚麼，你只管求我。**」以利沙聽了師父的話，真是高興極了，立刻回答說：「**願你的靈加倍的臨到我。**」以利沙的胃口可真不小，不只要感動師父的靈感動他，還要得著加倍的靈，可見他的心願是何等的強啊（王下二1-9）！以利亞對他說：「**你所求的是件難事。雖然如此，我被接去離開你的時候，你若看見我，事就必這樣為你成就；**」他們正在說話的時候，忽然有火車火馬將他們二人隔開，以利亞就乘旋風而去了。

以利沙看見這種榮耀的情景就大聲呼叫起來，說：「**我父阿！我父阿！以色列的戰車馬兵阿！**」（王下二10-12）以利亞曾告訴以利沙說，只要能看見他升天的景象，就會得著加倍的靈。如今以利沙果然看見了。所以他也真的得著了。後來以利沙拾起以利亞身上掉下來的外衣，用它到約旦河去打水說：「**耶和華以利亞的神在那裡呢？**」水立刻左右分開，以利沙就走過來了（王下二14）。

看了以利沙的經歷，給我們啟示和亮光，他能成為大有權能的先知並不是偶然的；乃是他有一顆堅定要神的心，渴慕要得著神自己，得不著誓不罷休。他全神貫注在師父身上，緊緊跟隨決不放鬆。他與

世界完全分別為聖，眼目專一的看著師父；否則，他怎麼可能看見師父升天的異象？怎麼可能得著加倍的靈呢？願我們也能學習以利沙。

有位姊妹作見證說：她的先生是個經營化妝品的生意人；工作非常忙碌，平常應酬的對象又都是女士和小姐。因此，照顧兩個頑皮的兒子和家裡的擔子幾乎都由她來承擔。不僅如此，還得日夜擔心先生是否會有婚外情，常常胡思亂想；所以身心非常疲憊。有天晚上，她突然回想到：「在中學時曾去過召會；何不現在就去找找主耶穌！」於是她去了一處召會。信主之後，她因著渴慕，每天一定抽時間開車到一個師母家，請那位師母帶她禱告。慢慢地她自己也知道如何禱告了。很奇妙，她不再憂愁，卻是天天為先生和兒子禱告。後來她的先生和孩子也都得救了。一家人非常的和樂。她的孩子如今已二十多歲了；都讀到很高的學位。這給我們看見：「**飢渴慕義的人有福了，因為他們必得飽足。**」（太五6）。

因貪婪而跌倒的僕人
——基哈西

　　基哈西是以利沙的僕人。照著《聖經》的記載，以利沙非常愛他的僕人。無論走到那裡都帶著他，任何事也都交給他去處理！可以說是形影不離（王下四13-17，25-30，36-38）。

　　按理說，基哈西應該珍惜他擁有的福氣才對。卻沒有想到他為了一點屬世的財物竟陷入魔鬼的網羅，把愛他的主人出賣了（王下五21-24）。而自己也走上了不歸之路！現在讓我們來看——基哈西是如何墮落的！

　　亞蘭王的元帥乃縵，是一位勇猛的大將軍，在亞蘭王面前深蒙器重，但是很不幸，他突然患了大痲瘋。在舊約時代，人一旦染上大痲瘋，立刻會被趕出營外（王下五1，民五2-3）。因為大痲瘋是不潔之症，也是不治之症。亞蘭王和乃縵都焦急萬分，不知如何是好！正在走投無路的時候，有一位小女子，她是從以色列國擄來的，平時服事乃縵的妻子。她對乃縵的妻子說：「**巴不得我主人在撒瑪利亞的申言者面前，那麼，他必能治好主人的痲瘋。**」（王下五2-3）也許是這位小使女平時不亂說話，也許是她行事為人深得主人的信任，無論如何，乃縵竟然相信了她的話，願意去以色列國找大先知。當亞蘭王聽到這個消息也非常高興，還親筆寫了一封信給以色列國的國王托他一定要醫好乃縵的大痲瘋（王下五4-6）。於是乃縵拿著國王的信和許多金銀財寶，並帶著很多的臣僕，大隊人馬來到以色列國。

　　以色列國王看了亞蘭王的信非常緊張。

　　《聖經》上說：「**就撕裂衣服，說，我豈是神，能使人死、使人活呢？這人竟打發人來，叫我治好一個人的痲瘋。你們留意，看看這**

人是怎樣尋隙攻擊我。」（王下五7）因為當時的亞蘭國和以色列國常有戰爭，而且亞蘭國比較強勢（王上廿1-4），所以以色列國王以為亞蘭王故意找他的麻煩。

事實上，他也確實不會治病。我們相信這事讓以色列王和他的大臣都覺得很棘手。很可能全國上下都在傳講，當然也傳到以利沙的耳中了！列王記下五章八節說：「神人以利沙聽見以色列王撕裂衣服，就打發人去見王，說，你為甚麼撕了衣服呢？可以使那人到我這裡來，他就知道以色列中有申言者了。」以色列王聽了以利沙的話，心中大喜，立刻傳旨，讓人帶著乃縵去見以利沙。乃縵心裡想，以利沙一定是出來迎接他，然後站在他面前搖手作法……豈料！以利沙根本不見他。卻打發一個使者出來，對乃縵說：「你去在約旦河中沐浴七次，你的肉必復原，……。」（王下五9-10）乃縵聽了使者的話，簡直不能接受，他大發烈怒的說：「大馬色的河……豈不比以色列的一切水更好嗎，我不能在那裡沐浴，得潔淨麼？」（王下五12）說完這話轉身就走。這時候，乃縵的僕人進到他的面前，勸他說：「我父阿，申言者若叫你作一件大事，你豈不作麼？何況說你去沐浴而得潔淨呢？」（王下五13）乃縵覺得他的僕人說的話也有道理，所以他就很順服的下到約旦河裡去沐浴了七次。非常奇妙，他的大痲瘋果真得到了醫治。

《聖經》上說：「他的肉復原，好像小孩子的肉……」（王下五14）。

這件神蹟，基哈西應該是看得清清楚楚，可惜的是，他並沒有放在心上。

乃縵得到醫治之後，內心非常感謝以利沙，因此他帶著跟從他的人，進到以利沙面前說：「如今我知道，除了在以色列之外，全地並沒有神。現在求你收下僕人的禮物。」以利沙回答說：「我指著永活的耶和華，就是我侍立在祂面前的那位起誓，我必不接受。」無論乃縵怎麼求，以利沙堅決不肯接受（王下五15-16）。乃縵的心更被

感動，所以他說：「……你僕人必不再將燔祭或平安祭獻與別神，只獻給耶和華。惟有這件事，願耶和華饒恕你僕人：我主人進臨門廟叩拜的時候，我用手攙他，我在臨門廟也就叩拜。我在臨門廟叩拜的這事，願耶和華饒恕僕人。」（王下五17-18）。

乃縵這一番向神感恩的話，以及徹底認罪的靈，和全人奉獻的心，實在太感動人了！他不僅肉身的疾病得到醫治，最寶貴的是他的心竅被打開，認識了這宇宙中獨一的真神！阿利路亞。

乃縵能如此蒙恩，關鍵在於他有一顆柔軟謙卑的心。主耶穌說：「靈裡貧窮的人有福了，因為諸天的國是他們的。」（太五3）乃縵的得救，最喜樂而高興的人，應該是那位引導他去以色列國的小使女了！她絕沒想到藉著簡單的傳講，竟然結了這麼大的好果子。

難怪保羅弟兄說：「務要傳道，無論得時不得時……」（提後四2）當乃縵與以利沙對話的時候，我們信，以利沙的僕人基哈西就在旁邊，而乃縵說的每一句話，他也應該完全聽見才對。可惜的是，他一點也沒有聽進心裡去，因為他的心思想著乃縵的禮物。

《聖經》上說：「神人以利沙的僕人基哈西心裡說：我主人……不從他手裡受他帶來的禮物，我指著永活的耶和華起誓，我必跑去追上他，向他要些東西。於是基哈西追趕乃縵。乃縵看見有人追趕，就急忙下車迎著他，……」基哈西說：「我主人打發我來說：剛才有兩個少年人，是申言者的門徒，……請你賜他們一他連得銀子，兩套衣裳。」乃縵說：「請接受二他連得。」（王下五20-24）。

從基哈西所作所為，我們很清楚的看見，基哈西雖然跟隨以利沙，但對以利沙的神並不認識，他也不承認以利沙是大先知。否則他不會那麼大膽隨便向耶和華起誓。更不會假冒以利沙的名，說謊話欺騙乃縵，出賣他的主人（王下五20-22）。更離譜的是，已經回到以利沙身邊，還敢繼續說謊（王下五25）。這就難怪以利沙痛心難過大發脾氣了。以利沙對他說：「……那人下車轉回迎你的時候，我的心

豈沒有去呢？……因此，乃縵的麻瘋必沾附於你……」（王下五26-27）這實在是何等悽慘。

令人不解的是，以利沙行了那麼多的神蹟奇事，基哈西都親眼見了，也都親耳聽見了！那他為甚麼還那麼眼瞎呢？

主耶穌曾說：「……你們聽是要聽見，卻絕不領悟；看是要看見，卻絕看不透。因為這百姓心蒙脂油，耳聽不靈，眼睛閉著；恐怕他們眼睛看見，耳朵聽見，心裡領悟，回轉過來，我就醫治他們。」（太十三11-16）。

這裡告訴我們，人有兩種看見，一種是外面肉眼的看見，一種是裡面心裡的眼睛看見，比如人常說，某人的心眼很多！這可印證人心裡確實有眼睛（林後四4）。心眼一被打開，神的光就射進來！人就會看見自己的罪，人一認罪就立刻遇見神，而心裡的蒙蔽自然就除去了！若要心裡的眼睛被打開，惟一的條件，我們必須有一顆柔軟謙卑的心，清心回轉向著神，就像乃縵一回轉向著神時，他立刻得著神的亮光。同時看見自己是個罪人。

很多基督徒都知道，神的僕人慕勒。慕勒在年輕的時候，生活很放蕩，酗酒偷竊，吃喝玩樂，明明知道不對，卻是無力勝過。有一次參加聚會，他遇見了神，蒙了光照，從此他棄絕罪中的生活，立定心志事奉神。他到處傳揚福音，創辦孤兒院，濟貧扶弱，過信心的生活，他的禱告大有能力。他讀《聖經》超過二百次，多半都是跪著讀的。他影響了無數人的一生，就連中國內地會的創始人戴德生（J.Hudson Taylor），也是受到他的感召，而獻身福音工作。

值得我們學習的是：慕勒雖然生活失敗，但他卻有一顆柔軟的心尋求神！否則他不可能去參加聚會，是不是呢？主的話說：「因為凡求的，就得著；尋找的，就尋見；叩門的，就給他開門。」（路十一9-13）願慕勒的見證也影響我們的生活。忘記昨天的失敗珍惜現在的每一天。

　　基哈西的時代已經過去了！沒有任何人還會遭遇像他一樣的命運，因為主耶穌已經道成肉身，為人類的罪上了十字架，流血捨命，擔當我們所有的罪，洗淨我們所有的不義（羅八31-34）。廢掉所有的規條和律法（申二四16，耶三一29-30）。

　　神的話鼓勵我們說：「你豈不知道麼？你豈不曾聽見麼？永遠的神耶和華，創造地極的主，並不疲乏，也不困倦；他的聰明無法測度。疲乏的，他賜能力；無力的，他加力量就是少年人也要疲乏困倦，年輕人也必力竭跌倒；但那等候耶和華的必重新得力；他們必如鷹展翅上騰；他們奔跑卻不困倦，行走卻不疲乏。」（賽四十28-31）。

　　啟示錄廿二章十七節說：「那靈和新婦說，來！聽見的人也該說，來！口渴的人也當來；願意的都可以白白取生命的水喝。」讚美主。

忍受試煉的人——約伯

約伯在神的心目中是一個完全正直敬畏神，遠離惡事的人。所以神能對撒但說：「**你曾用心察看我的僕人約伯沒有？地上沒有人像他完全且正直，敬畏神，……**」（伯一8）這些稱讚的話，神還沒有說過第二個人，現在讓我們來看看約伯的生平。

《聖經》上說：「**烏斯地有一個人名叫約伯；這人完全且正直，敬畏神，遠離惡事。他生了七個兒子，三個女兒。他的家產有七千隻羊，三千隻駱駝，五百對牛，五百匹母驢，並有許多僕婢；這人在東方人中就為至大。**」（伯一1-3）約伯雖然有這麼多的財富，但他並沒有自驕自傲，卻經常早晨一起床就伏在神的面前，按著兒女的數目把他們一一獻給神，他說：「**說不定我兒子犯罪，心中咒詛了神。**」（伯一5）。

有一天，神的眾子來侍立在耶和華面前，撒但也來在其中。耶和華問撒但說：「**你從哪裡來？**」撒但回答說：「**我從地上走來走去，往返而來。**」然後撒但對耶和華說：「**約伯敬畏神，豈是無故呢？你豈不是四面圈上籬笆圍護他和他的家，並他一切所有的麼？他手所作的，你都賜福；他的家產也在地上大大增多。你且伸手，碰他一切所有的，他必當面咒詛你。**」（伯一6-11）。

撒但這一番話的意思是說，你不用誇口，你的僕人約伯愛你、敬畏你，是因為你給他很多物質上的祝福，若是把這些祝福拿去，他必當面棄掉你了。神對約伯非常有把握，很肯定的對撒但說：「**凡他所有的，都在你手中，只是不可伸手加害於他。**」於是撒但從耶和華面前退去（伯一12）。從這些話中說明三件事：

第一，神的兒女若是敬畏神，遠離惡事，神就因此得榮耀，而且

在撒但面前可以指著自己的兒女誇口。

第二，撒但乃是晝夜不息的在神面前控告神的兒女（啟十二10）。察看神兒女的行事為人，以便羞辱神。

第三，撒但所加諸我們的苦難，沒有一件不是經過神的允許，否則撒但不敢動我們一根汗毛。馬太福音十章三十節說：「就是連你們的頭髮，也都被數過了。」撒但得著神的允許，便立刻展開行動，在約伯的家中興風作浪。

舊約《聖經》約伯記中記：「有一天，約伯的兒女正在他們長兄的家裡，吃飯喝酒，有報信的來見約伯，說，牛正耕地，驢在旁邊吃草；示巴人忽然闖來，把牲畜擄去，並用刀殺了僕人；只有我一人逃脫，來報信給你。這人還說話的時候，又有人來說，神的火從天上降下來，將群羊和僕人都燒滅了；只有我一人逃脫，來報信給你。這人還說話的時候，又有人來說，迦勒底人組成三隊，忽然闖入駱駝群，把駱駝擄去，並用刀殺了僕人；只有我一人逃脫，來報信給你。這人還說話的時候，又有人來說，你的兒女正在他們長兄的家裡，吃飯喝酒；不料，有大風從曠野那邊刮來，吹襲房屋的四角，房屋倒塌在少年人身上，他們就死了；只有我一人逃脫，來報信給你。」（伯一13-19）。

這一連串的天災人禍，使一個家道豐富，兒女滿堂的人霎時變得一無所有。撒但暗暗竊喜，牠想：這一下耶和華可是輸定了，認為約伯遭此大難，信心必定動搖，馬上就不要神了。出乎撒但的意料之外，約伯不但沒有不要神，反而撕裂衣袍，剃了頭髮，伏在地上下拜說：「我赤身出於母胎，也必赤身歸回。賜給的是耶和華，收取的也是耶和華；耶和華的名是當受頌讚的。」（伯一21）撒但真是羞愧萬分，牠只好使出另一套毒計。

《聖經》上說：「又有一天，神的眾子來侍立在耶和華面前，撒但也來在其中，站在耶和華面前。耶和華問撒但說，你曾用心察看我

的僕人約伯沒有？地上沒有人像他完全且正直，敬畏神，遠離惡事；你雖激動我攻擊他，無故的毀滅他，他仍然持守他的純全。撒但回答耶和華說，人以皮代皮，為了自己的性命，情願付出一切所有的。你且伸手，傷他的骨頭和他的肉；他必當面咒詛你。耶和華對撒但說，他在你手中，只要存留他的性命。」於是撒但擊打約伯，使他從腳掌到頭頂長了毒瘡。（伯二1-7）。

約伯在慘遭喪子，喪財的大難之後，如今又長了全身的瘡，真是雪上加霜，悽慘萬分。最讓約伯痛心的是他的妻子竟然也用諷刺的話打擊約伯，對他說：「你仍然持守你的純全麼？你咒詛神，死了罷。」（伯二9）撒但想：這一次約伯一定是完了，可是魔鬼又失敗了。撒但萬萬沒想到約伯不僅不棄掉神，反而教訓妻子說：「你說話像個愚頑的婦人。難道我們從神得福樂，不也受災禍麼？」（伯二10）就連他的朋友也說他是因為犯了罪才會遭遇這些（伯廿二4-5）。

有位姊妹說，究竟甚麼是信心？嚴格說，信心並不是向神有所求得到答應而已，信心乃是對神信仰的一種執著持守。無論遭遇何種試煉和苦難，對神的信心堅決不變，至死忠心，這就是信心、但信心是從神來的（來十一1-3）！我們自己沒有信心。

有位書念婦人，她單純和執著信靠神的心，很值得我們學習。照著《聖經》的記載是這樣的：「一日，以利沙經過書念，在那裡有一個大戶的婦人，強留他吃飯。此後，以利沙每從那裡經過，就轉進去吃飯。婦人對丈夫說，我看出那常從我們這裡經過的是聖別的神人。我們可以為他蓋一間小樓房，在其中安放床榻、桌子、椅子和燈，他來到我們這裡，就可以進去歇息。」（王下四8-10）從以上的話中，把這位婦人細膩的智慧和敏銳的辨別能力完全說了出來。

以利沙是一個蒙神呼召，捨棄世界享受，在各城之中到處為神作工的人。照理一個身為大戶人家、過慣富貴日子的婦人，應當不會對人間的疾苦有多大的體會。可是當以利沙在她門前經過時，她卻覺得

有一股神的榮美從以利沙身上散發出來，使她深信這是一個有神同在的人。於是，她馬上抓住機會來服事這位神的僕人，並且強留他在家裡吃飯。由於這位婦人竭誠謙卑的歡迎，使以利沙內心非常感動。因此，每從那裡經過，以利沙就進去吃飯。後來，這位婦人果然為以利沙造了一間小樓，讓以利沙隨時可以來這裡歇息。

　　有一天，以利沙又來到那地。想到這位婦人為他所做的一切，內心非常感動，就叫僕人問這位婦人說：「**你既為我們費了許多心思，有甚麼可以為你作的呢？**」這位婦人卻回答說：「**我在我本民中安居無事。**」這說出這位婦人服事以利沙的動機和存心，乃是沒有任何企圖、沒有任何攙雜。但以利沙仍然想為她做些事，就問僕人說：「**究竟當為她作甚麼呢？**」僕人說：「**她沒有兒子，她丈夫也老了。**」於是以利沙第二次再請這個婦人來，告訴她說：「**到明年這時候，你必抱一個兒子。**」（王下四13-16）因著她的單純給自己帶下來莫大的祝福！果然次年她懷孕生了一個兒子。孩子長大了。有一天，突然頭痛，坐在母親的膝上，到晌午就死了。按著一般的常理，一個孩子喪在自己懷中，這位母親一定是會驚慌失措，到處呼救，痛不欲生。但這位婦人只把孩子抱上了樓，放在以利沙的床上關上門；可能不願讓年老的丈夫擔心，加上她只對神有把握，於是這婦人對她丈夫說：「**平安無事。**」並立即騎上驢去找以利沙。當以利沙的僕人問她及家人平安否，她雖心裡愁苦，仍然回答說：「**平安。**」直等見到以利沙，就抱住以利沙的腳……。以利沙於是吩咐僕人基哈西，拿他的杖前去放在孩子臉上。一般母親恐怕就會立即跟著那根杖回去，但是這孩子的母親卻沒跟著走，反而留下求以利沙說：「**我指著永活的耶和華和你的性命起誓，我必不離開你。**」於是以利沙就起身，隨著她去了。

　　這位婦人所表現的平靜安穩，看出她內心深處唯一真正投靠的是神，而不是倚賴任何外面的人、事、物。果然，凡交託給神的，神

絕不誤事；藉著以利沙禱告，她的兒子就真的活過來了（王下四17-37）。

過了些時候，以利沙對這婦人說：「**你和你的全家要起身往你可住的地方去住，因為耶和華已命饑荒來到，並且饑荒必臨到這地七年之久。**」令人稀奇的是，這婦人竟然丟下所有的房屋和田產，沒有說任何一句話，就全家遠離了那個地方。由此可見她對耶和華的話是何等執著的信靠。七年過去了之後，她們全家又回到原來所住之處；可是她們的田產房屋卻已經全被國家占去了。她為了討回來，就親自去面見國王。說來非常奇妙，國王那時正向以利沙過去的僕人基哈西問起以利沙所行的一切神蹟。基哈西就告訴國王以利沙使死人復活的見證。恰巧那書念婦人正為自己的房屋田地來哀告國王。基哈西看到她就說：「**我主我王阿，這就是那婦人，這是她的兒子，就是以利沙所救活的。**」國王因著耶和華所行的奇事，他立刻對神起了畏懼之心，於是馬上對一個太監說：「**凡屬這婦人的都還給她，自從她離開這地直到今日，她田地的出產也都還給她。**」（王下八1-6）。

回顧當年突然喪子的試煉，因著書念婦人的單純和她信靠神的心，不但讓她家躲過禍患，更使得她全家蒙了大福。

羅馬書第八章二十八節說：「**我們曉得萬有都互相效力，叫愛神的人得益處，就是按祂旨意被召的人。**」這句話在書念婦人的經歷中得到完全的印證。求主憐憫，讓我們也有她一樣的智慧和敏銳的辨別能力，以及她的單純和她信靠神的心。

在基督徒中間，有許多可愛的弟兄姊妹，他們在苦難中所學的功課給我們作了非常美好的榜樣。筆者認識一位老師母，藉著她的服事，常使我得到很大的幫助！我永遠忘不了她說的一句話：「姊妹們，如果你們對主是認真的，那麼，主對你們也絕對是認真的。如果你們對主不認真，那就不能奇怪為甚麼經歷不到主了！」這位老師母曾得過腎臟病，躺在床上長達五年之久，一點鹽也不能吃。醫生說：

「她不會好了，因為X光照射的結果，兩邊的腰子都已失去功能。」她的兒女都未成人，而她自己又臥病在床，家裡又窮，真是艱苦萬分。

雖然如此，她對筆者作見證說：「無論我的腰多疼，生活多苦，每天同一時間，我一定從床上爬下來，伏在床邊向神獻上感謝和禱告。」有幾個神的兒女能呢？家貧，久病，絕望，不但不埋怨，還能感謝主，並且在神面前非常絕對，無論大事、小事、說話行動，只要是不討神喜悅的，她絕對不做。因此，她在主裡面的經歷遠超越一般人所有的。她這一顆愛主的心太令人感動了！難怪她的病竟在沒有吃藥的情況下，得到了神的醫治，甚至她的身體比沒有生病之前更健康，而且聲音宏亮，行動靈活，每逢聚會必看見她。她常常說：「原本以為自己的兒女能讀個高中就很滿足了，卻沒有想到個個都受到很高等的教育。」她的家由一貧如洗，轉變成家道豐富，並且直活到九十八歲，子孫滿堂到了第四代，才無疾而終，榮歸主懷。如此看來，神的祝福不是沒有條件的。

《聖經》上說：「他們經過流淚谷，叫這谷變為泉源之地，並有秋雨之福，蓋滿了這谷。」（詩八四6）。

約伯所受的試煉使他更認識自己，更厭惡自己是一個自義的人。所以他說：「我從前風聞有你，現在親眼看見你。」（伯四二5）。

約伯在苦難中所得到的益處是基督加多在他的生命裡。這些苦難過去之後，神加倍的祝福約伯。

《聖經》上說：「這樣，耶和華後來賜福給約伯，比起先更多；他有一萬四千隻羊，六千隻駱駝，一千對牛，一千匹母驢。他也有七個兒子，三個女兒，……得見他的兒孫，直到四代……日子滿足而死。」（伯四二12-17）。

雅各書第一章十二節說：「忍受試煉的人是有福的，因為他經過試驗以後，必得生命的冠冕，這是主應許給那些愛祂之人的。」讚美主！

豫言基督要來的先知
──以賽亞

　　以賽亞是神所重用的大先知（申言者），他一生都活在神的異象裡，因此他傳達神的話語非常詳細，而且非常透徹。

　　以賽亞這個名字的意義是：「耶和華拯救。」如果我們仔細讀讀他的歷史，就會發現他所有的服事始終在經歷：「耶和華的拯救」。例如：當外邦軍隊來攻打猶大國時，乃是耶和華親手拯救才讓他們脫困的（賽七3-9，卅七5-7）。又如：希西家王患了絕症時，也是耶和華親手醫治才讓他免於死的（賽卅八5-8）。

　　以賽亞說豫言的時間是最長的一位先知，歷經四個朝代，從烏西雅、約坦、亞哈斯、到希西家（賽一1）。

　　以賽亞能夠被神所大用，並不是偶然的，因為他曾親眼看見過神。

　　《聖經》上說：「當烏西雅王崩的那年，我看見主坐在高高的寶座上，祂的衣袍垂下，遮滿聖殿。……那時我說，禍哉，我滅亡了！因為我是嘴唇不潔的人，又住在嘴唇不潔的民中；又因我眼見大君王萬軍之耶和華。撒拉弗中有一位飛到我跟前，手裡拿著紅炭，……他用炭沾我的口，說，看哪，這炭沾了你的嘴唇，你的罪孽便除掉，你的罪就遮蓋了。」（賽六1-7）。

　　從以上的經文中我們得到一個事實，當一個人看見異象時，他第一個反應就是覺得自己很不潔淨，覺得自己是有罪的，而且他周圍的人，也全都是不潔的，所以他大聲喊叫說：「禍哉！我滅亡了！」讓我們也渴慕看見這樣的異象。

　　有位姊妹說她遇見神的經歷，她說，當她讀到但以理認罪的禱

告時，內心受到非常大的感動。但以理的禱告是這樣的：「……主阿，大而可畏的神，向愛祂守祂誡命的人，守約並施慈愛。我們犯罪作孽，行惡悖逆，偏離你的誡命典章。……求你按你所顯明的一切公義，使你的怒氣和忿怒轉離……」（但九3-17）。

她越讀靈裡越激動，久久不能平息。於是，她默默的禱告說：「主啊！我豈不也是一個犯罪多端的人嗎？」突然有一道光射在她心的深處；這道光讓她想起很久以前，曾向她丈夫大發脾氣、甚至拍桌子……越想越不安。當時她正在自己的公司裡上班。這時她無論如何也坐不住了，立刻開車回家鄭重的向她丈夫道歉說：「上次我對你發大脾氣，求你赦免我、原諒我……」她丈夫一時之間還會意不過來，等到他明白他的妻子乃是因著遇見神、蒙光照，才向他道歉的，內心也深深的受到感動。本來她丈夫只是個掛名的基督徒，從此他大大的改變；不僅認真讀神的話、追求真理、也認真的來召會敬拜神。她兒子也積極的起來愛主了。這個家為主作了榮耀的見證。事實上，每一個基督徒都需要有這樣的異象和經歷。

以賽亞看見異象，徹底認罪悔改之後，神重新對他發出呼召，並且將自己榮耀的計劃：「救贖人類的工作」啟示給他，讓他豫言出來。神說：「我可以差遣誰呢？誰肯為我們去呢？」以賽亞立刻回應說：「我在這裡，請差遣我。」（賽六8）藉著這次的經歷，以賽亞對神更加認識，也與神更親密了，他們已經合而為一。這給我們看見，我們若要在神面前蒙恩，就必須在靈裡遇見神。以賽亞傳達神的話語，乃是專特說到神的：「救贖工作」。

第一，他豫言：主耶穌道成肉身，他說：「因有一嬰孩為我們而生，有一子賜給我們；政權必擔在祂的肩頭上；祂的名稱為奇妙的策士、全能的神、永遠的父、和平的君。祂的政權與平安必加增無窮，祂必在大衛的寶座上，治理祂的國，以公平公義使國堅定穩固，從今時直到永遠。萬軍之耶和華的熱心，必成就這事。」（賽九6-7）豫

言應驗在新約：馬太福音一章十八至廿三節、路加福音一章廿六至卅五節、二章八至十四節，感謝主。

第二，他豫言，主耶穌在地上的為人生活，他說：「祂被藐視，被人厭棄，多受痛苦，常經憂患；祂被藐視，好像被人掩面不看的一樣；我們也不尊重祂。」（賽五三3）豫言應驗在新約：馬可福音六章三節四節，路加福音四章廿八至廿九節。

第三，他豫言，主耶穌為著全人類的罪，甘心樂意的走上十字架，流血捨命，完成救贖的工作，他說：「祂誠然擔當了我們的憂患，背負了我們的痛苦；我們卻以為祂受責罰，被神擊打苦待了。那知祂為我們的過犯受創，為我們的罪孽壓傷；因祂受的刑罰我們得平安，因祂受的鞭傷我們得醫治。……耶和華使我們眾人的罪孽都歸在祂身上。祂被欺壓，受苦卻不開口；祂像羊羔被牽去宰殺，又像羊在剪毛的人面前無聲，……」（賽五三4-7）豫言應驗在新約：約翰福音十九章一至十節、馬太福音廿七章卅七至四十六節、約翰福音十九章三十節以及彼得前書二章廿四節。讓我們一同向神獻上感恩的詩：

> 咒詛祂受，祝福我享，
> 苦杯祂飲，愛筵我嘗，
> 恩愛高深，誰能測量，
> 我的心哪，應當歌唱。

第四，他豫言：主耶穌的復活。他說：「祂必吞滅死亡，直到永遠；主耶和華必擦去各人臉上的眼淚，又除掉全地上祂百姓的羞辱；因為這是耶和華說的。」（賽廿五8）豫言應驗在新約：路加福音廿四章一至七節、約翰福音廿章十一至十八節、以及羅馬書一章二至四節（徒二32）。

第五，他豫言：主耶穌的升天得榮耀，並賜下生命之靈，分賜

給我們這些平凡的罪人，成為祂的後裔。他說：「**看哪，我的僕人行事必精明通達；祂必受尊崇，被高舉，且成為至高。**」（賽五二13）「**祂必看見後裔，並且延長年日；……祂必看見自己勞苦的果效，便心滿意足；有許多人，因認識那義者我的僕人而成為義的；並且祂要擔當他們的罪孽。**」（賽五三10下-11）豫言應驗在新約：馬可福章十六章十九節、路加福音廿四章五十一至五十二節、腓利比書二章九至十一節、約翰福音十二章廿四節、約翰福音廿章廿二節、羅馬書四章廿五節、十章九至十三節、以及以弗所書四章八至十節（徒二36）。

第六，他豫言：主耶穌第二次再來，設立祂的寶座、施行審判、執掌王權、神與人、人與神、互為居所、直到永永遠遠。他說：「**願你裂天而降，願山嶺在你面前震動，好像火燒乾柴，又像火將水燒開；使你敵人知道你的名，使列國在你面前發顫！你曾行我們不能逆料的可畏之事；那時你降臨，山嶺在你面前震動。**」（賽六四1-3）「**必有寶座因慈愛堅立，必有一位憑真實坐在其上，……施行審判。**」（賽十六5）「**……報好信息的耶路撒冷阿，……看哪，你們的神！……必像大能者臨到；他的膀臂必為他掌權。**」（賽四十9-10）「**看哪，我創造新天新地，從前的事不再被記念，人心也不再追想。你們當因我所創造的永遠喜樂歡騰，因為看哪，我創造耶路撒冷使人歡騰，創造其中的民叫人喜樂。我必因耶路撒冷歡騰，因我的百姓喜樂；其中必不再聽見哭泣的聲音，和哀號的聲音。**」（賽六五17-19）豫言應驗在新約：使徒行傳一章六至十一節、啟示錄一章七至八節、廿章十一至十五節、廿一章一至五節，阿利路亞，讚美主！

神藉著祂的忠心僕人以賽亞，將祂的救贖大恩，闡述的如此清楚明白，我們不僅感謝神，也要謝謝他。以賽亞所說的每一項豫言都包含著神對人那無盡的愛心。而每一項豫言的成就都必須藉著主耶穌，因為主耶穌就是神的化身。所以祂是滿了神的愛。祂的愛沒有種族之分，沒有貧富之分，越是犯罪的、被鬼附的、有疾病的、祂就越接近

他們，因為祂說：「……強健的人用不著醫生，有病的人才用得著；我來本不是召義人，乃是召罪人。」（可二16-17）。

有位牧師在沒有得救之前被一個吸毒鬼附著。他力不能勝，痛苦萬分。他曾請求他的母親把他關在一個木籠裡，以為這樣就可以不吸毒了。但是當他毒癮發作時，他又用盡力氣將木籠打爛再跑出去吸毒。直等到他重生得救信了耶穌，藉著不斷的禱告、認罪、悔改、以及召會中的眾聖徒幫助代禱，他才慢慢地脫離了捆綁！得著真實的自由。他為了幫助那些與他同樣的受害者，一九八八年他接受主的託付，創辦「晨曦福音戒毒中心」（可五1-7）。

如果我們仔細觀察整個人類的光景，就不得不承認，真正健康的人實在不多，許多人已經被鬼捉弄了，已經生病了，自己還不知道呢？例如：有的人被賭鬼纏上，幾天之內就可以傾家蕩產，妻離子散。而有的人一旦被色鬼捆住，開始的時候，也沒有想到後果，等到越陷越深，無路可走時，很可能不是殺人就是自殺，否則就是家庭破碎。還有人遇到貪心鬼，在鬼迷心竅的情形下，去搶銀行，盜用公款，綁票擄人，吸毒販毒，詐欺偷盜。很多人已經開名車，住豪宅，有妻有子，生活富裕，存款一大堆，但是總覺得還不夠。有個銀行家，甚麼都不缺，卻偏偏把銀行掏空，貪瀆國家四十億……。這樣的人都是被鬼在捉弄，最終的下場非常悽慘，而且這種現象越來越嚴重，全世界都一樣。

最可悲的是這些人的下一代，由於得不到家庭的溫暖，和愛心的照顧，差不多心態都不平衡，不是混幫派，就是吸毒，酗酒鬧事，耍刀玩槍。還有的人由於壓力過大，無處紓解，因此目前有憂鬱症和精神分裂的人特別多。有的女孩在讀中學就懷孕，而且連胎兒的父親是誰都不知道，因為她曾與不同的男生發生性行為。對於這些嚴重的社會問題，很多家長、老師、執法機關，甚至心理醫師也都束手無策，有人說：「整個世界都生病了！」這話完全正確。

筆者和另一位聖徒去探訪一位中年單親母親，她還沒有開口就放聲大哭，她說，她的獨生子參加了幫派，開槍把人打死了，被法院判了無期徒刑。她說，她的人生已經沒有任何指望，活著也沒有任何意義。說完之後，又是放聲大哭。說實在話，每一個孩子都是無辜的。如果我們認識魔鬼，就必需時時仰望主的憐憫，求主保守我們和我們的下一代，不落在牠的陷阱中。

有位女士帶著四歲的兒子，離開家鄉投奔在國外工作的丈夫，見面之後，才發現她的丈夫，竟然與另外一個女人同居住在一起。面對這種場面，她的心好像被刀砍碎了！更可惡的是，她丈夫和那個女人，不僅欺侮她，還聯合起來打她，逼著她趕快滾回家鄉去。這位女士除了哭之外，真不知道該怎麼辦才好。一天下午她帶著孩子走進一處小公園，坐在長長的木椅上呆想，突然有位小姐跑到她面前說：「你不是某某嗎？你怎麼在這裡呢？」原來這位小姐是在家鄉就認識的。此時，這位女士就像在汪洋大海中抓到了一塊浮木一樣。她高興的大哭起來，並且向她的朋友述說她的悲慘遭遇，她的朋友了解她的情況之後，對她說：「你跟我去信耶穌罷！只有祂能幫助你，我也是來到這裡才認識主耶穌的，我帶你去召會好不好？」這位女士已經是走投無路的人，她只好跟著她的朋友走進召會。弟兄姊妹得悉她的處境，個個都有負擔，有的幫她找房子，有的幫她找工作，有的幫她去政府機關申請救濟，有的幫她孩子找免費的托兒所，帶她禱告，讓她認識神，摸著神，帶她讀《聖經》，讓她明白神真理的救恩。同時也幫她代禱。感謝主，她得救了，接受了主耶穌作她惟一的救主。如今她已經是一位虔誠的基督徒了！到處傳揚神國的福音，告訴人說，主耶穌是獨一的又活又真的神。

說來非常奇妙，也是神聽了她和眾聖徒的禱告，她丈夫那個同居的女人，竟然主動地跑走了，她丈夫也覺得自己實在不對，就向她道歉悔改，而她也覺得自己既然是一個基督徒，應該赦免別人的罪（路

六37）。所以原諒了他的丈夫。她丈夫為了補償她還買了一棟房子給她和孩子，一場狂風暴雨，藉著主的大愛和大能都平息下來。最難能可貴的是她的兒子，現在已經九歲多了，時常對她說：「媽媽，我們來禱告……」這給我們看見，惟有主耶穌才是人真實的拯救。正如詩歌上說：

> 罪惡的鎖鏈，曾使我難當，
> 我如同囚奴，掙扎枉然；
> 但我今得著奇妙的釋放，
> 就是主耶穌打碎鎖鏈。
> 榮耀的釋放，奇妙的釋放，
> 主耶穌是我榮耀救主。
> 我今已脫離罪的捆綁，
> 從今到永遠不再痛苦。
> 榮耀歸給神！

　　主耶穌在地上，是走遍各城、各鄉、傳講天國的福音、醫治各種疾病、趕逐各種汙鬼，告訴人說：「**天國近了，你們應當悔改。**」（太四17，可九25-27）。

　　《聖經》上說：「**主的靈在我身上，因為祂膏了我，叫我傳福音給貧窮的人，差遣我去宣揚被擄的得釋放，瞎眼的得復明，叫那受壓制的得自由，宣揚主悅納人的禧年。**」（路四18-19）。

　　在舊約中「禧年」對神的子民乃是一項非常大的福音！利未記有這樣的記載：「**你要計算七個安息年，就是七個七年；這就使你有了七個安息年的時期，共四十九年。當年七月初十日，你要大發角聲；這是遮罪日，要在遍地發出角聲。你們要將第五十年分別為聖，在遍地向一切的居民宣告自由。這年必為你們的禧年，各人要歸回自**

己的產業，歸回本家。第五十年要作為你們的禧年；這年不可耕種，地中自長的不可收割，沒有修剪的葡萄樹也不可摘取葡萄。因為這是禧年，對你們是聖別的；你們可以吃田地的出產。在這禧年，你們各人要歸回自己的地業。你若賣甚麼給鄰舍，或是從鄰舍的手中買甚麼，彼此不可虧負。」（利廿五8-14）「地不可永遠賣斷，因為地是我的；你們在我面前是客旅，是寄居的。在你們所得為業的全地，要准人將地贖回。你的弟兄若漸漸窮乏，賣了幾分地業，他至近的親屬就要作代贖的人，來把弟兄所賣的贖回。若沒有能給他贖回的，他自己漸漸富足，能彀贖回，就要算出賣地的年數，把余剩年數的價值付還那買主，自己便歸回自己的地業。倘若他沒有力量，不能為自己得回，所賣的就仍要存在買主的手裡，直到禧年；到了禧年，地業要出買主的手，他要歸回自己的地業。」（利廿五23-28）。

「你的弟兄若在你那裡漸漸窮乏，將自己賣給你，不可叫他作奴僕服事你。他在你那裡要像雇工和寄居的一樣，服事你直到禧年。那時他和他兒女要離開你，一同出去歸回本家，到他祖宗的地業那裡去。因為他們是我的僕人，是我從埃及地領出來的，不可賣為奴僕。不可嚴嚴的轄管他，只要敬畏你的神。」（利廿五39-43）從以上這些話中讓我們體會神的大恩和大愛。

神的子民也許因著貧困潦倒把僅有的土地賣掉了，窮到一個地步連自己也賣給人家作了奴僕！但是神卻制定了一條律例，那就是每隔五十年，所有賣出去的土地，買主都必需無條件歸還給賣主。而賣身為奴的也必需無條件的得到釋放，讓他們自由。這就是神賜給祂的子民的禧年。

到了新約主耶穌來了！祂才是人類真實的禧年。祂一出來傳道就宣告說，叫被擄的得釋放、被囚的出監牢，受壓制的得自由……（賽六十一1-2）。而且不必等五十年，乃是隨時隨處都享受禧年的實際。我們要感謝神的恩典！

主耶穌也吩咐門徒，一定要廣傳福音，說：「……你們白白的領受了，就要白白的施與。」（太十1-8，路四18-19，結三18-19）。

保羅也吩咐我們要廣傳福音（林前九22-23）。因此我們必須積極起來，投入福音的行列，並且迫切禱告，求神得著更多像以賽亞這樣的器皿，讓福音傳遍居人之地。

《聖經》上說：「耶穌對他們說，我看見撒但從天上墜落，像閃電一樣。看哪，我已經給你們權柄，可以踐踏蛇和蠍子，並勝過仇敵一切的能力，絕沒有甚麼能傷害你們。然而不要因靈服了你們就歡喜，卻要因你們的名記錄在諸天之上歡喜。」（路十18-20）阿利路亞！

這是何等榮耀的承諾，相信你我也必定有分其中。讓我們與主一同歡樂（路十21-24）。

求得延長歲數的猶大王
──希西家

　　猶大王──希西家是一位行事正直，專心倚靠耶和華的好君王。在猶大國的諸王中沒有一個能比得上他的。他在神面前曾有過很深的經歷，但也有過失敗的記錄，現在讓我們來看看他的經歷是甚麼？

　　《聖經》上說：「猶大王亞哈斯的兒子希西家登基。他登基的時候年二十五歲，在耶路撒冷作王二十九年；……希西家行耶和華眼中看為正的事……他廢去邱壇，拆毀柱像，砍下木像，……希西家信靠耶和華以色列的神，在他前後的猶大諸王中沒有一個像他的。他緊聯於耶和華，總不離開而不跟隨祂，……耶和華與他同在，他無論往何處去，盡都順利。……」（王下十八1-7上）藉著這一段話我們對這位好的君王已經有了很深刻的印象。

　　當希西家作王的年間，有一個最強勢的敵人，那就是：亞述王希拿基立。這個國王不僅強悍而且非常狂傲，在他周圍的列國沒有不懼怕他的（王下十八33）。照著當時的光景，亞述王確實是厲害（王下十八9-12）。但是希西家沒有與他妥協（王下十八7下）。也許由於此讓亞述王大大的不悅，他可能想，你希西家竟敢背叛我，我要給你一點顏色看看，所以他在希西家王沒有預警的情形下揮軍攻城。

　　《聖經》上說：「希西家王十四年，亞述王西拿基立上來攻擊猶大的一切堅固城，將那些城攻取了。」（王下十八13）等希西家發現的時候，亞述王已經兵臨城下了！所以他非常害怕，立刻派使臣去見亞述王，並且向亞述王賠罪道歉。

　　《聖經》上說：「猶大王希西家差人往拉吉去見亞述王，說，我有罪了，求你離開我回去；凡你罰我的，我必承當。於是亞述王罰

猶大王希西家銀子三百他連得，金子三十他連得。希西家就把耶和華
殿裡和王宮府庫裡所有的銀子都給了他。那時，猶大王希西家將耶和
華殿門上的金子，和他自己包在柱上的金子，都剝下來，給了亞述
王。」（王下十八13-16）。

希西家蠻以為亞述王得了金銀之後，就不再攻打他了，哪裡想到
亞述王根本不領情，卻立刻率領大軍直攻耶路撒冷，並且口出狂言惡
語，褻瀆耶和華神。

《聖經》上說：「亞述大王如此說，你所倚靠的有甚麼可仗賴的
呢？……你們若對我說，我們信靠耶和華我們的神；……現在我上來攻
擊毀滅這地方，豈沒有耶和華的意思麼？耶和華對我說，你上去攻擊
毀滅這地罷。……你們一同吃自己糞、喝自己尿的人……你們當聽亞
述大王的話。……這些地所有的神中，有誰曾救自己的地脫離我的手
呢？難道耶和華能救耶路撒冷脫離我的手麼？」（王下十八19-35）。

這些威嚇的話，讓希西家和他的臣子們都懼怕萬分，沒有一個人
敢出來應對，這種突如其來的風暴，真叫他們不知如何是好，在此緊
要關頭，希西家王，突然想到了他所信的神。

《聖經》上說：「希西家王聽見，就撕裂衣服，披上麻布，進了
耶和華的殿。……去見……申言者以賽亞，對他說，希西家如此說，
今日是急難、責罰、凌辱的日子，就如孩子臨產，婦人卻沒有力量生
產。或者耶和華你的神聽見……來辱罵活神的話，耶和華你的神聽見
了，……故此，求你為餘剩的民揚聲禱告。」（王下十九1-4）。

希西家不僅懇求以賽亞為他們禱告，他自己也來到耶和華的面前，
哀求耶和華，他禱告說：「……耶和華以色列的神阿，唯獨你是地上
萬國的神，你曾創造諸天與地。耶和華阿，求你側耳而聽；耶和華阿，
求你睜眼而看；……耶和華我們的神阿……求你救我們脫離亞述王的
手，使地上萬國都知道，唯獨你耶和華是神。」（王下十九15-19）。

感謝主的憐憫，神聽了以賽亞和希西家的禱告。

　　《聖經》上說：「亞摩斯的兒子以賽亞就打發人去見希西家，說，耶和華以色列的神如此說，你既向我禱告亞述王西拿基立的事，我已聽見了。……他從那條路來，必從那條路回去，必不得進入這城；這是耶和華說的。」（王下十九20-33）說來很奇妙，就在當天夜裡，耶和華的使者，親自到亞述營中殺了十八萬五千人，清早有人起來一看，遍地都是死屍了。亞述王看見這種情形只好拔營歸去，後來他的兒子把他殺死（王下十九35-37，詩卅三6-20）。

　　希西家經歷也常是我們的經歷，當我們平安穩妥的時候，以為蠻不錯的。然而一旦環境臨到，尤其是非常為難的試煉，我們的軟弱很可能就暴露無遺了！不是東求人幫助，就是西求人想辦法，到了無路可走的時候，才會想到自己所信的神，而我們的神總是憑著祂的應許伸出大能的手帶領我們渡過難關。

　　很多時候，神為了讓我們更認識祂，會允許難處臨到我們，好使我們對祂更有信心。例如：有一次，耶穌的門徒看耶穌在海面上行走，就非常驚慌，嚇得大聲喊叫……。

　　《聖經》上說：「夜裡四更天，祂在海上向他們走去。門徒看見祂在海上走，就驚慌，說，這是個鬼怪！由於懼怕，便喊叫起來。耶穌連忙對他們說，放心，是我，不要怕。……只因見風甚大，就害怕，將要沉下去，便喊著說，主啊，救我！耶穌趕緊伸手拉住他，對他說，小信的人哪，為甚麼疑惑？他們上了船，風就止住了。船上的人遂都拜祂說，你真是神的兒子。」（太十四25-33）。

　　門徒們說：「你真是神的兒子。」難道他們從前不知道是神的兒子嗎？當然知道！但那個知道，只是在知識道理上的知道，而這樣的經歷卻是讓他們親身遇見了神（約五39-40）。何等的感謝主。所有的苦處和煎熬都化成了神的恩典！有位聖徒說：「所有的患難都是神化了裝的祝福。」這話是有經歷的人說的。但願我們也都能經歷神。

　　保羅弟兄說：「要常常喜樂，不住地禱告，凡事謝恩，因為這是

神在基督耶穌裡對你們的旨意。」（帖前五16-18）。

神剛剛幫助希西家度過難關之後，緊接著他又陷入了另一場戰爭，那就是他患了不治之症。

《聖經》上說：「那些日子，希西家病得要死；亞摩斯的兒子申言者以賽亞去見他，對他說，耶和華如此說，你當留遺命給你的家，因為你將要死，不能活了。」（王下廿1）。

這樣絕望的宣判，恐怕希西家的心都已經碎掉了，但由於他曾經歷了神的全能，所以他沒有說任何一句話，卻立刻轉臉朝牆向耶和華獻上至誠的禱告！

希西家禱告說：「耶和華阿，求你記念我在你面前怎樣按真實，並存完全的心行事，又作了你眼中所看為善的。」希西家一面禱告一面痛哭。神的憐憫，再一次臨到希西家。

《聖經》上說：「以賽亞出來，還沒有出中院，耶和華的話就臨到他，說，你回去告訴我民的領袖希西家，耶和華你祖大衛的神如此說，我聽見了你的禱告，看見了你的眼淚。看哪，我必醫治你；……我必加增你十五年的壽數，……」（王下廿2-6）。

當希西家王的絕症，得蒙神的醫治，很可能轟動了周圍的列國，尤其是巴比倫王，更是震驚萬分，也非常好奇，所以他差他的兒子送禮物給希西家王，看看是不是可以得到一些答案（因為巴比倫是拜太陽為神的）。他聽見神醫治希西家的病，是以太陽退十度作兆頭，他更是要來一窺究竟了。如果希西家警醒，能把握這個難得的好機會，正好可以向巴比倫王見證耶和華的全能，告訴他們說，耶和華才是：創造天地萬有，日月星辰，主宰一切的獨一真神。可惜的是希西家沒有那麼做，卻反倒顯揚自己，將自己的金銀財寶全部拿出來向巴比倫王誇耀（賽卅九1-4）。這是希西家王一生最大的失敗，也給他的後代帶下極大的虧損（王下廿12-17，代下卅二25-26）。

藉著希西家的例證，讓我們每一個神的兒女得到警醒，無論我們

有多高多深的經歷，絕對不要落在驕傲裡，來誇耀自己，因為一切都是神的恩典、神的憐憫，不是你我比別人強，比別人有深度。在事奉神的路上，一定要謙卑戰兢。

慕勒弟兄說：他每次認罪的眼淚，都需要主的寶血潔淨。因著他的謙卑、他的禱告大有能力。主的話也勸戒我們說：「耶和華如此說，智慧人不要因他的智慧誇口，勇士不要因他的勇力誇口，財主不要因他的財物誇口；誇口的卻因他有聰明，認識我是耶和華，又知道我喜悅在地上施行慈愛、公理和公義，以此誇口；這是耶和華說的。」（耶九23-24）。

有人說：只要我們有本事，沒有辦不到的事！而且人定勝天。說這樣話的人，是因為不認識神！人真的能勝天嗎？事實上，我們連一個稍大的龍捲風和颶風都抵擋不住。只要它們發威吹一下，很多房屋立刻倒塌；不僅造成人員傷亡，也讓許多人無家可歸。另外，我們能勝過地震嗎？只要它用大力震動一下，有的地方立刻山河變色，即使再宏偉的建築也抵抗不住地被夷為平地；水電瓦斯也被震斷讓人們生活陷於困境。在海裡的地震甚至引起海嘯，其情景不僅可怕也非常悽慘！連一場暴雪都會讓有的地方交通混亂中斷，陸、海、空都受影響。有時，某地爆發瘟疫，發生水患或旱災，都會弄得人心惶恐不安。這說明沒有任何一個人能勝過這些突發的天災人禍！也許由於現今的科技進步，加上人的頭腦靈活，很可能研究出一些人可以勝天的工作。例如：人可以造雨，人可以造雪，人也可以複製貓和狗以及其他各種動物，甚至也可以複製人。表面看來，人真是有本事，但人無論多有本事，還是無法勝過天（神）。因此，神的話警戒我們說：「你們不要再說高傲的話，也不要口出狂妄的言語；因耶和華是全知的神，人的行為被祂衡量。」（撒上二3）。

詩篇第七十六篇第七節說：「唯獨你是可畏的；你的怒氣一發，誰能在你面前站得住呢？」讓我們共同勉勵。

附記

　　大科學家——牛頓，他是一位虔誠的基督徒。他有一位好朋友，也是一位科學家，可是他不相信有神。牛頓為了要讓他的朋友認識神，就特製了一具太陽系的模型，然後裝上齒輪，只要拉一下開關各個星球立刻轉運起來。有一次，他的朋友來訪問他，看到這具精巧的模型，驚嘆的說：「這模型是誰設計造成的！怎麼這麼好啊？」牛頓淡淡地回答說：「沒有人造，乃是偶然有的。」他的朋友很急躁的說：「你不要開玩笑！這麼精巧的模型怎麼會沒有人造呢？」牛頓立刻抓住機會對他說：「連這具小小模型你都相信會有人造，難道這個奧祕的宇宙會沒有一位全能的創造者嗎？」他的朋友頓時謙卑下來承認這位全能獨一的神（摘自《到底有沒有神》）。

為耶和華建聖殿的以色列王
——所羅門

　　所羅門是大衛的兒子，在歷史上可算是頗富盛名的君王。他不僅有超人的智慧。還有過人的聰明，他的財富勝過天下列王（王上十23）。他作箴言三千句，詩歌一千零五首。他講論草木，自黎巴嫩的香柏樹，直到牆上長的牛膝草。又講論飛禽走獸、昆蟲水族，天下列王聽見所羅門的智慧，就都差人來聽他的智慧話（王上四29-34）。所羅門王實在是一位蒙神祝福的人。然而！實在令人遺憾，因著他的心不夠堅定，給後代留下許多的禍患，現在讓我們來看看他的生平。

　　列王紀三章記著說：「所羅門王到基遍去獻祭，……夜間夢中，耶和華向所羅門顯現；神說，我當賜給你甚麼？你可以求。所羅門說，……耶和華我的神阿，如今你使僕人接續我父親大衛作王；但我是幼童，不知道怎樣出入。僕人住在你所揀選的民中，這民多得無法數點，無法計算。所以求你賜僕人聰明的心，可以審斷你的民，能辨別善惡。不然，誰能審斷你這眾多的民呢？」（王上三4-9）所羅門因為求這事就蒙主喜悅，神對他說：「你既然求這事，不為自己求長壽、求財富，也不求滅絕你仇敵的性命，單為自己求辨識可以聽訟，我就照你的話而行。看哪，我賜你智慧和明辨的心，甚至在你以前沒有像你的，在你以後也沒有興起來像你的。你所沒有求的，我也賜給你，就是財富、榮耀，使你在世的一切日子，列王中沒有一個能比你的。你若行我的道路，謹守我的律例和誡命，正如你父親大衛所行的，我必使你長壽。」（王上三10-14）。

　　所羅門剛被立為君王之時，是何等的單純可愛。就連他尋求神的動機都和一般人不一樣。一般人求神，不是求福就是求壽，不然就是

求財求利，而所羅門王卻是單單的求智慧。智慧究竟是甚麼呢？

《聖經》上說：智慧就是神自己（林前一30）。當時的所羅門，不要別的只要神，他的心蒙神悅納，所以神賜給他超人的智慧，再加上一切的尊榮和祝福（箴三13-17）。

所羅門的父親大衛在世的時候，曾囑咐他說：「我兒阿，我心裡本想為耶和華我神的名建造殿宇；只是耶和華的話臨到我，說，你流了多人的血，打了多次大仗；你不可為我的名建造殿宇，因為你在我眼前使多人的血流在地上。看哪，你要生一個兒子；他必是個得享安息的人，我必使他得安息，不被四圍一切仇敵擾亂；他的名要叫所羅門，……他必為我的名建造殿宇；他要作我的子，我要作他的父；我必堅定他的國位，使他治理以色列，直到永遠。」（代上廿二6-9）。

所羅門作王之後立刻差遣人去見推羅王希蘭，對他說：「你知道我父親大衛因四圍的爭戰，不能為耶和華他神的名建殿，直等到耶和華使仇敵都服在他腳下。現在耶和華我的神使我四圍得安息，沒有對頭，沒有災禍。看哪，我有意為耶和華我神的名建殿，……所以求你吩咐人從利巴嫩為我砍伐香柏木，我的僕人必與你的僕人一同作工，我必照你所說定的，把你僕人的工價給你；……。希蘭聽見所羅門的話，就甚歡喜，說，今日耶和華當受頌讚；祂賜給大衛一個有智慧的兒子，治理這眾多的民。希蘭打發人去見所羅門，說，你差遣人向我所題的事，我聽見了；關於香柏木和松木，凡你所願的我都必成全。」（王上五3-8）。

所羅門作王第四年二月間，開始為耶和華建造聖殿（王上六1）。建造神的聖殿不比一般工程，不僅艱巨浩大而且細節繁多。何況大衛在生前曾囑咐所羅門，建殿不可隨從己意，必須照著神在靈裡給他的啟示，按著神所設計的藍圖尺寸建造才可以（代上廿八11-19）。因此所羅門必須非常謹慎小心，照著父親所指示的樣式，一點

一點的往上建造。在人來看實在很難。但所羅門沒有考慮難處，他說：「**我要為耶和華我神的名建造殿宇，分別為聖獻給他……我所要建造的殿宇甚大；因為我們的神大於諸神。……天和天上的天尚且容不下祂。我是誰？能為祂建造殿宇麼？**」（代下二4-6）。

自從建殿開始所羅門將全人完全投入這神聖的工程裡，他挑取服苦的人共有三萬。派他們輪流每月一萬人上黎巴嫩去，一個月在黎巴嫩，兩個月在家裡。然後他又挑選七萬人扛抬材料，八萬人在山上鑿石頭。此外所羅門還用了三千三百督工的，監管工人。他把所有的人力，財力，和物力都拼上去（王上五13-18）。有的材料要用火煉，使其純淨沒有雜質，有的材料要經過鑿子、斧子、錘子，使其合乎一定的尺寸，以便適合建造。建殿的石頭，事先要在山中，經過各種修雕，挫磨。所以在建殿的時候，錘子、斧子和鐵器的響聲都聽不到，乃是在非常和平的情況下建造起來的（王上六7）。

一個基督徒若要在建造神的殿上有份，就必須經過神的手在我們身上，有許多雕刻，許多的製作和煉淨。否則是不配使用的。若是我們研讀召會歷史，就會看見凡被神所大用的器皿，沒有一個不是經歷烈焰之火熬煉過。如保羅弟兄雖然在大馬色遇見神，但他能得著奧祕的啟示卻是在監牢裡；又如使徒約翰，若不是被放逐去拔摩海島，怎可能得著那麼高的屬天啟示（可十38-39）。

蓋恩夫人是神所重用的器皿，她一生都走在十字架的窄路上，她的自傳，曾幫助了千千萬萬神的兒女。當我們讀的時候似乎所有的苦境都變成了一篇一篇讚美神的詩了！我們絕對深深的相信她在新耶路撒冷聖城上是一顆極貴重的寶石（啟廿一10-20）。她是我們的榜樣。

所羅門王建造耶和華的聖殿，共用了七年的時間（王上六38）。當聖殿建造完畢，所羅門王將以色列的長老，各支派的首領並族長，都招聚到耶路撒冷，然後把耶和華的約櫃從大衛城，就是錫安運上來，以色列全會眾一同在約櫃前獻牛羊為祭，祭物多得不可勝

數。祭司將約櫃抬進至聖所，放在兩個的翅膀底下（王上八1-6）。所羅門王先將父親大衛王所分別為聖的金銀和器皿，都帶來放在耶和華殿的府庫裡（王上七51）。一切都安置妥當，祭司從聖所出來的時候，有雲充滿耶和華的殿，甚至祭司不能站立供職，因為耶和華的榮光充滿了殿（王上八10-11）。這一幅圖畫是何等的榮耀！所羅門站在耶和華的壇前，向天舉手，然後大聲為以色列全會眾禱告祝福，此時此景不僅耶和華得著榮耀，所羅門王及全會眾，也都被榮耀所包圍（王上八54-61，九1-9）。但是，何等令人傷痛，就在所羅門王極其輝煌之時，竟被魔鬼設下圈套利用美色使他陷入大罪中。

《聖經》上說：「**所羅門王在法老的女兒之外，又寵愛許多外邦女子，就是摩押女子、亞捫女子、以東女子、西頓女子、赫人女子。論到這些國民，耶和華曾對以色列人說，你們不可到他們中間去，他們也不可到你們中間來，因為他們必使你們的心偏離，去隨從他們的神。所羅門卻愛戀這些國的女子。……隨從西頓人的女神亞斯他錄，和亞捫人的可憎之物米勒公。**」（王上十一1-5）。

所羅門犯了罪，他又是神所悅納的人，神對他的態度如何呢？

《聖經》上說：耶和華向所羅門發怒，因為他的心偏離向他兩次顯現的耶和華。耶和華對他說：「**你既行了這事，不遵守我所吩咐你守的約和律例，我必將你的國撕去，賜給你的臣僕。然而，因你父親大衛的緣故，我不在你活著的日子行這事，我必從你兒子的手中將國撕去。只是我不將全國從你撕去；我要因我僕人大衛和我所選擇的耶路撒冷，將一個支派留給你的兒子。**」（王上十一11-13）從這些話中，我們看到了神的公義，也看見了祂的信實（詩卅六5-6）。中國人常說：「死罪赦免，活罪難逃」也！

這事過了之後，神興起以東人哈達，作所羅門的敵人，也興起利遜攻擊所羅門，連他臣僕的兒子也舉手攻擊他（王上十一14，23，26）。在如此內憂外患的環境裡，所羅門去世了。所羅門死後，他兒

子羅波安接續他作以色列的王（王上十一43）。登基不久，神就興起環境從他的手中將國奪回，賜給尼八的兒子耶羅波安，不過因著大衛的緣故，並沒有完全奪回，好使大衛家在神面前長有燈光（王上十一34-36）。

耶羅波安得國之後，為了鞏固自己的王位，居然鑄造了兩個金牛犢，敬拜偶像，陷全民於罪中（王上十二26-30，代下十一15）。因此惹動神大大發怒，他也遭到神極嚴厲的懲罰，而且後代也跟著他一起受禍（王上十四7-11）。當然我們現在並不是介紹他的事蹟。但無論如何神是輕慢不得的，祂可以立王也可以廢王，祂可以祝福人也可以將祝福挪去（但二21-22）。祂要如何對待我們，這全在於我們對祂的態度如何？因為神是公義的，斷不以有罪的為無罪（出卅四7）。尤其是對那些明知故犯的人，神更是要追討，即使所羅門王建殿有功，神也不放過他。所以在基督徒一生的賽程裡，實在需要主的憐憫，配上我們敬畏祂的生活。否則到處都是魔鬼的陷阱，隨時隨地在那裡等著吞吃我們（彼前五8）。

所羅門到老年的時候，寫了很多感人的詩歌和箴言，他感嘆人生的虛空，想到自己的失敗。所以他在傳道書的末了，寫下如是的警語：「這一切事都已聽見了，結語就是：敬畏神，謹守祂的誡命，這就是人所當盡的本分。因為人所作的事，連一切隱藏的事，無論是善是惡，神都必審問。」（傳十二13-14）詩歌上說：

> 救主來時，你的衣裳是否白？
>
> 曾否在羔羊血洗清潔？
>
> 榮耀冠冕，你的頭額配否戴？
>
> 曾否在羔羊血洗清潔？
>
> 曾否在羔羊血，
>
> 在羔羊有能血洗清潔？

你的衣裳是否潔白猶如雪？

曾否在羔羊血洗清潔？

求主常常提醒我們不斷地省察自己！

求主憐憫。

哀哭禱告的先知──耶利米

　　耶利米的一生是悲壯而榮耀的，當我們讀他的生平時，實在會被他那清潔的情操，以及忠誠愛神的心所感動，也會非常自然的從內心的深處，發出一個祈求：「**主啊！我也願意像耶利米一樣，那樣愛你、奉獻給你。**」

　　耶利米是希勒家的兒子，他生下來就是一個先知（耶一1，4-5）。先知，是傳達神話語的人，也被翻成申言者。

　　耶利米奉神差遣出來盡職事時，正趕上猶大國處於內憂外患的階段：外有強鄰；如亞述、埃及、巴比倫等國，隨時隨地找機會侵略他們，內有君王、百姓、犯罪作惡、拜偶像等……最為難的是有一批假先知、假藉神的名說謊話，在這種情形下，神差遣耶利米到他們中間去勸戒他們，警告他們（耶五30-31，耶十四14-16）。

　　《聖經》上說：「**……耶和華說，背道的以色列阿，回來罷；我必不向你們變臉；因為我是有憐憫的，我必不永遠存怒；……只要承認你的罪孽，就是你違背了耶和華你的神，……背道的兒女阿，回來吧，……**」（耶三11-14）。

　　由於耶利米忠於神、順服神賜給他的話語、勇敢說真話，因此他受了許多的苦，遭遇許多的艱難和挫折。他站在君王、首領和祭司、先知、百姓面前，傳達神的豫言。他明明知道他們不會接受，可能還會惹來殺身之禍，但他還是靠著神的恩典，毫不退縮，他實在是神忠心的好僕人。

　　耶利米能那麼勇敢而有能力，也不是偶然的，因為他有一個能力的來源。那就是：「禱告」，現在讓我們來看看他的禱告的生活。

　　耶利米禱告說：「**……主耶和華阿！哎，我不知怎樣說，因為**

我是年幼的。耶和華對我說，你不要說我是年幼的；因為我差遣你到誰那裡去，你都要去；我吩咐你說甚麼話，你都要說。你不要懼怕他們的面，因為我與你同在，……看哪，我今日立你在列邦列國之上，……。」（耶一6-10）。

請看，耶利米的蒙召是多麼的清楚，而他的禱告和神之間的親密又是何等實際。

耶利米接著又禱告說：「耶和華阿，你曉得我，看見我，察驗我向你是怎樣的心。求你將他們拉出來，……」（耶十二3）耶利米求神將這些隨從自己頑梗惡心去行的猶大人拉出來，因為他不能容忍他們來破壞神的見證。歷代以來，很多假信徒就像這些行惡的猶大人一樣，混雜在神的兒女中間，這是仇敵所作的。

主耶穌曾用比喻說：「諸天的國好比人撒好種在他的田裡；及至人們睡覺的時候，他的仇敵來了，將稗子撒在麥子中間，就走了。到長苗吐穗的時候，稗子也顯出來。家主的奴僕就進前來對他說，主阿，你不是撒好種在你的田裡麼？從那裡來的稗子？他就對他們說，這是仇敵作的。奴僕就對他說，那麼你要我們去薅集它們麼？他就說，不，免得薅集稗子，連麥子也一齊帶根薅出來。讓這兩樣一齊長，直到收割。在收割的時候，我要對收割的人說，先薅集稗子，捆成捆，好把它們燒了，麥子卻要收到我的倉裡。」（太十三24-30）。

耶利米再一次禱告：「耶和華阿，雖然我們的罪孽作見證告我們，還求你為你名的緣故行事；我們本是多次背道，得罪了你。以色列的盼望，在患難時作他救主的阿，……求你不要離開我們。」（耶十四7-9）。

耶利米對神的謙卑，以及對神子民的熱愛，都是令人感動的，最可貴的是他為著神和他的百姓所獻的禱告，更是我們該學習的榜樣（耶十四7-9，19-22，卅二17-25）。由於猶大地的君王和百姓，包括祭司在內，都不肯謙卑悔改轉向神，也不接受耶利米的勸導和警

戒，反而對他施以各種的羞辱和虐待，甚至捆綁，將他下在牢獄之中（耶卅七13-15，卅八6）。最後逼得神無路可走，只好把他們交在仇敵的手裡。

耶路撒冷淪陷了，耶利米所說的豫言也都應驗了，一切都照著他所說的沒有一句落空，他已經完成神託付給他的使命。當他看見，百姓被擄，君王被酷虐，滿城荒涼、沒落，那種悽慘的景象實在讓他心碎憂傷，他夜間痛哭，淚流滿面，他哀哭著禱告說：「錫安民的心哀求主：錫安女子的城牆阿，願你晝夜流淚如河，不得歇息；願你眼中的瞳人，淚流不止。夜間每逢交更的時候，你要起來呼喊，在主面前傾心如水；……。」（哀二18-19）「因我民被毀滅，我就眼淚流下如河。我的眼淚傾流不停，總不止息，直等耶和華垂顧，從天觀看。」（哀三48-50）。

耶利米為著神的殿和神的旨意以及神的百姓，撕裂心腸的哀哭禱告，因此人都稱他是「哀哭的先知」，我們都應該效法他。

耶利米的心雖然傷痛到極點，但他對神仍滿了信心和把握。因為他太認識神了。所以他說：「我的心回想這事，我就有指望。我們不至消滅，是出於耶和華的慈愛，因祂的憐恤不至斷絕；每早晨這些都是新的；你的信實，極其廣大。我的魂說，耶和華是我的分；因此，我要仰望祂。等候耶和華，心裡尋求祂的，耶和華必善待他。」（哀三21-25）。

一個認識神的人，無論遭遇多大的患難，在他的內心深處總是不灰心，總是會有把握，因為他知道神是信實的（耶十七7-8）。他更知道，神的怒氣不過是傾刻之間，但祂的慈愛和憐憫卻是永不改變（賽五四7-10）。求神賜給我們堅定的信心。

猶大人被擄之後，巴比倫王的護衛長，尼布撒拉旦，曾邀請耶利米和他一同去巴比倫，並且應許一定會厚待他，可是他拒絕了！對他而言，美食厚祿，又算得甚麼呢？他的心所掛念的，是神的旨意

和神的百姓，因此他揀選留守在耶路撒冷，和那些剩下的遺民生活在一起，等候神的應許實現（耶四十1-6，廿九10-14）。這樣一位有忠心，有信心，又有愛心的神的僕人，我們真是敬佩他。

相傳，耶利米在埃及地的「答比匿」，向群眾傳講神的話語時，被一些暴民用石頭打死了，因此有許多猶太人相信耶利米還會復活。這也就是，何以馬太福音十六章十四節，主耶穌的門徒會回答主說：「……還有人說是耶利米，……」（耶四三5-13，太十六14）。

保羅說：「我因祂已經虧損萬事，看作糞土，為要贏得基督，……使我認識基督、並祂復活的大能、以及同祂受苦的交通，模成祂的死，……我可以達到那從死人中傑出的復活。」（腓三8-11）。

歷代以來有太多的聖徒為著神的見證被殺害，即使到今天，仍有許許多多神的忠心僕人和使女為著主的見證，受盡了萬般折磨，有的被逼死，有的下在牢中，最後殉道。每想到這些弟兄姊妹們，內心真是羞愧萬分。有的時候，我們在生活中受了一點點的苦，馬上就埋怨主。而這些人卻是為了主的見證，將自身的生死置之度外。這實在太讓我們感動了！他們的死是豪邁而榮耀的，我們深深敬佩他們。而他們給後世人所留下的榜樣，以及屬靈的祝福是永垂不朽的。我們絕對相信，他們是列在得勝者之中，他們在主面前，所得的賞賜是極大的（林前十五20-23，來十32-35）。我們不僅羨慕他們，也願意向他們學習，並跟隨他們的腳蹤行。

約翰福音第十二章二十四節說：「我實實在在的告訴你們，一粒麥子不落在地裡死了，仍舊是一粒；若是死了，就結出許多子粒來。」

以下這首詩歌就是他們的寫照，但願也是我們共同的盼望。

當我跑盡應跑道路，

打過當打的美仗，

我必被提升天進入主榮光；

當我守住所信真道，
甚至殉道毫不爽，
必得聖城為獎賞。
我必被提進入榮光，
同主住在那聖城，
新耶路撒冷，新耶路撒冷！
同眾勝者歡呼歌唱，
讚美主恩頌主名，
在那新耶路撒冷！
讚美主！

遵命說豫言的先知──以西結

　　以西結是布西的的兒子（結一3）。他與耶利米一樣，都是神所大大使用的器皿。他們在神面前所領受的使命也是一樣：「警戒神的百姓，牧養神的群羊。」不同的是：耶利米在耶路撒冷服事，以西結在被擄之地的巴比倫服事。

　　神曾兩次設立以西結作祂的守望者（結三17，卅三7）。一個守望的人，必須是生活清潔，對神忠誠，對人滿了負擔和愛心，還要有忍耐的心與神配合。最重要的一點，他還必是一個肯出代價，為著神的旨意，和神的百姓以及靈魂，在神面前，常常獻上至誠的禱告才行。

　　如果我們仔細的閱讀以西結的經歷，就會發現以西結真的是這樣的人，難怪神的靈會常常與他的靈聯結在一起，神的話也不斷的臨到他了。

　　以西結是在猶大王約雅斤被擄的同時也被擄到巴比倫去了（王下廿四10-16）。他在巴比倫住了五年之後，神來呼召他。

　　《聖經》上說，以西結：「……**在迦巴魯河邊被擄的人中，那時諸天開了，我就看見神的異象。正是約雅斤王被擄去第五年，……耶和華的話特特臨到布西的兒子祭司以西結；耶和華的手在那裡臨到他身上。**」（結一1-3）。

　　照著《聖經》的記載，以色列人雖然被擄去巴比倫，他們仍然是犯罪作惡，拜偶像，離棄神。因此神差遣先知以西結到他們中間，傳達神的話語、警戒、勸導他們，要他們認罪悔改，轉向真神。

　　《聖經》上說：「**祂對我說，人子阿，你站起來，我要和你說話。祂對我說話的時候，靈就進入我裡面，……祂對我說，人子阿，我差你往悖逆的國民以色列人那裡去；他們是悖逆我的，他們和他們**

的列祖違背我，直到今日。這眾子厚顏無恥，心裡剛硬。我差你往他們那裡去，你要對他們說，主耶和華如此說。他們或聽，或不聽，（他們原是悖逆之家，）必知道在他們中間有了申言者。……他們或聽，或不聽，你要將我的話告訴他們；他們原是悖逆的。」（結二1-7）。

《聖經》上接著又說：「過了七日，耶和華的話臨到我，說，人子阿，我立你作以色列家守望的人，你要聽我口中的話，替我警戒他們。……你若不警戒他，也不勸戒惡人，使他離開惡行，得以存活，那惡人必因自己的罪孽而死，我卻要從你手中追討流他血的罪。」（結三16-18）。

以西結聽了神的吩咐，立刻將神的話傳達出來：主耶和華說：「以色列家阿，我必按你們各人的行徑審判你們。你們當回頭轉離所行的一切過犯，免得罪孽成為你們的絆腳石。你們要將所行的一切過犯從你們身上盡行拋棄，使自己得一個新心和新靈；以色列家阿，你們何必死亡呢？主耶和華說，我不喜悅那死人之死，所以你們當回頭而存活。」（結十八30-32）「惡人若回頭離開所犯的一切罪，謹守我一切的律例，行公正與公義的事，他必定存活，不至死亡。他所犯的一切罪過都不被記念；……主耶和華說，我豈是喜悅惡人死亡麼？不是喜悅他回頭離開他的行徑，而得存活麼？」（結十八21-23）從這兩段話中我們得到兩點印證：

第一，我們的神，實在是一位滿了公義、聖潔、憐憫、包容、忍耐的神，對我們的愛永遠不改變，不論我們如何的敗壞，只要我們肯回頭，肯悔改，都會原諒我們，接納我們，赦免我們的罪。正如祂自己說：「……人若休妻，妻子離他而去，作了別人的妻子，前夫豈能再回到她那裡麼？若回到她那裡，那地豈不是大大汙穢了麼？但你和許多所愛的人行邪淫，還可以歸向我；這是耶和華說的。」（耶三1）。

　　第二，以色列人雖然被擄去巴比倫，作了俘虜，但是他們的心並沒有改變，仍然是犯罪，拜偶像，遠離神。這給我們看見，外在的環境轉換，並不能改變人的心（結二十30-32，卅四1-9）難怪耶利米會哀嘆的說：「**古實人豈能改變皮膚呢？豹豈能改變斑點呢？若能，你們這習慣行惡的，便能行善了。**」（耶十三23）古諺有話說：「江山易改本性難移啊！」

　　事實上，以色列人的歷史，也象徵整個人類的歷史。自從亞當與夏娃被仇敵擄了之後，人類始終生活在被擄的光景中。一個俘虜是沒有自由可言的，自己想做的不能做，不想做的卻非得去做不可。以發脾氣為例：有誰願意發脾氣呢？可是偏偏就是發了脾氣，有的人甚至大發脾氣，在盛怒之下，打傷人，殺了人都是常發生的。雖然事情過了之後非常後悔，然而遇到環境仍然是控制不住。誰能勝過脾氣鬼呢？連小小的脾氣我們都無法有主權。何況那些藏在我們心裡的各種不同的偶像（偶像就是鬼）不是更難脫離嗎？（結十四1-5）。

　　據報導，在臺灣某地有個青年人突然將自己的母親殺死！將父親殺成重傷！更奇怪的是當警察審問他時，他竟然說：「我也不知道為甚麼會做這樣的事。可是我裡面有個人叫我殺死他們。」

　　有個女孩子楊某某，痴迷狂戀某一位男明星，整天追著這個明星到處跑，以致落得傾家蕩產。最可悲的是這個女孩子的父親！因他覺得自己女兒付出天大的代價，卻換來那位男明星的無動於衷，在心疼之餘，竟然投河自殺了！當事情落幕之後，這個女孩子狂喊說：「我恨！」恨誰呢？是自己嗎？是父親嗎？還是男明星呢？其實外面那些木雕泥塑的偶像，並不算甚麼。可怕的是人心裡的偶像，那才真是陷害人。我們要時刻警醒。

　　保羅弟兄說：「**我們原曉得律法是屬靈的，但我是屬肉的，是已經賣給罪了。因為我所行出來的，我不認可；我所願意的，我並不作；我所恨惡的，我倒去作。若我所作的，是我所不願意的，我就同**

意律法是善的。其實，不是我行出來的，乃是住在我裡面的罪行出來
的。」（羅七14-17）。

亞當和夏娃犯罪，讓神的心憂傷，然而神仍然以皮子做衣服給他
們穿上，那件皮衣是神愛人的記號。

當人類墮落到極點，讓神後悔造人，用洪水毀滅大地時，神在
祂的憐憫與大愛中，仍然留下挪亞一家八口，使人類的後代可以延續
下去，並且與挪亞和所有的活物立約，應許永遠不會再用洪水毀滅大
地，並且以彩虹做為立約的見證。所以，每當我們看見天上有彩虹出
現，就知道天已經晴了，不會再下雨，這道彩虹也是神愛人的記號
（創九12-19）。阿利路亞，讚美主！

人雖然一再的墮落，但神始終不放棄人，只要人肯回轉，認罪悔
改，神立刻接納。正如詩歌所說：

> 當人痛悔，神就迎歸，所有罪案全勾。
> 哦，神的愛何其豐富，何其無法測量。
> 他是堅強，存到永古，天使聖徒同唱。

以西結剛剛出來服事的時候，非常艱難，因為以色列人仍然是
額堅心硬，不肯悔改，但藉著以西結不斷的傳講神的救恩，也藉著他
愛心的服事和迫切的代禱，並引導他們認識神的大愛，所以以色列人
的心漸漸地回轉被神得著。當他們向神認罪悔改，棄掉心中所有的偶
像時，神不僅接納了他們，也赦免了他們的罪（路十五11-24）。請
看！這一幅圖畫是何等的甜美（耶三1）。

有人說：「我又沒做壞事認甚麼罪？」筆者沒得救前也是這樣
想。事實上，不是做不做壞事的問題，而是我們從亞當和夏娃所繼承
下來的「原罪」，使我們成為罪人。我們血裡面包含著魔鬼各種犯罪
的毒素（偶像）（可七20-22）。試問，有誰敢把一天所想的事都公

開出來？

　　《聖經》上說：「人從小時心裡懷著惡念。」（創八21下）這個罪是攔阻我們遇見神最大的障礙。所以我們必須在神面前徹底承認、悔改，並且求主的寶血潔淨才能除掉。詩篇第十九篇十二節至十三節記載著：「誰能察知自己的錯失呢？願你不定罪我隱而未現的過錯（指罪性）。還求你攔阻僕人，不犯任意妄為的罪；不容這罪轄制我；我便可以完全，免犯大過（指罪行）。」願神憐憫我們，讓你我都能有一顆願意悔改向神的心。

　　有個比喻這樣說：自從人類的老祖先吃了善惡之果後，魔鬼罪的毒菌就像一塊鐵住在人的肉體裡。而魔鬼引誘人犯罪的力量又比磁鐵（吸鐵石）更強大。所以只要有了環境讓雙方碰上，就會一拍即合。除非有另一種元素輸入在人裡面來吞滅魔鬼的毒菌。這個元素就是神的生命。正如神的話說：「……祂的能力向著我們這信的人，照祂力量之權能的運行，是何等超越的浩大，就是祂在基督身上所運行的，使祂從死人中復活，叫祂在諸天界裡，坐在自己的右邊，遠超過一切執政的、掌權的、有能的、主治的、以及一切受稱之名，不但是今世的，連來世的也都在內，……」（弗一19-21）惟有基督復活生命的大能，在我們裡面才能吞滅了那些死亡、黑暗的權勢。

　　《聖經》上說：「我必從列國收取你們，從列邦聚集你們，……我必用清水灑在你們身上，你們就潔淨了；……我也要賜給你們新心，將新靈放在你們裡面；又從你們的肉體中除掉石心，賜給你們肉心。我必將我的靈放在你們裡面，使你們遵行我的律例，謹守遵行我的典章。」（結卅六24-31）神的話說的多麼清楚，惟有我們得著神的靈，惟有我們得著一個新的心，才能遵守神的誡命，才能順從祂的律例，否則我們是無能為力的（約八36）。

　　保羅弟兄說：「如此，現今那些在基督耶穌裡的，就沒有定罪了。因為生命之靈的律，在基督耶穌裡已經釋放了我，使我脫離了罪

與死的律。」（羅八1-2）保羅接著又說：「主又說，因為這是那些日子以後，我要與以色列家所立的約：我要將我的律法賜在他們心思裡，並且將這些律法寫在他們心上；我要作他們的神，他們要作我的子民。」（來八10-12）。

請看，神的救恩何等浩大，現在讓我們一同歌唱：

前遠離神，死在罪中，黑暗蒙蔽心眼，今蒙主話照明得知，主活在我裡面，哦，這是何等救恩，主竟活我裡面。

有一天晚上，時間已經很晚，突然接到一位聖徒的電話，她哭的非常厲害，哭了一陣子之後，她說：「我犯罪了，我得罪神了，我該怎麼辦呢？我不敢見神的面，我也不敢禱告，我更不敢去召會……」說實在話，我們都是軟弱的，更沒有一個人是完全的，尤其是在今天這種淫亂邪惡的世代中，魔鬼是那麼猖狂誘惑人，真要求主保守我們。所以保羅說：「有誰軟弱，我不軟弱？有誰絆跌，我不焦急？」（林後十一29）保羅接著又說：「我們既有一位經過了諸天，尊大的大祭司，……並非有一位不能同情我們軟弱的大祭司，祂乃是在各方面受過試誘，與我們一樣，只是沒有罪。所以我們只管坦然無懼的來到施恩的寶座前，為要受憐憫，得恩典，作應時的幫助。」（來四14-16）。

神的話還告訴我們：「但基督已經來到，作了那已經實現之美事的大祭司，……一次永遠的進入至聖所，便得到了永遠的救贖。……祂的血豈不更潔淨我們的良心，使其脫離死行，叫我們事奉活神麼？」（來九11-14）。

有了這些保證，我們對神救恩和寶血，應該是有把握的，主耶穌也親口說：「……不要怕，只要信。」

有一天早晨，主耶穌正在殿裡，向著眾百姓講道，忽然有幾個人

把正在行淫的婦人抓到祂面前，對祂說：「**摩西在律法上吩咐我們，把這樣的婦人用石頭打死，這樣，你怎麼說？**」主耶穌沒有講話，卻彎著腰在地上畫字，他們不住的逼問祂，主耶穌對他們說：「**你們中間誰是沒有罪的，誰就先拿石頭打她。**」結果，那些人從老到少一個一個的都溜走了，只剩下主耶穌和那個犯淫亂罪的婦人，主耶穌問那個婦人說：「**沒有人定你的罪嗎？**」她說：「**主啊，沒有。**」主耶穌說：「**我也不定你的罪；去吧，從今以後不要再犯罪了。**」（約八1-11）。

主耶穌說：「**我也不定你的罪；……從今以後不要再犯罪了。**」這是非常嚴肅的吩咐，我們都必須虛心接受。有位聖徒說了一個比喻，他說，有一種藥膏對刀傷、燒傷非常有奇效，無論傷的多厲害，只要抹上立刻痊癒。問題是會不會有人故意把皮膚一再的割傷、砍傷、燒傷，然後不停的抹那種奇效的藥膏呢？主耶穌的救恩和寶血，固然永遠有功效，但絕對不可成為我們犯罪或放縱情慾的藉口。我們身為神的兒女，不得不謹慎（來十29）。求主保守我們的腳步。

以西結是神的忠僕，他愛神也愛人，以色列人能夠在被擄滿了七十年後，順利的歸回故國，重建聖城與聖殿，再立自己的家園。以西結在服事上的勞苦是絕對蒙神記念的。我們相信在神那裡必有公義的冠冕為他存留。

今天情形也是一樣，多少神的兒女，因著各種不同的因素，被仇敵擄去離開了父神的家，更有多少人被魔鬼轄制，被罪捆綁，過著痛苦沒有自由的生活。這種光景，神的心是非常焦急的。因此我們必須學習以西結，接受負擔與神配合，體貼祂的心意，無論在哪裡都作一個傳揚基督救恩的人，讓所有聽見的人，都能歸回神的國。讓神得到心滿意足（太廿四30-31）！

主耶穌說：「**你們中間誰有一百隻羊，失去其中的一隻，不把這九十九隻撇在曠野，去找那失去的，直到找著麼？找著了，就歡歡喜**

喜的扛在自己肩上，回到家裡，召齊朋友、鄰舍，對他們說，和我一同歡喜吧，因為我失去的那隻羊已經找著了。我告訴你們，一個罪人悔改，在天上也要這樣為他歡喜，比為九十九個不用悔改的義人歡喜更大。」（路十五4-7）這就是神的心。為著神永不改變的愛，我們讚美祂。

堅守信仰不畏王命的人
——但以理

　　但以理是猶大的宗室，按照《聖經》中的記載，他是以色列民被擄去巴比倫最年輕的一代（代下卅六17-18，但一1-2）。因著他愛神，不計自己的得失，雖然在被擄之地，卻能為著神的見證，剛強壯膽，做神的得勝者，使神的名，藉著他被高舉。因此，不僅他自己得到祝福，和他在一起的三位同伴也一同蒙福！他算是得勝者的典範，我們都應該以他為榜樣。

　　但以理第二章說：「當時尼布甲尼撒王面伏於地，向但以理下拜，……給他奉上供物和香品。王對但以理說，你既能將這奧秘的事啟示出來，你們的神誠然是萬神之神，萬王之主，……於是王使但以理尊大，賞賜他許多……禮物，派他管理巴比倫全省，又立他為總長，掌管巴比倫的一切哲士。……王就派沙得拉、米煞、亞伯尼歌管理巴比倫省的事務；」（但二46-49）。

　　這麼尊榮高貴的權位都賜給了但以理，究竟是為甚麼呢？現在讓我們來探討其中的奧妙！

　　但以理是一位容貌非常俊美、沒有任何殘疾，而且通達各樣的學問與語言，智慧聰明都全備的人。因此他被選進王宮，他的三位同伴也一同被選進去。然後教他們學習巴比倫的學問，並且給他們國王所用的膳食。滿了三年，就讓他們服事國王（但一3-7）。

　　這麼恩寵的待遇，對被擄的人來說，實在是天大的好事，但以理應該毫不考慮的接受才對。稀奇的是，但以理竟然拒絕了，同時還很大膽的要求太監長，給他們素菜吃、白水喝……。請看！但以理的膽量和勇氣有多大阿！那麼他是從哪裡來的勇氣呢？

《聖經》上說：「但以理卻立定心意，不以王的膳……玷汙自己。」這裡的「立定心意」乃是迫切禱告的意思，這已經很清楚了，他的能力原來是來自神！（但一8，12-13）讚美主！

另外，我們也要知道，但以理為甚麼拒絕國王所用的膳食呢？那必定是因為國王的膳食，在神的律例中多半是不潔的（利十一）。為著神的緣故，他寧願捨棄自己的享受。（到了新約，主耶穌已經廢除了飲食的禁戒。）有位弟兄說：「但以理是一位有守有為的好青年，威武不能屈、富貴不能搖，在他身上找不到缺點。」這話完全是正確的。因著但以理為神做了美好的見證，使神的名在外邦中被高舉，也讓神得榮耀，所以神大大的祝福了他。

首先賜給他智慧聰明，更賜給他啟示亮光，使他能解說各樣的夢兆，看見各種異象（但一17-20，七1-28，八1-27，九16-27）。

其次，賜給他長壽，他歷經七十年的被擄生活，看見巴比倫滅亡，從波斯王古列元年起，直到他看見被擄的歸回故國（但一21，六28，五30-31，六一1-5）。他算是非常長壽的一位。

但以理第二章說：尼布甲尼撒做了一個怪夢，全國上下的哲士……沒有一個人可以為他解夢，原因是他將夢的內容忘記了。國王在沒有人為他解夢的情形下，不僅心煩意亂，而且非常生氣，擬要將全國的哲士全部除滅。當然但以理也不能例外（但二1-16）。當但以理得知這個消息，他唯一的倚靠就是求助他的神，所以他邀了他的三位同伴，迫切向神禱告。感謝神的憐憫，就在當天夜間，神將國王所忘記的夢境，全都顯給他看」（但二17-24）。

但以理得見異象之後，他一面向神獻上讚美和感謝，一面立刻面見國王。國王問他說：「你能將我所作的夢和夢的講解，告訴我麼？」但以理回答說：「王所問的那奧秘事，……只有一位在天上的神，能啟示奧秘的事，……。」（但二25-28）於是將國王的夢，一點一滴都說出來，並且將夢的含意也解釋給他聽（但二29-45）。國

王聽罷，震驚萬分，他即刻俯伏在地，向但以理下拜，獻上供物和香品，同時稱頌但以理所信的神，是萬神之神、萬王之王，也高抬了但以理和他的三位同伴（但二46-49）。至此我們應該明白但以理得福的原因了。阿利路亞！

尼布甲尼撒王造了一個金像，凡是不拜金像的，必要被扔在火窯中（但三1-7），有幾個巴比倫人，控告但以理和他的三位同伴，說：「王阿，你曾降旨說，凡聽見……各樣樂器聲音的人，都當俯伏敬拜金像；現在有幾個猶太人……不尊重你，不事奉你的神，也不敬拜你所立的金像。」王問但以理的三位同伴說：「你們不事奉我的神，也不敬拜我所立的金像，是故意的麼？若不敬拜，必立時扔在烈火的窯中，誰是那能救你們脫離我手的神呢？」（但三1-15）但以理的三位同伴說：「……我們所事奉的神，也能將我們從烈火的窯中救出來；……既或不然，王阿，你當知道，我們決不事奉你的神，也不敬拜你所立的金像。」（但三16-18）。

這麼剛強的見證，全宇宙都看見了。此時此刻，我們的神是何等的得榮耀，又是何等的被高舉，祂可以大聲的對魔鬼說：「撒但，請看！我的得勝者！」尼布甲尼撒王聽見這話，臉色大變，立刻吩咐人將但以理的三位同伴扔在火窯之中，由於窯中的火太強，那些抬他們的軍丁都被沖出來的火燒死了（但三19-22）。然而，令人驚奇的是，但以理的三位同伴竟然沒有受到一點傷害（但三24-27）。

尼布甲尼撒王再一次被神的大能所折服，他俯伏在地說：「沙得拉、米煞、亞伯尼歌的神是當受頌讚的，……現在我降旨，無論何族、何國、何方言的人，謗讟沙得拉、米煞、亞伯尼歌之神的，必被凌遲，……」（但三28-30）至此，那些陷害但以理三位同伴的人，後悔已經來不及了（亞二8）！

但以理五章卅一節說：「瑪代人大利烏，約六十二歲，取了迦勒底國。」六章一至三節說：「大利烏隨心所願，在全國立了一百二十

個總督，……又在他們以上立總長三人，（但以理為其中之一）……
因這但以理有美好的靈，所以顯然超乎其餘的總長和總督，……」

因著大利烏如此厚待但以理，以致引起其他人的妒嫉，他們共
同設計，一定要將但以理除掉，可是他們根本找不到但以理絲毫的毛
病，因為但以理太完全了。後來他們想出一個辦法，就是從但以理事
奉神的態度，抓他的把柄。他們知道但以理天天跪著向神禱告，所以
就聚集在一起去朝見國王。建議國王立一條禁令，如果在三十日之
內，無論任何人，若在國王以外，或向神或向人求甚麼，就必扔在獅
子坑中（但六6-9）。

但以理知道這條禁令之後，並沒有被嚇倒，也沒有改變他的禱
告生活。他仍然一天三次，打開窗戶，面向耶路撒冷，雙膝跪在神面
前，獻上至誠的禱告。在這生死關頭，有誰能如此鎮定呢？若不是
對神有足夠的信心和把握，沒有任何人可以做得到。走筆至此，想到
《天路歷程》的作者——本仁約翰的見證：

本仁約翰是英國人，早年跟父親做補鍋的生意。他沒有受過高
深的教育，但他非常愛主，對拯救靈魂特別有負擔。所以他一面做生
意一面傳福音，但是當時的政府是不允許隨便講說耶穌的。然而，本
仁約翰根本不管這些，照樣熱心傳講，以致被抓去關在監牢裡，他在
牢裡關了多久我們不清楚，只知道他在監獄中寫了一本書：《天路歷
程》。這本書對信徒和非信徒都非常有幫助，後來被翻譯成數十種語
言。許多時候，魔鬼陷害我們，讓我們肉身受苦，卻永遠沒有能力侵
犯我們的靈！而且牠會弄巧成拙。

那些人發現但以理不理不睬，而且照樣禱告，因此就再一次去
面見國王，提醒國王說：「王阿，三十日內不拘何人，若在王以外向
任何神明或任何人求甚麼，必扔在獅子坑中，王不是簽署了這條禁令
麼？王回答說，實有這事，……他們便對王說，王阿，那被擄之猶大
人中的但以理不尊重你，也不尊重你所簽署的禁令，竟一日三次祈

禱。」（但六10-13）。

　　也許是大利烏王疼惜但以理，也許是風聞但以理所信的神是很有大能的。所以他聽了這些話，心裡竟愁煩起來。他很想救但以理脫離這場災難。到了日落的時候，那些陷害但以理的人，又進到國王面前，緊逼不放的對國王說：「**王阿，當知道瑪代人和波斯人有法例，凡王所立的禁令和律例，都不可更改。**」他們把法令擺在國王面前，讓國王無話可說。只好下令，將但以理扔在獅子坑中，不過在扔下去之前，他對但以理說：「**你所常事奉的神，祂必救你。**」（但六14-16）。

　　第二天黎明的時候，國王獨自一人跑到獅子坑邊，呼叫但以理說：「**活神的僕人但以理阿，你所常事奉的神能救你脫離獅子麼？**」但以理回答說：「**願王萬歲！我的神差遣使者，封住獅子的口，叫獅子不傷我，因我在神面前顯為無辜，我在王面前也沒有行過害人的事。**」（但六19-23）。

　　保羅弟兄說：「**所以我們放膽說，『主是幫助我的，我必不懼怕；人能把我怎麼樣？』**」（來十三6）事實上，在我們跟隨主的路上，有時所遭遇的試煉真如同火窰和獅子一般的可怕。正如神的話說：「**我雖然行過死蔭的幽谷，也不怕遭害，因為你與我同在；你的杖，你的竿，都安慰我。**」（詩二三4）又說：「**我將這些事對你們說了，是要叫你們在我裡面有平安。在世上你們有苦難，但你們可以放心，我已經勝了世界。**」（約十六33）。

　　筆者曾遭遇一個非常艱難的困境，讓身心都受到極大的傷害。為此事，我不斷向主祈求，甚至禁食禱告，禁睡禱告。然而主始終沒有答應我挪去這個難處，以致讓我更受熬煉。有一次，我又在為此事向主呼求！突然間，有一句詩歌的話湧出來：「**你心應該像亞伯蘭，那樣舉目望天，數算眾星，輕看艱難，信心越久越堅。**」說來很奇妙立刻覺得全人都輕鬆下來，所有的重擔都不見了！

這首詩歌非常感人可以幫助聖徒在遭遇患難時，不灰心不喪志。現願摘錄片段與讀者一同分享：

> 你心應該像亞伯蘭，那樣舉目望天，
> 數算眾星，輕看艱難，信心越久越堅。
> 現在黑雲雖然濃厚，雲上太陽未變，
> 只要再過不久時候，晨光就要顯現。
> 雖遇逼迫仍要鎮定，因為在火窰中，
> 有榮耀的神子同行，仇敵終要擊空。
> 雖然朋友都辜負你，但你還當信神，
> 因為耶穌你的能力，仍然親近施恩。
> 天地雖能被焚燒，小山大山雖傾倒，
> 但那相信主的人，必見主話得成。

保羅弟兄說：「那臨到你們的試誘，無非是人所能受的；神是信實的，必不容你們受試誘過於所能受的，祂也必隨著試誘開一條出路，叫你們能忍受得住。」（林前十13）這話是可以經歷的，時至今日，當我再回頭看這段經歷時，內心深處對神是滿了感謝和讚美。若不是藉著這個苦難，我不可能那麼清楚的聽到主的說話。這實在是太寶貴了！難怪神的話是這樣激勵我們：「**主雖以艱難給你當餅，以困苦給你當水，你的教師卻不再隱藏，你眼必看見你的教師。你或向左、或向右，耳中必聽見後邊有話說，這是正路，要行在其間。**」（賽卅20-21）所以以往經歷過的聖徒會發出如是的詩歌：

> 我要讚美，再要讚美，讚美何等甘甜；
> 雖我邊讚美邊流淚，甘甜比前更加添；
> 能有甚麼比你更好？比你喜悅可實？

> 主，我只有一個禱告：你能加增，我減少。
>
> 每次的打擊，都是真利益，
>
> 如果你收去的東西，你以自己來代替。

　　神的名再一次藉著但以理的得勝被高舉、得榮耀！而魔鬼再一次蒙羞。阿利路亞！

　　大利烏王看見這活的見證，不得不俯伏下拜，立即傳旨說：「**住在全地，各族、各國、各方言的人，……要在但以理的神面前戰兢恐懼；因為祂是活神，永遠長存；祂的國永不敗壞，祂的權柄永存無終。**」（但六25-27）大利烏在位的時候，但以理是大享亨通的（但六28）。

　　最後我們要探討的是，但以理為甚麼每天三次面向耶路撒冷，定時禱告，甚至捨棄性命也在所不惜呢？耶利米廿九章有這麼一段話：「**申言者耶利米從耶路撒冷寄信與被遷徙還存活的長老，以及祭司、申言者和眾民，……**」信上說：「**……你們要為那城求平安……因為那城得平安，你們也隨著得平安。**」（耶廿九1-2，7）讀了這樣的話，我們的心實在被神的愛所融化，神雖然允許祂的子民被擄，但祂的心永不忘記祂的兒女。「**因為那城得平安，你們也隨著得平安。**」這是何等體恤關懷的話啊！耶利米的信接著說：「**為巴比倫所定的七十年滿了之後……我要……向你們堅立我美善的話，將你們帶回這地方。……你們要呼求我，前來向我禱告，……我也必使你們被擄的人歸回，……。**」（耶廿九10-14，但九1-2）原來但以理乃是讀到耶利米的書信，知道神在滿了七十年之後，會將被擄的子民帶回耶路撒冷。所以他答應神的呼召，配合神的心意，天天呼求禱告，以便成就主的定旨。

　　但以理的禱告，終於成就了神的應許。當以色列人被擄滿了七十年後，神就先後興起了波斯王古列和亞達薛西王。他們下詔允准以斯

拉和尼希米……等返回故國（耶路撒冷），重建神的聖殿，以及重修被拆毀的城牆（拉一1-4，尼二1-8）。

　　但以理的例證告訴我們，歷世歷代以來，神為了成就祂的定旨和計畫，不斷的揀選得勝者，做祂生命的管道。而且無論是在甚麼光景中，神都有祂的得勝者，即使在神所咒詛的「摩押地」和「耶利哥城」，神也有得勝者出來。如，「路得」和「喇合」！（得一4，16-17，四13，17-22，書六16，來十一31）！又如女先知底波拉（士四-五）。

　　以色列人因著所羅門的墮落，失去了神的祝福，導致國度分裂（王上九1-9，王上十一1-2，6，11-13）。而且每況愈下，到最後更是墮落到極點，君王做惡、祭司霸權、先知說假豫言，百姓行淫亂，拜偶像（耶五7，六13-15，十四14-16，五二2，代下卅六5）。

　　神因著愛他們曾打發先知「耶利米」多次向他們提出警告（代下卅六15，耶廿五1-7）。可是，他們不但不聽，反而羞辱神的使者（代下卅六16，耶廿五4）。以致惹起神的義怒大大發作。把他們交給巴比倫王，讓他們被擄，使他們亡國（耶五二4-11，王上九1-9）。這一種局面是何等的悽慘啊！

　　神為著執行祂的公義，不得不懲治以色列人，但神的心仍是深深愛著祂的兒女（來十二5-13，賽四一8-10，耶卅三17-26）。所以應許他們滿了七十年之後一定會再帶他們歸回故國，重建聖殿，再立家園（代下卅六21，耶卅三10-13）。這說出神對祂子民不變的愛（詩卅5，耶卅一23-25，33，35-36）。感謝主！至終神的話得到完全的應驗（拉六15，尼六15-16，拉七27，詩一二六1-4）。

　　當以色列人被擄去巴比倫，魔鬼一定是拍手稱慶，牠可能想：這一回神是輸定了，因為以色列人被擄了，也亡國了！神還有甚麼路呢？以人來看，似乎也是如此，但事實上，魔鬼只是空歡喜一場，因為魔鬼始終掌握在神的手裡（彼後二4）。牠萬萬也沒有想到，神在

被擄之地，得著的得勝者更剛強、更突出，但以理和他的三位同伴，為神所做的見證，簡直把撒旦的膽都嚇破了！尤其是當巴比倫王和大利烏王俯伏在神面前，稱頌神是萬神之神、萬王之王，曉諭全國人民要敬拜但以理所信的神時，神所得的榮耀比以往更加強七倍，而撒旦恐怕是徹底蒙羞了。讚美主！

但以理的一生是讓人羨慕的，他被神稱做：「**大蒙眷愛的人。**」（但十19）也是配得的。而神賜給但以理的應許也是非常榮耀的。但以理十二章十三節說：「**你且去等候結局，你必安歇；到末了的日子，你必起來，享受你的業分。**」

願藉他的見證，激動我們的心，也能夠起來，積極投入禱告的行列，與神配合，使神的兒女個個都能從被擄中歸回，將心完全奉獻給主！讓神的聖殿早日重建，迎接主回來。

新約人物

耶穌肉身的母親──馬利亞

馬利亞是新約中一位非常可愛的姊妹。她的心絕對清潔，為著主不顧一切，甚至連她自己的性命都置之度外。

路加福音一章記著：「天使加百列奉神差遣，往加利利的一座城去，這城名叫拿撒勒。到一個童女那裡，是已經許配大衛家的一個人，名叫約瑟，童女的名字叫馬利亞。天使進去，對她說，蒙大恩的女子，願你喜樂！主與你同在了。她因這話就很驚慌，又反覆思想這樣問安是甚麼意思。天使對她說，馬利亞，不要怕，你在神面前已經蒙恩了。看哪，你將懷孕生子，要給祂起名叫耶穌。祂要為大，稱為至高者的兒子，主神要把祂祖大衛的寶座給祂，祂要作雅各家的王，直到永遠，祂的國也沒有窮盡。馬利亞對天使說，我沒有出嫁，怎麼會有這事？天使回答說，聖靈要臨到你身上，至高者的能力要覆庇你，因此所要生的聖者，必稱為神的兒子。」（路一26-35）。

這一段對話給我們看見馬利亞平時就常與神有親密交通！否則她怎麼會那麼自然的和天使說話呢？經過這樣的談話，馬利亞明白了，原來神是要她接受一個託付──未婚生子。哦！這實在太難了。猶太人都篤信猶太教，嚴守摩西五經的律法，若是未婚生子，定規遭到眾人用石頭打死的命運，更何況馬利亞已經訂了婚，然而馬利亞竟然毫不猶豫的接受下來。她對天使說：「我是主的婢女，情願照你的話成就在我身上。」（路一38）這句話出自一個未婚女子之口，代價實在太大了。馬利亞情願被羞辱，情願受折磨，情願被眾人用石頭打死（申二二23-24），這樣的話在今天有幾個神的兒女敢說呢？

馬利亞順服神的旨意之後，她的靈立刻被聖靈充滿，於是她高聲讚美神說：「我魂尊主為大，我靈曾以神我的救主為樂，因祂顧念祂

婢女的卑微。看哪，從今以後，萬代要稱我有福。那有權能的為我行了大事，祂的名為聖；祂的憐憫歸與敬畏祂的人，直到世世代代。祂用膀臂施展權能，驅散那些心裡妄想的狂傲人。祂叫有權柄的失位，叫卑微的升高，叫飢餓的得飽美物，叫富足的空著回去。祂扶助了祂的僕人以色列，為要記念祂向亞伯拉罕和他後裔所施的憐憫，直到永遠，正如祂對我們列祖所說的。」（路一46-55）。

從馬利亞頌讚的話中，我們可以看出她是何等認識神，她知道她的順服，將為自己帶下莫大的祝福，因此，她高聲喊著說：「看哪，從今以後，萬代要稱我有福。」

馬利亞所以能不顧性命，為主拼上，絕不是偶然的，我們相信她一定是讀過以賽亞書七章十四節，那裡說：「因此，主自己要給你們一個兆頭：看哪，必有童女懷孕生子，她要給他起名叫以馬內利。」這樣的話她早就銘刻在心，所以當天使把神的託付告訴她時，她就不顧一切的順服下來。這給我們看見：一個神的兒女必須謹讀神的話，將神的話牢牢的記在心裡，無論任何事臨到我們，神的話就成了我們的幫助和力量。

走筆至此，想起一則見證：二次世界大戰時，日本偷襲珍珠港。負責領隊的淵田上校，因著日本吃了原子彈的敗仗而內心始終憤憤不平，他立定志向，來日一定再重披戰袍，把美國人殺光，才能消除他心頭之恨。

有一天！他在車站等車，無意間從地上撿起了一張福音單張，他好奇的從頭讀到尾。這份單張大意是說：有位美國護士，她父親在作戰期間，被日本人打死了，而她在醫院裡所照顧的全部都是日本傷患。若照她的本意，她無法愛這些日本人，但因她是一個基督徒，為了遵行神的旨意，神說：「只是我告訴你們這聽見的人，要愛你們的仇敵，善待恨你們的人。」（路六27）。

淵田上校讀了這樣的見證，尤其讀到主耶穌在十字架上禱告說：

「父啊，赦免他們，因為他們所作的，他們不曉得。」（路二三34）真是羞愧萬分，想到自己曾去偷襲珍珠港，已經是不應該，卻還定意再去報仇。而這位美國護士竟能以神的愛，愛那些殺害她父親的兇手，於是他仆倒在神的光中，徹底認罪接受主耶穌作他的救主。並且獻身福音工作，環遊世界各地，為主作榮耀的見證。

小敏姊妹在她的詩歌中這樣說：

> 耶穌用十字架，十字架的愛，廢掉了代代冤仇，
>
> 耶穌用十字架，十字架的愛，縮短了我們的距離，
>
> 用十字架，十字架的愛，征服全人類。

馬利亞的例證讓我們知道：主的旨意若要得以成就，必須有人肯出代價，不顧自己的得失，犧牲一切與主配合才可以。同時也讓我們了解十字架的定義到底是甚麼？那就是：「為著主情願作自己所不願作的，也為著主情願不作自己所願的。」

另外，讓我們受激勵的是：散發福音單張的事。淵田上校藉著福音單張得救，並且為神所大用，事實上有許多可愛的弟兄和姊妹，甚至被神所重用的僕人，也都是藉著福音單張而蒙恩的。因此！願我們在今後的日子裡，也作一個散播福音種子的人。

保羅弟兄說：「我在神並那將要審判活人死人的基督耶穌面前，憑著祂的顯現和祂的國度，鄭重的囑咐你，務要傳道；無論得時不得時，都要預備好，」（提後四1-2）。

馬利亞的丈夫──約瑟

　　約瑟是馬利亞的丈夫，他也是亞伯拉罕的後代。他的職業是木匠，我們猜測他很可能沒有太多的屬世學問，可是他屬靈的認識卻是非常準確。主耶穌能順利道成肉身，約瑟所付出的代價不亞於馬利亞。《聖經》上記著：「耶穌基督的由來，乃是這樣：祂母親馬利亞已經許配了約瑟，他們還沒有同居，馬利亞就被看出懷了孕，就是她從聖靈所懷的。她丈夫約瑟是個義人，不願明明的羞辱她，想要暗暗的把她退了。正思念這事的時候，看哪，有主的使者向他夢中顯現，說，大衛的子孫約瑟，不要怕，只管娶過你的妻子馬利亞來，因那生在她裡面的，乃是出於聖靈。她將要生一個兒子，你要給祂起名叫耶穌，因祂要親自將祂的百姓從他們的罪裡救出來。」（太一18-21）。

　　這些話，換了任何人都會拒絕，都會講理由或者根本不信，這實在太叫人為難了。自己的未婚妻，沒有結婚就懷了孕，同時！自己所見到的異象是否真實？假如約瑟抱著懷疑的心，堅持休了馬利亞，那麼神的旨意還能順利的通行麼？讚美主！約瑟實在是一個認識神的人，他沒有說任何一句話就接受了神給他的託付。

　　《聖經》上說：「約瑟從睡中醒來，就遵著主使者的吩咐，把他的妻子娶過來，只是沒有和她同房，等她生了兒子，就給祂起名叫耶穌。」（太一24-25）。

　　根據《聖經》的記載，約瑟和馬利亞都是被擄歸回之人所生的後裔，相信他們必是青梅竹馬，相愛極深的一對。然而約瑟娶了馬利亞卻不能與她同房，這種肉體的熬煉，局外人是不能體會的。除此之外，在環境上約瑟也受了許多苦，正當馬利亞身孕很重的時候，剛好

碰上該撒亞古士都下令叫天下人民都申報戶口，約瑟只好帶著大腹便便的馬利亞，從加利利的拿撒勒到猶太的伯利恆去申報戶口（路二1-5）。他們在路上走了多久我們不得而知，但是帶著一個即將臨盆的妻子，在交通工具不發達的二千年前，他們所受的苦就可想而知了。更為難的是，馬利亞一到伯利恆就要生產，而伯利恆因著從各地趕來申報戶口的人很多，所以客店根本沒有空房，約瑟一定是費了很大的力氣，才把馬利亞安頓在馬棚裡。主耶穌生下來，也只能找塊布隨便包一包，放在馬槽中（路二7）。

想想看，他們當時的處境是何等的為難！還不僅如此，生產沒幾天，主的使者又來向約瑟顯現，對他說：「**起來，帶著孩子和祂母親逃往埃及，留在那裡，**」（太二13）又要走！這實在是雪上加霜，換了任何人都會急躁起來。然而約瑟仍然沒有說任何一句話，馬太福音二章十四節：「**約瑟就起來，趁夜帶著孩子和祂母親往埃及去，**」

他們在埃及住了多久，我們不知道，不過照著《聖經》的推斷，應該是很長的一段時間（太二15）。就在他們日子過的極為平靜的時候，突然！主的使者再一次向約瑟顯現，指示他說：「**起來，帶著孩子和祂母親往以色列地去，**」（太二20上）照著人的觀念，這次無論如何也要問問主的使者，「究竟要怎麼樣嘛！一會兒到埃及，一會兒到以色列地，到底叫我到哪裡去呢？」但是約瑟實在是太可愛了，他竟然還是沒說一句話就默默的順服下來。馬太福音二章二十一節：「**約瑟就起來，帶著孩子和祂母親進入以色列地。**」讓我們驚嘆的是：在他們走在半途，主的使者對約瑟又有更新的指示，要約瑟往加利利的境內去（太二22）。

最後他們在加利利的拿撒勒的小城住下來。主耶穌就在那裡長大，所以我們的主也稱為「**拿撒勒人耶穌**」（太二23）。

約瑟順服主的心和行動，實在太讓人感動了。他從始至終沒有說一句話，卻是一再的「就起來」跟隨主的引導。因著他的配合，使神

的旨意得以順利通行，否則主耶穌恐怕在嬰兒期就被希律殺了（太二
16）。約瑟能如此蒙恩，馬利亞給他的扶持應該是非常大。因為他們
既是青梅竹馬，當然是無話不談，他們必是常在一起述說彼此從神那
裡所得的異象和話語，越說越覺得自己是蒙福的，竟然被神驗中。因
此，他們雖然受了許多苦，卻沒有說半句埋怨的話，而且是一再的放
下自己天然的觀念，跟隨主的帶領往前。

　　從主耶穌成孕與誕生的例證，我們深深的相信：神的旨意若要
在地上成就，必須有人肯出代價放下自己的觀念和看法，順服神的引
導。同時，還要有同心合意好的配搭。就以約瑟來說，帶著一家三口
逃亡，還一再的變更行程，這不是容易的，如果約瑟不順服，神又能
把他怎樣呢？還有馬利亞，沒有結婚就生孩子，這在人天然的觀念裡
也是不合情理的，假如馬利亞不願接受，神又能怎樣呢？當然神是全
能的，可以再尋找別人作管道，但那將會延誤神多少時間呢？從另一
面看，即使馬利亞接受了主的託付，若沒有約瑟的幫助也將是徒然。
以古代的一個弱女子，如何能應付那麼多艱困的環境，所以我們覺得
神的旨意得以通行，約瑟的配搭之功是非常大的。我們也更信在將來
的國度裡，他會得著公義的冠冕。

　　有位姊妹說：「主為甚麼讓馬利亞和約瑟受那麼多的苦？而且
給他們的帶領又時常變更？」其實，神如此帶領他們，是因神的對頭
──魔鬼，牠專門破壞神的計畫和行動，所以神必須運用祂的智慧，
藉著人與祂配合來和魔鬼爭戰。既是爭戰，要取勝就不能墨守成規，
何況魔鬼是詭詐狡猾的角色。除了神之外，無論人有多大的本事，也
不是魔鬼的對手。而神要作的每一件事都必須藉著人，同樣地，魔鬼
破壞神的計畫和行動也是藉著人，因此神的兒女若順服主與主配合，
主的旨意就得以順利通行。相反地，神的兒女若以天然的觀念，講理
由，論是非，怕吃苦，怕出代價，不肯順服主在環境上的引導與安
排，魔鬼就得勝了。

　　所以保羅說：「我知道怎樣處卑賤，也知道怎樣處富餘；或飽足、或飢餓、或富餘、或缺乏，在各事上，並在一切事上，我都學得祕訣。我在那加我能力者的裡面，凡事都能作。」（腓四12-13）所以很多有經歷的聖徒常常說：「凡事謝恩。」這實在是對的。

　　又有位姊妹說：「當時神藉著夢向約瑟顯現引導他，那我們今天呢？」怎麼才知道是神的引導和祂的旨意呢？希伯來書一章一至二節說：「**神既在古時，藉著眾申言者，多分多方向列祖說話，就在這末後的日子，在子裡向我們說話；……**」主升天以後神又藉著使徒說話（弗二20-22）。使徒過去之後，神乃是在靈裡向祂的眾兒女說話（約十六12-13，啟二7，11，17，29，三6，13，22，林前十四1，31）。

　　保羅說：「**又要讓基督的平安在你們心裡作仲裁，……**」（西三15）這已經很清楚了，所以我們只管好好的活在召會裡，跟隨聖靈的水流、和靈裡的引導往前就是正路了。

　　羅馬書十一章卅三至卅六節：「**深哉，神的豐富、智慧和知識！祂的判斷何其難測，祂的道路何其難尋！誰曾知道主的心思，誰曾作過祂的策士？誰曾先給了祂，使祂後來償還？因為萬有都是本於祂、藉著祂、並歸於祂；願榮耀歸與祂，直到永遠。阿們。**」

等候彌賽亞的人──西面

　　西面是一位生命成熟，靈裡豐富的老弟兄，路加福音二章二十五至二十六節說：「在耶路撒冷有一個人名叫西面，這人既公義又虔誠，素來盼望以色列的安慰，又有聖靈在他身上。他受了聖靈的指示，知道自己看見主的基督以前，必不見死。」

　　西面的生活不僅公義而且虔誠，同時他天天盼望彌賽亞的到來。因著他過一種討神喜悅的生活，所以他在靈裡得到指示，知道自己會親眼看見彌賽亞（基督），結果！他真的看見了。

　　《聖經》上說：「他在靈裡進入聖殿；耶穌的父母正抱著孩子進來，要照律法的規矩為祂辦理。西面就把祂接到手臂中，頌讚神說，主人啊，如今照你的話，釋放奴僕安然而去吧；因為我的眼睛已經看見你的救恩，就是你在萬民面前所預備的，是啟示外邦人的光，又是你民以色列的榮耀。」（路二27-32）。

　　真是叫人驚奇，我們相信每天都會有夫婦兩人抱著孩子進入聖殿，按著律法辦理要作的事，這是所有猶太人該遵守的規矩。西面何以會一眼就認出，約瑟夫婦所抱的嬰孩，就是神所立的基督呢？西面靈裡的眼睛實在太明亮了，這種屬靈的透視，就連主耶穌的父母也感到稀奇（路二33）。接著西面給他們祝福，對孩子的母親馬利亞說：「這孩子被立，是要叫以色列中許多人跌倒，許多人興起，又要成為受人反對的標記，叫許多人心裡的意念被揭露出來，你自己的魂也要被刀刺透。」（路二34-35）西面不但認識基督，還能豫言將來馬利亞的心要被刺透，恐怕當時的馬利亞根本不明白是怎麼一回事呢！後來主耶穌上了十字架，馬利亞的心果真被刺透了（約十九25）。

　　西面所以能得著啟示，看見異象，與他既公義又虔誠的生活有

關。他天天盼望以色列安慰者來到，他非常清楚惟有彌賽亞來了，以色列人才有榮耀，外邦人才有光明（路二31-32）。從西面的話裡，我們可以了解，當時以色列人的情形，一定是荒涼又羞愧，而外邦世界更是黑暗無光，所以他天天盼望彌賽亞降臨。

西面等候彌賽亞多久，我們不太清楚。不過照他見到主時說話的心情：「**主人啊，如今照你的話，釋放奴僕安然而去吧；**」來看，我們可以斷定他等候的年日，應該是一段不算短的時間，因為他那時已經很年長了，他說：「**如今可以照你的話，釋放僕人安然去世。**」可見他沒有看見主的救恩之前，即使死了也是不安然的。他必定是負擔沉重，靈裡憂傷，常常禱告，晝夜呼求。他絕不會還有心情和同世代的人一樣，吃喝玩樂。他必定非常警醒，每天注意主的動靜，以便隨時迎接主的回來。

歷世歷代以來，神為了成就祂永遠的旨意，總會驗中一些合乎祂心意的人，作祂生命的管道。而這些人，必須是過著公義敬虔的生活，在靈裡與祂有親密的交通，然後神才會將自己所要作的事指示這個人（創十八17-19）。

例如：耶利米和但以理，他們是合神心意的人，所以神將祂自己極奧秘的計畫和旨意，預先告訴他（耶卅一31-34，來九11-14，十1-18，但二31-45，九22-27）。這些人都是我們的好榜樣，如果我們注意看，今天基督徒的光景和外邦人的情形，恐怕比西面那個世代更糟糕。多少不法的事發生在神的兒女身上，多少假信徒充斥在基督徒中間，他們有敬虔的外貌卻沒有敬虔的實際。他們與世界聯合，專作破壞神見證的事。他們一面作罪孽，一面又守嚴肅會（一面服事神，一面做得罪神的事）。讓神得不著榮耀，讓外邦人見不到光，使許多神的兒女無法走路，都倒斃在曠野中。對這些可憐的光景，我們還能無所謂麼？我們必須即刻起來，效法西面，在禱告上與主配合；並過一種公義聖潔、敬畏神的生活，讓主有路可以回來。

以賽亞書六十二章六至七節說：「耶路撒冷阿，我在你城牆上設立了守望者；他們整日整夜總不靜默。題醒耶和華的，你們不要歇息，也不要讓祂歇息，直等祂建立耶路撒冷，使耶路撒冷在地上成為可讚美的。」

傳講耶穌的女先知──亞拿

　　亞拿是亞設支派法內力的女兒，她是一位女先知，路加福音二章卅六至卅七節說：「**有一位女申言者亞拿，是亞設支派法內力的女兒，已經十分老邁，從作童女出嫁的時候，同丈夫住了七年，就寡居到八十四歲，並不離開聖殿，禁食祈求，晝夜事奉神。**」從以上的話證明，亞拿年輕的時候就失去了丈夫，從那時候起，她的心就完全歸給神。到了八十四歲，仍然持守年輕時的奉獻──不離開聖殿，過著與世俗分別為聖的生活。在這漫長的歲月裡，她所受的苦痛是可以想見的。禁食禱告，晝夜祈求，這都是需要付出很大的代價。但感謝讚美主，她所付出的並沒有徒然，至終結出甜美的果實，那就是帶下基督的誕生。難怪！當她在聖殿裡看見主耶穌時，立刻認出這就是神所設立的基督。她一面稱謝神，一面對一切盼望耶路撒冷得救贖的人講說孩子的事（路二38）。

　　若不是亞拿晝夜事奉神，靈裡的眼睛被神打開，她怎麼知道這個小孩子就是彌賽亞呢？一個小小的嬰孩又有甚麼好講的呢？而且是向耶路撒冷那些一切盼望得救贖的人講說。我們相信亞拿一定是在眾人面前大作見證，滿口讚美，滿口感謝，訴說神如何垂聽她的禱告。訴說她如何在禱告中得到啟示和亮光。當時的亞拿恐怕高興的忘記自己了。

　　亞拿的例證讓我們看見，神在地上的行動需要有人接受負擔，在禱告中給神舖路。路加福音中的西面弟兄和亞拿姊妹，他們在事奉主的路上，給我們留下非常好的榜樣。他們沒有長老或牧師的頭銜，然而他們在主面前的那一分卻是無人可比的。他們的靈通天！他們的禱告有能力！他們對主有特別的經歷和啟示，雖然他們活在新舊約交替的時代，但他們才是真正的祭司，把主耶穌帶到地上使人得到救恩。

　　同樣的原則，主耶穌第二次回來也需要有一班人，像亞拿和西面一樣在禱告的職分上是一個肯出代價的人。我們千萬不要輕看禱告。嚴格的說，魔鬼最懼怕的就是神兒女的禱告，尤其全召會的禱告，更是讓魔鬼顫抖。

　　例如：惡人哈曼要把猶大人趕盡殺絕時（斯三8-15），皇后以斯帖不僅自己和宮女禁食禱告，她也請求所有書珊城的猶大人和她同心合意的一起禱告（斯四15-17）。結果不但轉危為安（斯八3-14），還給猶大人帶下莫大的祝福，直到世世代代（猶太人重要節日——普珥節）（斯九20-32）。願神讓我們都能看見這個光。

　　1896年，國父孫中山先生在倫敦被人誘騙捉拿，囚禁於駐英的清廷使館中，準備將他私押回國，然後斬首。在拘禁期間，國父曾數度向外報信求救，但均被出賣，呈交給清使館的衙役。國父是個基督徒，他深知只有神才能救他。由他被釋放後寫給區鳳墀長老的信可以得到印證。他說：「……弟身在牢中，自分必死，……惟有痛心懺悔，懇切祈禱……」感謝主！神聽了他的禱告，竟然感動了原本出賣他的監視人之一的送飯童子，願意幫忙轉出他的信給康德黎。這封信一經報館公開報導，全國震動，清廷使館只好將國父孫中山釋放出來。（摘自《國父全集》第五集十五頁）。

　　但願藉著這些人的見證，使我們得著亮光，願意成為一個禱告的人。願神的兒女個個都是亞拿和西面，在靈裡與主配合，不僅個人有禱告也與眾聖徒配搭在一起，迫切禱告祈求讓主早日回來，拯救這個邪惡淫亂的時代。

施洗約翰的父親──撒迦利亞

　　猶太王希律的日子，亞比雅班裡有一位祭司，名叫撒迦利亞，他妻子是亞倫的後代，名叫以利沙伯。他們二人在神面前都是義人，遵行主的一切誡命、典章，無可指摘（路一5-6）。事奉神的祭司很多，新約《聖經》在這裡卻只提出一個祭司和他的妻子，而且特別強調他們的生活，在神面前無可指摘。假如我們再仔細的讀讀神的話，就會發現這一對夫婦不僅在生活中有美好見證，最寶貴的是撒迦利亞服事神的態度。

　　路加福音一章八至九節：「**有一天，撒迦利亞按著班次，在神面前供祭司的職分，照祭司職任的規矩中了籤，得進主殿燒香。**」從這兩節中，把撒迦利亞的忠心完全說了出來。他每天按著班次供職，進入聖殿燒香，在《聖經》裡燒香是豫表禱告（啟五8）。禱告的人很多，但能進入主殿的不多，也就是說能進到至聖所摸著神心意的不多（太六6）。

　　由於撒迦利亞與他的妻子在神眼中看為義，所以神揀選他們作管道生下施洗約翰，作為主耶穌的開路先鋒（路一24，57-60）。這給我們看見，若要讓神在我們身上有路，就必須遵守神的誡命。這樣，我們才能蒙神悅納，才能在神眼中看為義。我們真羨慕撒迦利亞的經歷，他在年老時還能生出剛強的果子，接續屬靈的事奉。施洗約翰出生後，撒迦利亞就被聖靈充滿，他讚美神說：「**主以色列的神是當受頌讚的，因祂眷顧祂的百姓，為他們施行救贖，在祂僕人大衛家中，為我們興起了拯救的角，……叫我們既從仇敵手中被救出來，就可以一生一世在祂面前，坦然無懼的用聖和義事奉祂。**」（路一68-75）請看！神的靈在他身上多有出路。接下來，給新生兒子的祝福，更道

盡天下父母的心聲：「孩子啊，你要稱為至高者的申言者，因為你要行在主的面前，預備他的道路，叫他的百姓因罪得赦，就認識救恩。因我們神憐憫的心腸，叫清晨的日光從高天臨到我們，要照亮坐在黑暗中死蔭裡的人，把我們的腳引到平安的路上。」（路一76-79）。

親愛的弟兄姊妹，這就是忠心的老祭司撒迦利亞一生的見證。看了他的經歷，一面我們真羨慕他，一面我們真該警醒。馬太福音二章一至六節有這麼一段記載：「在希律王的日子，耶穌生在猶太的伯利恆。看哪，有星象家從東方來到耶路撒冷，說，那生為猶太人之王的在那裡？因為祂的星出現的時候，我們看見了，就前來拜祂。希律王聽見了，就驚慌不安，……他就召集了所有的祭司長和民間的經學家，向他們查問，基督當生在何處。他們對他說，在猶太的伯利恆，因為藉著申言者所記的是這樣：『猶大地的伯利恆啊！你在猶大的首領中，絕不是最小的，因為有一位掌權者要從你出來，牧養我民以色列。』」

這裡給我們看見一件事，所有的祭司長和文士都活在知識道理中，希律不是召了一個兩個，乃是召齊了所有的祭司長和文士。可惜的是，他們雖然是服事神的，做主工的，為主說話的，但對主的行動和作為卻是一無所知，兩眼摸黑。希律問他們說：「基督當生在何處？」他們連考慮一下也沒有，就立刻異口同聲的說：「猶大地的伯利恆。」豈不知當他們說這些話的時候，基督已經藉著敬畏神的馬利亞降生了！

許多時候，我們在事奉主的路上也許知識道理知道的不少，但是生命的經歷卻是不多，這是一件嚴肅的事。真怕有一天，很多生命成熟的弟兄姊妹們，都已經被提了，而我們還渾然不知呢！所以，我們必須從一切外面的人事物轉到實際的靈裡，追求更多認識基督，更多隱秘的活在主面前。

　　主的話教導我們：「你們要小心，不可將你們的義行在人前，故意叫他們注視；不然，在你們諸天之上的父面前，你們就沒有賞賜了。所以你施捨的時候，不可在你前面吹號，像那假冒為善的人在會堂裡和巷道上所行的，為要得人的榮耀。我實在告訴你們，他們已經充分的得了他們的賞賜。但你施捨的時候，不要讓左手知道右手所作的，好叫你的施捨可在隱密中，你父在隱密中察看，必要報答你。你們禱告的時候，不可像那假冒為善的人，因為他們愛站在會堂裡，並十字街口禱告，為要叫人看見。我實在告訴你們，他們已經充分的得了他們的賞賜。你禱告的時候，要進你的密室，關上門，禱告你在隱密中的父，你父在隱密中察看，必要報答你。」（太六1-6）。

　　保羅弟兄說：「……申言終必歸於無用，方言終必停止，知識也終必歸於無用。因為我們所知道的是局部的，所申言的也是局部的；及至那完全的來到，這局部的就要歸於無用了。」（林前十三8-10）。

　　求主憐憫讓我們脫離「坐下吃喝、起來玩耍」的生活！

主耶穌的開路先鋒
──施洗約翰

　　主耶穌的開路先鋒施洗約翰，他的成孕與出生都是非常榮耀的，因為他來到地上的職分是為主預備道路，並且為主施浸，路加福音三章二節至六節說：「那時，撒迦利亞的兒子約翰在曠野裡，神的話臨到他。他就來到約旦河一帶地方，宣講悔改的洗禮，使罪得赦。」正如先知以賽亞書四十章三節所記的話說：「在曠野有人聲喊著：預備耶和華的道路，在沙漠修直我們神的大道。一切山窪都要填滿，大小山岡都要削平，彎曲的要修為直路，崎嶇的要改為平原。耶和華的榮耀必然顯現，凡屬肉體的人必一同看見，……」

　　照著約翰在神面前所領受的職分來說，他應該得到獎賞才對，但是他的結局卻非常不榮耀竟然被砍了頭（太十四10-11）。當然，為主殉道的人也有被砍頭的，可是他是否列在其中？卻是很有講究。這是為甚麼呢？現在讓我們來看看他的事蹟。

　　首先，施洗約翰明明知道主耶穌是神的兒子，但他卻沒有尊主為大，反而一再徵收門徒與主對抗，約翰一章十九至二十節記著：猶太人從耶路撒冷差祭司和利未人到約翰那裡，問他說，「你是誰？」他就明說，並不隱瞞，明說：「我不是基督。」約翰福音一章廿九節至卅四節說：「次日，約翰看見耶穌向他走來，就說，看哪，神的羔羊，除去世人之罪的！這就是我曾說，有一個人在我以後來，成了在我以前的，因祂原是比我先的。我先前不認識祂……我曾看見那靈，彷彿鴿子從天降下，停留在祂身上。……我看見了，就見證這是神的兒子。」非常清楚，這些話都是施浸約翰親口說的，遺憾的是，他沒有持守自己所看見的（約五33-36）。

約翰福音三章廿二節至廿六節：「**這事以後，耶穌和門徒到了猶太地，同他們在那裡居住並施浸。**」約翰的門徒看見主耶穌在猶太地給人施洗，就跑去告訴施洗約翰說：「**拉比，從前同你在約旦河外，你所見證的那位，看哪，祂正在施浸，眾人都往祂那裡去了。**」若是施洗約翰忠於自己的職分，他應該立刻謙卑下來，伏俯在主的腳前，要求主耶穌給他施洗，稱呼主耶穌為拉比，同時宣告他要跟隨主耶穌，並且解散門徒，今後也不再為人施洗了。如果是那樣，不僅神得著榮耀，施洗約翰的歷史也要重寫，他將是頭一號的大使徒。但他放棄機會，事實上，當他為主耶穌施洗的時候，主已經給他機會，可是他沒有接受。

馬太福音三章十三至十五節說：「**當下，耶穌從加利利出來，到約旦河約翰那裡，要受他的浸。約翰想要攔住祂，說，我當受你的浸，你反到我這裡來麼？耶穌回答說，你暫且容許我吧，因為我們理當這樣盡全般的義。**」

主的意思是告訴約翰：「你暫且為我施洗，然後我再為你施洗。從此以後你要稱我為拉比，還要來跟隨我。」可是施洗約翰不但沒有把握機會，反倒變本加厲與主對抗起來（約三22-23）。

施洗約翰被下在監裡，若是他徹底認罪，相信主耶穌仍會救他出監。主能救彼得出監牢（徒十二7-11）。難道不能救約翰嗎？問題是約翰不但不向主悔改求救，竟然打發兩個門徒去問主耶穌說：「**那要來者是你麼？還是我們該期待別人？**」我們信，當主聽見這樣的問話時一定傷痛萬分，祂傷痛約翰為甚麼這麼愚昧！這麼瞎眼！所以祂回答約翰的兩個門徒說：「**你們去，把所聞所見的報告約翰，就是瞎子看見，瘸子行走，患麻瘋的得潔淨，聾子聽見，死人復活，窮人有福音傳給他們。凡不因我絆跌的，就有福了。**」（太十一2-6）。

主的意思是讓約翰知道：「**我是無所不能的那一位，而你居然對我產生不信的惡心，若是你不被所處的境遇絆倒，那該是何等的有**

福阿！」然而，這又能怪誰呢？我們的主從來不勉強人來愛祂，乃是給人絕對的揀選自由。就在同時，主耶穌對眾人說：「**我實在告訴你們，婦人所生的，沒有一個興起來大過施浸者約翰的；然而在諸天的國裡最小的比他還大。可是，從施浸者約翰的日子直到現在，諸天的國是強力奪取的，強力的人就奪得了。**」（太十一11-12）。

主說了這話，沒有過多久，施洗約翰就被希律砍了頭（太十四10-12）。這實在是何等可悲！最可悲的是，施洗約翰曾經是神所重用的器皿。一度是「婦人所生的，沒有一個興起來大過施浸者約翰的」，而竟然落到「神的國裡最小的比他還大」。若是約翰看見國度的榮耀，恐怕他早就放棄個人的名利，謙謙卑卑的守著自己的那一分，忠心跟隨主了。

施洗約翰的例證，說出一個事實，很多神的兒女，開始相信神的時候，可以到處作見證，證明「耶穌是神的兒子，是人類的救主」。但是當名利、地位、金錢擺在面前時，我們很可能為著本身的利益就忘記信仰與主相爭起來，這實在是非常可惜的事。

歷代以來，魔鬼藉著耀眼的財富、名利、和地位、不知毀掉多少人的一生。即使事奉神的聖徒，也難勝過這些試探。因此我們要特別警醒，同時要照著主的教導常常禱告說：「**主啊！不叫我們陷入試誘，救我們脫離那惡者。**」（太六9-13）求神保守和憐憫，不給仇敵留地步；靠著神的恩典，捨去各人的得失，專一為神而活。主的話這樣警誡我們：「**你們要小心，不要失去我們所已經作成的，乃要得著滿足的賞賜。**」（約貳8）。

主耶穌在服事神的態度上給我們留下非常好的榜樣。

《聖經》上說：「**耶穌既知道眾人要來強逼祂作王，就獨自又退到山上去了。**」（約六15）主耶穌經常一個人到山上去禱告（太十四23），到曠野去禱告（可一35），甚至整夜不睡的禱告（路六12）。禱告甚麼？我們不清楚，但是從祂說的話裡，我們可以知道祂

的負擔。祂說：「**我為你的家，心裡焦急，如同火燒。**」（約二13-17）。又說：「**父啊，願你榮耀你的名。**」（約十二28上）。

主耶穌只在乎神的名和祂的殿，所以我們應該在凡事上也要效法主耶穌，活著只為一個負擔——神的國和神的榮耀。主耶穌說：「**凡不背著自己十字架跟從我的，也不能作我的門徒。**」（路十四27）。

祂說：「**奴僕知道主人的意思，卻不預備，或是不照著他的意思行，那奴僕必多受鞭打。惟有那不知道的，作了當受鞭打的事，必少受鞭打。多給誰，就向誰多取；多托誰，就向誰格外多要。**」（路十二47-48）讓我們都能忘記背後努力面前，預備迎見我們的神。

得人的漁夫——使徒彼得

　　使徒彼得原名西門，也叫磯法（約一42）。他是個打魚的漁夫（路五3）。照人來看，可以說是最平凡的小市民，但他卻是頭一個蒙主呼召的門徒（太四18-20）。

　　彼得是一個感性的人，當他在湖邊聽主講道時必定是很受感動，否則他絕不會那麼聽主的話。因為主讓他把船開到水深之處下網打魚。不過在開船之前，他對主說：「**夫子，我們整夜勞苦，並沒有打著甚麼，但依從你的話，我就下網。**」（路五4-5）彼得的意思是，我是打魚的老行家，整夜都沒有收獲，現在聽你的話下網試試看。彼得把網撒下去，沒有想到竟網住了許多魚，連魚網都快裂開了，只好招呼另一隻船上的伙伴來幫忙。結果，兩隻船都裝滿了，甚至船被壓得幾乎沉下去（路五6-7）。這個奇特的神蹟，讓彼得清醒過來，他知道自己遇見了彌賽亞。因此他立刻俯伏在主的膝前說：「**主啊，離開我，因我是個罪人。**」（路五8）彼得不但肉眼看見神蹟，靈裡的眼睛也同時被主打開，不然他怎麼會承認自己是罪人。

　　主耶穌對他說：「**不要怕，從今以後你要得人了。**」（路五10）彼得立刻撇下網和船跟從了主耶穌，他真是個有福的人（路五11）。

　　從此以後，彼得一直跟在主耶穌身邊。主叫瞎子的眼復明他看見了（約九6-7）；主叫死人復活他也看見了（約十一44）；主用五個餅，兩條魚餵飽五千人還有餘剩（太十四17-21），他也在場。這些神蹟加上他親身的經歷，使他認定主是「基督」，是「活神的兒子」。所以當主問門徒說：「**人說人子是誰？**」有的門徒說主是以利亞，又有的說是耶利米，或是先知裡的一位。惟有彼得，他肯定的說：「**你是基督，是活神的兒子。**」（太十六13-16）。

彼得對主的認識，贏得主的稱讚，說：「西門巴約拿，你是有福的，因為不是血肉之人啟示了你，乃是我在諸天之上的父啟示了你。我還告訴你，你是彼得，我要把我的召會建造在這磐石上，陰間的門不能勝過她。我要把諸天之國的鑰匙給你，凡你在地上捆綁的，必是在諸天之上已經捆綁的；凡你在地上釋放的，必是在諸天之上已經釋放的。」（太十六17-20）。

這番話聽得彼得心花怒放，恐怕在場的門徒沒有不羨慕他的。但就在同時，主突然轉了話題說，必須去耶路撒冷，受長老、祭司長許多的苦，並且被殺，然後第三天復活（太十六21）。彼得正在得意，卻聽見主要去死，那還得了。所以他非常衝動的拉著主說：「主啊，神眷憐你，這事絕不會臨到你。」（太十六22）。

彼得表現出一片好心，誰也沒有料到，主耶穌竟然轉過身來責備他說：「撒但，退我後面去吧！你是絆跌我的，因為你不思念神的事，只思念人的事。」（太十六23）這話必定叫所有的門徒都納悶，彼得不讓主去受死也錯了嗎？在這裡給我們看見，人在肉體與天然的情感裡愛主，將會攔阻神的旨意，真求主賜給我們智慧和啟示的靈，讓我們真認識，真明白祂的心意。

主耶穌為了要造就彼得，煉淨他的天然血氣，給了他許多試煉，好讓他知道，人天然的愛主，和血氣的愛主，都是有限的，都是經不起考驗的。有一天，主對門徒說：「你們都要絆跌，因為經上記著，『我要擊打牧人，羊就分散了。』」（可十四27）彼得簡直不能接受，所以他很不服氣的說：「即使眾人都絆跌，我卻不然。」主耶穌沒有與彼得辯駁，只說：「我實在告訴你，就在今天夜裡，雞叫兩遍以前，你要三次否認我。」（可十四29-30）彼得卻極力的說：「我就是必須和你同死，也絕不會否認你。」（可十四31）其實彼得當時說的話，完全是真實的，沒有半點虛假。因為他實在愛主，否則他那裡會把捉拿主耶穌的人砍了一刀，還削掉了那個人的耳朵呢（約十八

10）。但等到主耶穌被人捉走了，他頓時失去了依靠。有主在身邊，他敢說大話，他敢殺人，如今主不見了，怎麼辦呢？他雖然捨不得主，卻又不敢作甚麼；只好遠遠的跟著主，一直走到大祭司的院子裡（可十四54）。

在大祭司的院子裡，彼得的軟弱完全暴露出來。路加福音廿二章五十五至六十二說：「他們……生了火，一同坐著，彼得也坐在他們中間。有一個使女，看見彼得坐在火光裡，就定睛看他，說，這個人也是同祂一起的。彼得卻不承認，說，女子，我不認得祂。又過了不久，另有一位看見他，說，你也是屬他們的。彼得說，你這個人，我不是。約過了一小時，另有一個人極力的說，他也確是同那人一起的，因為他也是加利利人。彼得說，你這個人，我不知道你說的是甚麼。他正說話的時候，即時雞就叫了。主轉過身來看彼得，彼得便想起主對他所說的話：今日雞叫以前，你要三次否認我。他就到外面去痛哭。」

至此，彼得仆倒了！他不得不承認自己的有限和可憐。尤其是主耶穌那回頭的一眼，真像一把兩刃的利劍刺在他的心上；所以他羞慚的大哭。我們真要禱告說：「主啊！我是何等的不堪，離開你，我甚麼都不能，你一放手，我立刻就要跌倒。主憐憫我！」（約十五5）主的回頭一眼對於神的兒女實在太寶貴了。如果一個基督徒從來沒有經歷過主的回頭一眼，你我內裡的生命是不夠扎實的。

主耶穌被釘了十字架，彼得以為甚麼都完了。沒有想到，天大的喜訊竟然臨到他。馬可福音十六章說：「過了安息日，抹大拉的馬利亞，和雅各的母親馬利亞，並撒羅米，買了香料，要去膏耶穌的身體。……她們看見一個青年人……他對她們說，不要驚恐，你們尋找那釘十字架的拿撒勒人耶穌，祂已經復活了，……你們要去告訴祂的門徒和彼得說，祂在你們以先往加利利去，在那裡你們要看見祂，正如祂從前所告訴你們的。」（可十六1-7）。

相信這些婦女，馬上會去告訴彼得，當彼得知道主仍然那麼想著他時，真不知道他是如何的狂喜。「和彼得」這是多麼甘甜的話，他對主那麼無情，而主對他的愛卻是沒有一點改變。此時的彼得一定是又喜又羞，他確實知道，人憑著自己真是一無所有啊！所以當主耶穌在提比哩亞海邊，向彼得顯現時，他不再憑著自己的血氣說話了。主耶穌曾三次問彼得：「**你愛我麼？**」彼得不再說大話，也不敢理直氣壯。他用非常和平的語氣回答主說：「**主啊，你是無所不知的，你知道我愛你。**」（約廿一17下）多麼柔和謙卑的語氣，聽起來都叫人感動。

五旬節以後，彼得已經完全被靈充滿（徒二4），所以他滿了屬天的權柄，他不畏懼任何權勢，任何逼迫。他向猶太人大聲宣講，見證主耶穌從死裡復活（徒二14-36）。一天之間就有三千人悔改得救（徒二37-42）。

因著信而歸主的人越發增多，以致惹起大祭司的忌恨，將彼得和使徒們下在監裡。但是神的使者卻在夜間裡開了監門，把他們救了出來；並且吩咐他們說：「**你們去站在殿裡，把這生命的話，都講給百姓聽。**」（徒五20）於是彼得和使徒們一出監牢，立刻跑到殿外傳講神的福音。

有一個人將這消息報告守殿官和差役，所以彼得和使徒們又被抓拿到大祭司面前。大祭司說：「**我們曾嚴嚴的吩咐你們，不要靠這名施教。看哪，你們倒把你們的教訓充滿了耶路撒冷，……**」彼得和眾使徒回答說：「**順從神，不順從人，是應當的。你們掛在木頭上殺害的耶穌，我們祖宗的神已經叫祂復活了。這一位，神已將祂高舉在自己的右邊，作元首，作救主，將悔改和赦罪賜給以色列人。我們就是這些事的見證人，神賜給順從之人的聖靈，也是這些事的見證人。**」（徒五28-32）。

請看！這時的彼得，為著主的榮耀，是何等的剛強壯膽！他不再

像小使女面前那個膽怯的彼得了。阿利路亞！

　　主在地上所行的神蹟他也能行了。他能叫瘸子起來行走（徒三6-8）；叫癱子站起來（徒九32-35）；又叫死人復活（徒九40-41）；汙鬼見到彼得就逃跑；甚至他的影子照在誰身上，誰就得醫治（徒五15-16）。他在聖靈引導之下，寫出那麼有亮光的彼得書信。在信中他豫言世界末日的情景。他說：「親愛的，這一件事你們卻不可不理，就是在主一日如千年，千年如一日。主所應許的，祂並不耽延，像有些人以為祂耽延一樣；其實祂乃是寬容你們，不願任何人遭毀壞，乃願人人都趨前悔改。只是主的日子要像賊一樣來到；在那日，諸天必轟然一聲的過去，所有的元素都要被焚燒而銷化，地和其上的工程也都要燒盡了。」（彼後三8-10）。

　　彼得說這些話的時候，是在一千多年以前，那時有沒有炮竹都很難說，人們戰爭所用的兵器也只限於大刀片，連槍砲都沒有，怎麼可能天會有大響聲？怎麼可能地和其上的物會被焚燒銷化？這分明是指著核子武器說的。然而，請看今天的情形，全世界多少國家擁有核子武器，這不是正在一步一步的走向彼得所說的豫言麼？還不僅如此，彼得還看見更高的啟示，他說：「你們蒙了重生，不是由於能壞的種子，乃是由於不能壞的種子，是藉著神活而常存的話。」又說：「你們來到祂這為人所棄絕，卻為神所揀選所寶貴的活石跟前，也就像活石，被建造成為屬靈的殿，成為聖別的祭司體系，藉著耶穌基督獻上神所悅納的屬靈祭物。」（彼前一23，二4-5）彼得告訴我們這些神的兒女，要在靈裡被變化成為活石，建造成為屬靈的殿，獻給神居住。這和保羅看見的一模一樣。何等稀奇呢！

　　尼羅王五十四年，彼得被尼羅王殺害。據說，當人要釘他十字架時，他說：「我不配與主耶穌同樣受死。」最後他被倒釘十字架。他生是主復活的見證人，死是一個榮耀的得勝者，我們真是羨慕他，也要學習他。

啓示末日異象的使徒──約翰

　　約翰是個打魚的漁夫。有一天他正和父親在船上補網時，主耶穌看見了他，並且呼召了他（太四21-22）。奇妙的是約翰一蒙主呼召，立刻捨了船和網，而且還別了父親跟隨了主耶穌。可見他向著主的心是何等的絕對，這就難怪主在十二個門徒中特別愛他。從那一天開始，他屬靈的經歷越過越深，最後達到最高峰。

　　新約《聖經》有好幾卷都是他寫的，包括約翰福音和約翰壹、貳、參卷書以及啟示錄。在這些著作裡，他論到真理、生命和三一神；從已過的永遠說到將來的新天新地，新耶路撒冷和永世。這一切都是他親身經歷過的，因此他能為自己作見證說：「**論到那從起初原有的生命之話，就是我們所聽見過的，我們親眼所看見過的，我們所注視過，我們的手也摸過的；**」（約壹一1）同時他曾在變化山上，親眼看見主改變形象（太十七1-2）。在提比哩亞海邊，不但親眼看見主的顯現，並且還與主一同吃早飯（約二一12-13）。

　　約翰弟兄在他的書信裡勸導我們要彼此相愛，他說：「**親愛的，我們應當彼此相愛，因為愛是出於神的；凡愛弟兄的，都是從神生的，並且認識神。不愛弟兄的，未曾認識神，因為神就是愛。神差祂的獨生子到世上來，使我們藉著祂得生並活著，在此神的愛就向我們顯明瞭。不是我們愛神，乃是神愛我們，差祂的兒子，為我們的罪作了平息的祭物，在此就是愛了。親愛的，神既是這樣愛我們，我們也當彼此相愛。**」（約壹四7-11）並且他還勸戒我們說：「**不要愛世界，和世界上的事。人若愛世界，愛父的心就不在他裡面了；**」（約壹二15-16）。

　　另外，他提醒我們將來會有假先知（假基督徒）出來迷惑人。如

果我們有屬靈的眼睛就不難發現假先知已經活躍在基督教中間了。如1993年，美國德州的大衛Koresh即是一例。他自稱是基督，是救世主，被他迷惑的大部分都是婦女和兒童。據報導：他和許多信徒行淫亂的事。所以警方下令拘捕他，他為了逃避警方的追緝，就帶著一批信徒躲在一個農莊裡，由於他擁有武器，警方也不敢輕舉妄動，他與警方對峙了很多日子，最後在走投無路的情況下只好引火自焚，當然那些跟隨他的信徒也一同被燒死，共計死亡82人。魔鬼害人可見一斑。

主耶穌曾豫先告訴門徒說：「**你們要提防假申言者，他們到你們這裡來，外面披著綿羊的皮，裡面卻是貪食的狼。從他們的果子，你們就可以認出他們來。**」（太七15-16上）。

還有的假基督徒，說自己就是基督，就是彌賽亞。被他迷惑的多半都是青少年。據報導：剛開始他是以非常美妙的人生大道理來說服人，然後加以洗腦。他利用《聖經》作底本，卻完全背道來解釋。他的理論是：夏娃在未結婚前即與蛇通姦，在神面前犯了罪，亞當和夏娃結婚後也染上了蛇邪惡的血，因此人類世世代代，都流著罪惡的血統。若要洗淨身上的罪，必須「分血」；分血就是要與他發生性行為，因為唯有他才有乾淨聖靈者的血。他並教導人不要父母只要他，他告訴人，父母只是生小孩者的肉體而已，真正的父母是他和他的妻子，與他聯合之後就成為「靈子」了。

另有假先知，竟然倡導信徒集體自殺，騙他們說如此就可以上天堂。例如：在1978年11月18日，南美洲圭亞那有一個稱為「人民聖殿教」，在教主命令下，900多名追隨者喝下混和氯化物的葡萄糖集體自殺而亡。這實在是背叛褻瀆神到了極至！看了這樣的報導，我們真該小心謹慎，尤其要特別注意我們的下一代，無論如何也要讓他們在信仰的路上走得正確。因為魔鬼已經瘋狂，牠化裝成光明的天使到處迷惑人（林後十一14）。更重要的是我們自己先要站穩腳步，不要

迷信，不要東跑西跑（帖後二1-10，申十三1-4，來十三9上）。要安安靜靜的活在神面前和召會中（提前三15-16）。如此才能蒙保守。我們還必須有分辨的眼光；一個正確的信仰一定與我們的生活是相輔相成的，否則就要當心。另一點非常重要，那就是有的教派雖然信耶穌，卻不承認主耶穌是道成肉身來的，也不承認神是獨一的神，我們就不能有份在其中（約貳二7-11，約十四6，加一8-10，來十三8-9，可十二28-34）。總之，自稱是基督的就要躲開（太二四5）。

約翰弟兄因著羅馬皇帝豆米仙的迫害，被充軍到拔摩海島，在那裡他曾看見天開了（啟四1上）。並且看見猶大支派中的獅子，大衛的根已經得勝，配展開那書卷，揭開那七印（啟五4-5）。他更看見撒但被摔在地上（啟十二3-4上）。然後被扔在火湖裡（啟廿10）。最終他看見新天新地，新耶路撒冷從天而降（啟廿一1-2）。太榮耀了！阿利路亞！

約翰弟兄的經歷實在令人羨慕，可是他為甚麼會得著這些深奧的異象？這是我們所要知道的。假如我們仔細的讀讀《聖經》就會發現，約翰平時與主就非常親密，約翰福音十三章廿三節記著：「**有一個門徒，是耶穌所愛的，側身挨近耶穌的懷裡。**」詩篇廿五篇十四節說：「**耶和華親密的指教敬畏祂的人；祂必使他們得知祂的約（祕密）。**」另外，約翰也是一個至死忠心的人。拔摩海島，光聽它的名字就知道是多麼荒涼了，就知道他是如何受熬煉了！而他仍能活在靈裡，這就難怪主會把極榮耀的異象顯給他看了（啟一9-11）。

約翰弟兄非常認識神的愛。他說：「**從來沒有人見過神；我們若彼此相愛，神就住在我們裡面，祂的愛也在我們裡面得了成全。神已將祂的靈賜給我們，在此就知道我們住在祂裡面，祂也住在我們裡面。……在此，愛在我們便得了成全，使我們在審判的日子，可以坦然無懼；因為祂如何，我們在這世上也如何。愛裡沒有懼怕，完全的愛把懼怕驅除，因為懼怕含有刑罰，懼怕的人在愛裡未得成全。我**

們愛，因為神先愛我們。人若說，我愛神，卻恨他的弟兄，就是說謊的；不愛他所看見的弟兄，就不能愛沒有看見的神。愛神的，也當愛他的弟兄，這是我們從祂所受的誡命。」（約壹四12-21）。

據傳，他老年的時候行動非常不方便，去聚會必須坐轎才可以。他最喜歡說的話就是：「小子們啊！你們應當彼此相愛。」他活到將近百歲才到主那裡去。

彼得前書四章七至十節：「但萬物的結局已經臨近了，所以要清明適度，並且要謹慎自守，以便禱告。最要緊的，是彼此熱切相愛，因為愛能遮蓋眾多的罪。你們要互相款待，不發怨言；各人要照所得的恩賜，將這恩賜彼此供應，作神諸般恩典的好管家。」讚美主！

附記　新耶路撒冷（屬靈的意義）

一、「新」（一切全都是新的，活在新人裡）

《聖經》上說：「若有人在基督裡，他就是新造；舊事已過，看哪，都變成新的了。」（林後五17）。

二、「耶路」（希伯來文，根基之意，永不動搖！）

《聖經》上說：「因為除了那已經立好的根基，就是耶穌基督以外，沒有人能立別的根基。」（林前三11）。

三、「撒冷」（希伯來文，平安之意，活在主的平安裡）

《聖經》上說：「我留下平安給你們，我將我的平安賜給你們；我所賜給你們的，不像世人所賜的。你們心裡不要受攪擾，也不要膽怯。」（約十四27）。

我們信入主後，得著神永遠的生命，得著神新的素質和細胞，我們也活在神永遠的平安裡！並且與眾聖徒一同建造屬天的新耶路撒冷（弗二19-22，來七1-2，啟二十6，二一1-2）。阿利路亞，榮耀歸給神，直到永永遠遠！阿們。

單純愛主的使徒——雅各

　　雅各與約翰是親兄弟，他們與彼得同時在加利利的海邊蒙主呼召（太四21-22）。蒙召後，主耶穌特別恩待他們三個人。無論走到那裡一定帶著他們。例如：有一個管會堂的，名叫睚魯，他的獨生女病死了，主耶穌為了要救活這個孩子，就親自到他家去，當時與他同去的絕不僅僅只有雅各、約翰和彼得。但要進入這人家裡時，主卻不准別人進去。這件事記在路加福音八章五十一節，那裡說：「**耶穌到了他的家，除了彼得、約翰、雅各和女孩的父母，不許別人同祂進去。**」

　　主耶穌共有十二個門徒，但是當祂在變化山上改變形象時，卻只顯給彼得、雅各和約翰看（太十七1-2）。就連主耶穌被賣的那一天夜裡，祂到客西馬尼園去禱告，身邊也帶著這三個可愛的門徒。馬可福音十四章卅二至卅三節說：「**他們來到一個地方，名叫客西馬尼，耶穌對門徒說，你們坐在這裡，等我禱告。於是帶著彼得、雅各和約翰同去，就驚恐起來，極其難過，……**」在如此危難的處境下，主也願意與他們三個在一塊兒，可見他們三個人在主心中的分量了。

　　四福音中記述雅各的地方不多，他雖沒有轟轟烈烈的作為，但他有一顆堅定愛主的心，當然主是知道的。主耶穌升天之後，彼得和其他的弟兄們，為著主的見證奮勇爭戰，雅各也和他們在一起。到了使徒行傳十二章一節記載，雅各被希律王用刀殺了。希律王絕不會無故的殺雅各，必定是雅各極力的傳揚主耶穌從死裡復活的真理，以致惹起希律的嫉恨，所以殺他。在主的門徒中，他雖然去的早一點，可是我們深信他是得勝者，雅各弟兄安歇了，他安息的等候復活之日。讚美主（賽五七1-2）！

　　今天我們在事奉主的路上，並不在於外面有多少作為，乃在於我

們是否有一顆真誠愛主的忠心（林前八3）。願我們都作一個為主所愛的雅各，獻上身體為奠祭，忠心奔那擺在我們前面的賽程。

啟示錄十四章十三節說：「**我聽見從天上有聲音說，你要寫下，從今以後，在主裡死了的人有福了。那靈說，是的，他們息了自己的勞苦，他們的工作也隨著他們。**」

附記

楚國有個人名叫「卞和」在深山中得到塊未經琢磨的璞玉。他曾先後將此璞玉獻給厲王和武王。兩位國王也都叫來琢玉的匠工看過，但他們都異口同聲的說：「那只是一塊石頭。」兩位國王認為「卞和」說謊欺君，所以把他的雙腳先後砍斷了。「卞和」抱著那塊璞玉坐在山下不停的哭，直哭到眼睛流血。後來，厲王和武王死了，文王接位。當他得悉此事，即派人問「卞和」為甚麼要如此的悲傷不停？「卞和」回答說：「我不是因為雙腳被砍斷而悲傷，乃因明明是寶石，卻被說成石頭，明明是真話，卻被認為謊言。」於是文王下令，叫琢玉的匠人認真琢磨。果然，琢出了一塊曠世奇珍的寶玉。那就是寶中之寶的「和氏璧」。後來，秦國想得到那塊玉，竟然願意以十五座城做為交換的條件。真的是「價值連城」啊！這則故事給人的啟示是：我們必需是一個認真的人，否則是沒有收成的。例如：前兩位專司皇室玉器滿了知識的匠工雖然都看過那塊璞玉，甚至有可能用手摸一摸，但卻不肯出代價花力氣琢磨，結果寶石與他們只是擦身而過。實在太可惜了！

主耶穌是宇宙中的無價之寶，但我們若只專注查考《聖經》、明白裡面的知識道理、和外表規條的實行，以為如此是追求主，卻離棄了用清潔的良心到神的面前及行事為人，那恐怕都是草上的花而已（雅一11-12，伯十四2）。

正如主耶穌親口說的話：「你們查考《聖經》，因你們以為其中有永遠的生命，為我作見證的就是這經。然而你們不肯到我這裡來得生命。」（約五39-40）求主施恩讓我們都願意出代價「……將那些可恥隱密的事棄絕了，不以詭詐行事，也不攙混神的話，只將真理顯揚出來，藉以在神面前將自己薦與各人的良心。」（林後四2）。

貪財賣主的使徒──猶大

猶大是世界上最悽慘的人，正如主耶穌說的：「**那人不生下來倒好。**」（太廿六24）猶大是主耶穌十二門徒之一，他平時跟其他十一個門徒與主耶穌在各城各鄉傳道，治病趕鬼。主耶穌所行的神蹟和異能，相信猶大都看見了，而且主還把錢財託他管理，無論如何也想不到，他竟為了卅塊錢把主賣掉（太廿六14-16）。

《聖經》上說：「**吃晚飯的時候，魔鬼已將出賣耶穌的意思，放在西門的兒子加略人猶大心裡。**」（約十三2）這裡告訴我們，猶大所以會賣主乃是因為魔鬼進入他的心，而魔鬼何以不進入其他門徒的心，卻偏偏選上猶大？這當然與他的生活隨便，不夠警醒，故意給魔鬼開大門有關。他敞開心懷讓魔鬼進來，最後賠上了生命。

猶大在門徒中經管財務，常常偷拿裡面的錢花用（約十二4-6）。猶大偷錢用在甚麼地方，沒有人知道，但有一件事，是可以確定的，猶大的心非常剛硬。比如說，主耶穌和門徒在生活上已經很艱苦了，甚至有時候門徒餓的沒有辦法，連田裡的麥穗都摘來充飢（太十二1），而猶大竟然忍心偷大家的錢用，可見他是如何的無情了。正如保羅說的，「**他們自己的良心猶如給熱鐵烙過；**」（提前四2）這提醒在召會中經管財務的聖徒，絕不要將弟兄姊妹奉獻的錢財濫用在自己吃喝或其他的用途上，否則魔鬼會乘虛而入。

因著猶大對罪沒有感覺，對神沒有敬畏的心，所以撒但在他身上可以為所欲為，而且魔鬼深知猶大貪愛錢財，所以利用他貪財的弱點向他進攻。祭司長告訴猶大，只要把主耶穌交給他們，就可以得到卅塊錢（太廿六14-16）。猶大聽見有銀子可以拿，就甚麼也不顧了。結果，造成終生遺恨。保羅弟兄說：「**但那些想要發財的人，就**

陷在試誘、網羅、和許多無知有害的私慾裡，叫人沉溺在敗壞和滅亡中。」（提前六9）。

很多人以為金錢是萬能的、有了錢就甚麼都有了。其實並不完全如此，因為有些東西是用錢買不到的；有位非常富有又很慈善的大企業家，他在接受北京央視電視台專訪時曾經感嘆的說：「**無論用多少錢，也買不到健康和親情。即使有再多的錢，也不能讓人有一顆喜樂的心。**」我們不得不承認他的話是對的。（摘自2010年10月30日《世界日報》）求主施恩！讓郭先生也能認識這位宇宙的至寶──主耶穌基督！

《聖經》上說：「**求你使我們在早晨飽得你的慈愛，好叫我們一生歡呼喜樂。**」（詩九十14）這給我們看見唯有得著神的生命，我們才得到真正的飽足、才能喜樂。讚美主！

其實猶大偷錢，主耶穌早就知道，猶大賣主，主也完全知道。但是，主耶穌愛猶大，巴不得他能有回頭的亮光，悔改他所行的，即使到了臨別的晚餐上，主耶穌仍然提醒猶大，警戒猶大，給他最後的機會。主耶穌對門徒說：「**我實在告訴你們，你們中間有一個人要出賣我了。**」（太廿六21）門徒們聽了主的話就甚憂愁，一個一個的問主說：「**主，是我嗎？**」耶穌回答說：「**同我蘸手在盤子裡的，就是他要賣我。**」猶大應聲說：「**拉比，是我麼？**」主馬上接著又說：「**人子必要去世，正如經上指著祂所寫的，但出賣人子的有禍了，那人不生下來倒好。**」（太廿六21-25）。

主耶穌的話既嚴肅又帶著審判的意味。主很明白的回答猶大，賣主的人就是他，但賣主的人有禍了。下場可是非常悽慘的阿！假如猶大稍有一點良知和感覺，他應該即刻伏在主面前向主認罪，相信主會赦免他的，只可惜猶大已經被魔鬼迷惑，竟然硬心到底而自取滅亡。

照著神救贖的計劃，主耶穌必須受死，必須上十字架。但不一定要藉著猶大的手，大祭司們可以直接捉拿祂。正如主耶穌說的：「**你**

們帶著刀棒出來捉我，如同捉強盜麼？我天天坐在殿裡施教，你們並沒有捉拿我。」（太廿六55）後來主耶穌被彼拉多定了死罪，這時猶大的良心發現，開始悔改，可是已經來不及了。這能怪誰呢？猶大對自己所作的，應該全部負責，他無奈地跑到祭司長和長老面前把卅塊錢還給他們，對他們說：「我出賣了無辜的血，有罪了！他們說，那與我們何干？你自己看著辦吧。」至此！猶大只好把那卅塊錢丟在殿裡，出去吊死了（太廿七3-5）。

這是跟隨主之人不該有的下場。猶大的靈魂究竟去了那裡？沒有人知道，使徒行傳一章廿五節告訴我們：「這一分猶大已經離棄，往自己的地方去了。」所謂「往自己的地方去」，絕不是一個好地方，相信沒有人會願意和他在一起。

從猶大的例證中，我們看見主的慈愛與公義。人雖然悖逆祂，頂撞祂，甚至出賣祂，但在祂懲罰人之前，總會給人多次悔改的機會。若是人執意不肯回轉，主只得按著祂的公義，追討人的罪，否則祂就不是榮耀、聖潔、公義的神了。

所以保羅說：「我們必須越發注重所聽見的，恐怕我們隨流漂去。那藉著天使所說的話，既是確定的，凡干犯、悖逆的，又都受了該受的報應；我們若忽略了這麼大的救恩，怎能逃罪？」（來二1-3）我們真是要在神的話中受到警惕，謹慎自守奔跑我們前面的賽程。

悔改轉向耶穌的稅吏——撒該

撒該是個稅吏長。在猶太人眼中，沒有人會看得起這種替羅馬政府收稅，而來訛詐自己同胞的人，猶太人稱這種人是「罪人」。很奇怪，主耶穌卻偏偏喜歡撒該，而且還跑到他家去住，這究竟是為甚麼呢？現在讓我們來看看，主耶穌是怎麼與撒該相遇的。路加福音十九章一至九節說：「耶穌進了耶利哥，正經過的時候，看哪，有一個人名叫撒該，是個稅吏長，又很富足。他想要看看耶穌是誰，只因人多，他的身量又矮，所以不能看見。於是先跑到前頭，爬上一棵桑樹，要看耶穌，因為耶穌就要從那裡經過。耶穌到了那地方，往上一看，對他說，撒該，快下來，今天我必須住在你家裡。他就急忙下來，歡歡喜喜的接待耶穌。眾人看見，都紛紛的唧咕議論說，祂竟然進到罪人家裡去住宿。撒該站著，對主說，主啊，看哪，我把家業的一半給窮人，我若訛詐了誰，就還他四倍。耶穌說，今天救恩到了這家，……」

主耶穌喜悅撒該是有原因的：

第一，他渴慕看見主，竟然不管自己的身分，擠出人群，而且不顧危險的爬上桑樹。因為他的身量很矮，爬上樹必須要花些力氣才能辦得到。

第二，當主耶穌看見他叫他下來，說要住在他家，他能立刻謙卑下來對付罪。他把一半家產給窮人，並且訛詐誰，就還他四倍。

《聖經》上沒有記載撒該究竟有多少財產；不過，如果他還出四倍，再把一半分給窮人，那麼他可能就不是財主了。然而他沒有顧慮這些，為要得著主而變賣所有的，在他看也是值得的（太十三44-46）。撒該對付罪的態度，是何等的徹底，值得我們學習。無怪乎主耶穌對他說：「今天救恩到了這家。」（路十九9）。

　　撒該的例證給我們看見：人若要得著主的憐憫，必須要有一顆渴慕看見主的心。撒該先渴慕看見主，然後主才抬頭看見他。當人迫切渴慕求主的時候，沒有一個不被主看見而蒙憐憫的，比如馬太福音九章有一個患了十二年血漏的婦人，她渴慕主到一個程度，心裡想：只要摸著主的衣服繸子就會得到醫治。果然，主耶穌轉過身來看見她說：「**女兒！放心！你的信救了你。**」（太九20-22）又如耶利哥城的那個瞎子巴底買，他因迫切渴慕得著主的醫治，雖然眾人都攔阻他，不准他作聲，但他卻越發大聲的喊叫，目的就是要主看見他。結果，主看見他了，叫他過來說：「**你要我為你作甚麼？**」瞎子說：「**主啊，我要能看見。**」耶穌對他說：「**你可以看見，你的信救了你。**」瞎子立刻看見了，就在路上跟隨耶穌（路十八35-43）。這種例證在四福音中不勝枚舉。總括說來，我們若有一顆渴慕主的心，主就會向我們顯現，因為主耶穌說：「**求，就給你們；尋找，就尋見；叩門，就給你們開門。**」（太七7）。

　　另外，我們得著主之後，立刻就要清理不討主所喜悅的生活。同時要不斷的清理，也就是天天要求主光照，過一種認罪悔改，聖潔公義的生活。如此，主才會安家在我們心裡，時刻與我們同在。主耶穌說：「**我實在告訴你，非到你還清最後一分錢，你絕不能從那裡出來。**」（太五26）。

　　有人說：抽煙、打麻將又不是罪！試問：你能抽著香煙，打著麻將向人傳福音嗎？為著主的見證和自己的健康，也要靠著主的恩典救我們脫離這些嗜好（太五13-16）。

與福音擦身而過的猶太官吏 ——尼哥底母

　　尼哥底母在猶太人中是個有身分，有地位的官（約三1）。當他風聞主耶穌所行的神蹟奇事，心裡十分敬佩。所以他來見主耶穌時，稱呼主為「拉比」，他說：「**我們知道你是從神那裡來作教師的，因為你所行的這些神蹟，若沒有神同在，無人能行。**」（約三2）尼哥底母雖然承認主耶穌是從神那裡來作教師的，但因著他的身分，不願曝光，就選在夜間來見主耶穌。

　　主耶穌開門見山的對他說：「**我實實在在的告訴你，人若不重生，就不能見神的國。**」（約三3）尼哥底母聽了主的話，馬上提出疑問說：「**人已經老了，如何能重生？豈能再進母腹生出來嗎？**」主耶穌並沒有回答他的問題，卻很有耐心的對他說：「**我實實在在的告訴你：人若不是從水和靈生的，就不能進神的國。從肉體生的，就是肉體；從那靈生的，就是靈。我說，你們必須重生，你不要以為稀奇。風隨著意思吹，你聽見風的響聲，卻不曉得從那裡來，往那裡去；凡從那靈生的，就是這樣。**」（約三4-8）。

　　尼哥底母來的時候，就是帶著帕子來的，所以主的話他根本就不明白。於是他又提出問題來問主說：「**怎能有這事呢？**」主耶穌仍然很有耐心的對他說：「**我實實在在的告訴你，我們所說的，是我們知道的，我們所見證的，是我們見過的，你們卻不領受我們的見證。我對你們說地上的事，你們尚且不信，若對你們說天上的事，你們如何能信？除了從天降下仍舊在天的人子，沒有人升過天。摩西在曠野怎樣舉蛇，人子也必照樣被舉起來，叫一切信入祂的都得永遠的生命。**」（約三9-15）可惜的是尼哥底母沒有接受主耶穌親口向他所

傳的福音。主耶穌說：「**連地上的事你們都不懂。何況是天上的事呢！**」所以我們都應該謙卑在神面前（伯三八-三九）。

尼哥底母的帕子是他的身分和地位，最重要的是他的面子。還有法利賽人也是一個攔阻，若是他接受了耶穌，將會受到他們很多人的指責。他怕別人笑話，連白天都不敢去見主耶穌，難怪主對他那麼失望了！

主耶穌被釘死十字架之後，尼哥底母曾帶著沒藥和沉香，約有一百斤去為主安葬（約十九39）。但這沒有任何價值，一切外面的作為都是草木禾稭，不能存到永遠。

尼哥底母如果是個聰明人，他不該顧東顧西，怕這怕那，既然知道主是從神那裡差來的，就該不顧一切的接受主的話，那他將是何等有福。尼哥底母為了保有他的身分和面子，竟然拒絕永生之道，實在太遺憾了。而他保有的身分和面子，究竟能存留多久呢？

《聖經》上說：「**凡屬肉體的人盡都如草，他一切的榮美都像草上的花；草必枯乾，花必凋謝，惟有主的話永遠長存。」所傳給你們的福音就是這話。**」（彼前一24-25）。

所羅門王那麼顯赫一世，超眾無比。當他寫傳道書的時候，卻寫出這樣的話：「**虛空的虛空，虛空的虛空，凡事都是虛空。人一切的勞碌，就是他在日光之下的勞碌，有甚麼益處呢？一代過去，一代又來，地卻永遠存立。……萬事令人厭煩，人不能說盡。眼看，看不飽；耳聽，聽不足。已有的事，後必再有；已行的事，後必再作。日光之下並無新事。……我專心用智慧尋求、查究天下所作的一切；乃知神叫世人所操勞的，是極重的辛勞。我見日光之下所作的一切工，看哪，都是虛空，都是捕風。**」（傳一2-14）人生是如此的虛空無望。但是真正看見的又有幾人呢？等到看見的時候，也許是太晚了（詩卅九5-7）。

主耶穌復活升天之後，福音大大興旺。尼哥底母有沒有得著重生，由於《聖經》上沒有記載，所以我們也不得而知。

　　馬其頓國王，亞歷山大大帝一生的豐功偉業震古鑠今。當他在位的時候，威震八方；在短短歷時十年的東征，吞滅了許多國家，建立起一個橫跨歐、亞、非三洲的亞歷山大帝國；堪稱是歷史上蓋世無雙的大英雄。據傳，他覺得他應該是稱霸世界、無人可比，所以他下達命令讓人民稱他為「萬王之王」。可惜的是，命令發佈不久，他竟突然染病發燒、不治身亡。根據歷史的記載，他死時正要三十三歲。這恐怕是亞歷山大從來沒有想過的事，何等令人唏噓！

　　主耶穌曾說了一個比喻。祂說：「有一個財主的田地出產豐盛；他自己心裡思量說，我的出產沒有地方收藏，怎麼辦？又說，我要這樣辦：要把我的倉房拆了，另蓋更大的，好在那裡收藏我一切的麥子和財物。然後要對我的魂說，魂哪，你有許多財物積存，可供多年享用，你休息吧，吃喝快樂吧。神卻對他說，無知的人哪，今夜必要你的魂；你所預備的，要歸誰？那為自己積財，對神卻不富足的，也是這樣。」（路十二16-21）。

　　亞歷山大帝帶著他短暫的人生和遺憾，離開了這個世界。他沒有登上「萬王之王」的寶座，也沒有得著永遠的生命。這印證《聖經》上所說的話：「虛空的虛空，虛空的虛空……」更印證主耶穌所說的話：「人若賺得全世界，卻賠上自己的魂生命，有甚麼益處？人還能拿甚麼換自己的魂生命？」（太十六26）。

　　歷史上不知有多少君王豪傑，都曾想長生不死，都曾想得到「萬王之王」的尊榮，然而至終卻沒有任何一個人實現他們的夢想。結果總是一堆白骨，長埋地下！如秦朝的皇帝秦始皇在位之時，可說是強盛無比。他為了長生不死、永遠可以當皇帝，曾差派使臣去到各國各方尋找靈藥。可是到頭來乃是空忙一場。

　　《聖經》上說：「……死是眾人的結局……」（傳七2）。

　　惟有主耶穌，才是名符其實的「萬王之王」。才是永遠活著。歷代以來，直到今天，世界各地的人都在稱頌祂是「萬王之王、萬主之

主」（啟十九16）。

《聖經》上說：「……我是首先的，我是末後的，又是那活著的；我曾死過，看哪，現在又活了，直活到永永遠遠，並且拿著死亡和陰間的鑰匙。」（啟一17-18）這樣一位勝了又勝的神，絕對配是萬王之王、萬主之主。阿利路亞！

不朽聖詩〈彌賽亞〉的作者是韓德爾。他原是德國人，後來歸化英國籍。據聞，當他寫〈彌賽亞〉之前，年紀已經接近六十歲了。當時是江郎才盡、負債累累、心力交瘁！有一天晚間，他漫不經心的翻閱桌子上擺放的一本劇作的腳本；那是一位詩人查理詹寧士送來請他譜曲。裡面還附了一封信，在信裡特別寫著「這劇作是神的啟示寫出來的。」這乃是詹氏從《聖經》取材、頌讚救主基督全生涯、傳達救恩喜訊的一部福音作品。韓德爾一頁一頁的翻閱著；隨著那些神啟示的語句，他被基督耶穌的救恩和神的大愛深深的感動……。因此，韓德爾從1741年8月22日拿起筆來開始譜寫〈彌賽亞〉。

傳說，韓氏在譜寫之中不停的禱告，祈求神的同在。於是，如同火山爆發的靈感隨同奇妙的旋律就不知不覺、源源不斷的湧上心頭。並且他常常被感動得淚流滿面，因而浸濕了手稿。尤其當寫到「阿利路亞」大合唱時，他曾雙膝跪倒在地，雙手高舉向著天，喊著說：「我看到天門開了。」就這樣，他日日夜夜不停的投入寫作，非常快速的將一頁一頁的音符譜了出來。連他自己也不敢相信，在短短二十四天，一部曠世傑作並感人至深的不朽名作〈彌賽亞〉就這樣完成了。譜稿出爐時，稿紙上處處可以看見斑斑點點的淚痕。

韓德爾寫〈彌賽亞〉時，確實遇見了神，經歷了神。因此從那以後，他的生命有了奇妙的大改變。他不再急功好利，卻轉向追求人生的意義和真理。

聖詩〈彌賽亞〉的第一次公演是於1742年4月13日在愛爾蘭首府都柏林。當時聽眾沸騰，幾乎造成騷動。接著在倫敦演唱時，英皇喬

治二世也蒞臨現場聆聽。當唱到了「阿利路亞」時，他被感動情不自禁的站立起來，肅然起敬。直到如今每次〈彌賽亞〉演出，當唱到「阿利路亞」時，所有聽眾一律都要站起來，一同稱頌主耶穌基督這位萬王之王、萬主之主。福音的種子也同時撒播在各種數不盡的、唱過、聽過〈彌賽亞〉的人心田之中。

啟示錄廿一章六至七節說：「都成了。我是阿拉法，我是俄梅嘎；我是初，我是終。我要將生命泉的水白白賜給那口渴的人喝。得勝的，必承受這些為業，我要作他的神，他要作我的兒子。」這是多麼有盼望的應許。但願人人都認識祂、得著祂。

約翰福音第六章廿七節說：「不要為那必壞的食物勞力，要為那存到永遠生命的食物勞力，就是人子要賜給你們的，因為祂是父神所印證的。」

下面的詩歌，就是人生的寫照。

　　你的人生常感有所缺少；

　　有一需要，你尚莫名其妙；

　　你這需要，惟從耶穌得到：

　　祂能滿足你心，除去你虛空無聊。

　　人在世上，盡是勞苦煩惱；

　　遭遇困苦，又是無求無告；

　　世事虛謊，還有甚麼可靠？

　　這些都是說出：耶穌是人的需要！

　　需要耶穌！需要耶穌！人人都需要耶穌！

　　要免虛空需要主，要得滿足需要主！

　　要脫罪擔需要主，要得平安需要主，

　　要免沉淪得永生，你需要耶穌！」

　　主耶穌阿，我需要你。

活在罪中的傳統宗教徒
——撒瑪利亞婦人

　　撒瑪利亞婦人是一個典型的傳統宗教徒。她雖然也去禮拜堂作禮拜，但她在靈裡從來沒有遇見過主，所以她不僅外面乾渴，內心也飢餓（約四18），而且仍然過著犯罪的生活。

　　有一天她跑到井旁打水，遇見了主耶穌。當時她正在打水，想不到主耶穌突然對她說：「**請給我水喝。**」（約四7）這句話讓撒瑪利亞婦人非常驚奇，她說：「**你既是猶太人，怎麼向我一個撒瑪利亞婦人要水喝呢？**」因為她知道猶太人和撒瑪利亞人沒有來往。主耶穌沒有回答她的問題，卻直接了當的對她說：「**你若知道神的恩賜，和對你說請給我水喝的是誰，你必早求祂，祂也必早給了你活水。**」（約四9-10）接著主又對她說：「**凡喝這水的，還要再渴；人若喝我所賜的水，就永遠不渴；我所賜的水，要在他裡面成為泉源，直湧入永遠的生命。**」（約四13-14）主的話把撒瑪利亞婦人的心打動了。她立刻求主說：「**先生，請把這水賜給我，叫我不渴，也不用來這裡打水。**」（約四15）。

　　主耶穌不說給她，也不說不給她，卻提出了一個條件，對她說：「**你去叫你的丈夫，然後到這裡來。**」（約四16）主的意思是說，你如果想喝到活水，就必須先把丈夫交出來（先對付你的罪）。撒瑪利亞婦人，很想掩飾自己的罪，就回答說：「**我沒有丈夫。**」（約四17）這時，主耶穌很不客氣的將她的罪指出來，對她說：「**你說沒有丈夫，是不錯的；因為你有過五個丈夫，現在有的，並不是你的丈夫，你所說的是真的。**」（約四17下-18）。

　　主耶穌的話，再一次讓撒瑪利亞婦人震驚，她為了不讓這種尷

尷尬場面繼續下去，就把話題岔開說：「先生，我看出你是申言者。我們的祖宗在這山上敬拜，你們倒說，敬拜的地方必須在耶路撒冷。」（約四19-20）她的存心主當然知道，於是回答她說：「你當信我。時候將到，那時你們敬拜父，不在這山上，也不在耶路撒冷。你們敬拜你們所不知道的，我們敬拜我們所知道的，……時候將到，如今就是了，那真正拜父的，要在靈和真實裡敬拜祂，……」（約四21-24）撒瑪利亞婦人說：「我知道彌賽亞（就是那稱為基督的）要來；祂來了，必將一切的事都告訴我們。」（約四25）。

主說：「這和你說話的就是祂。」（約四26）這一奇特的經歷讓撒瑪利亞婦人得到亮光，她把手中的水罐子一丟，馬上跑到城裡對眾人說：「你們來看，有一個人將我素來所行的一切事，都給我說出來了，這豈不就是基督麼？」（約四28-29）這給我們看見惟有遇見主才能脫離罪惡的捆綁！撒瑪利亞婦人的例證告訴我們：作禮拜不能解除人心靈的乾渴，活在罪中得不著基督，因為神不聽罪人（約九31）。敬拜神不重形式和環境，乃重在以靈以真，重在人是否真心悔改，誠心相信得著神的生命。主耶穌說：「我來了，是要叫羊（或作人）得生命，並且得的更豐盛。」（約十10）保羅弟兄說：「因為外表上作猶太人的，並不是猶太人；外表上肉體的割禮，也不是割禮。惟有在內裡作的，才是猶太人；割禮也是心裡的，在於靈，不在於字句。」（羅二28-29）。

在西方國家，每到聖誕節，幾乎到處都舉行狂歡舞會，家家戶戶也都快樂的吃火雞大餐。很多基督徒組成報佳音隊，挨家挨戶的去唱平安夜。時至今日，這種風氣已經吹遍全世界，不論信教與否，到那一天必要狂歡一場。狂歡的結果，往往都是酗酒鬧事、酒後駕車。因此，每年聖誕節過後總會有傷亡事件的報導，這實在不是主的心意。而且《聖經》中並沒有記載12月25日是主耶穌的生日。

《聖經》上說：「在同一地區，有牧人露宿在野地裡，夜間守更

看顧羊群。有主的使者站在他們旁邊，主的榮耀四面照著他們，牧人就大大懼怕。那天使對他們說，不要懼怕，看哪，我報給你們大喜的好信息，是關乎萬民的。因今天在大衛的城裡，為你們生了救主，就是主基督。」（路二8-11）馬太福音一章廿一節說：「她將要生一個兒子，你要給祂起名叫耶穌，因祂要親自將祂的百姓從他們的罪裡救出來。」因著主的降生，給人類帶下驚天動地的大喜信息。我們因信祂得蒙赦罪，脫離地獄火湖的刑罰，所以我們應當在心裡，天天享受聖誕節的快樂。報佳音也應該是隨時的，不僅限於12月24日夜間，我們應該逢人便向他們傳福音，告訴他們說：「當信靠主耶穌，你和你一家都必得救。」（徒十六31）。

路加福音二章十二至十四節說：「你們要看見一個嬰孩，包著布，臥在馬槽裡，那就是給你們的記號了。忽然有一大隊天兵，同那天使讚美神說，在至高之處榮耀歸與神，在地上平安臨及祂所喜悅的人。」讓我們也一同歡唱：

聽啊！天使高聲唱：榮耀歸與新生王；
恩典臨地平安到，神人此後能和好！
興起！地上眾生靈，嚮應天上讚美聲，
天唱地和樂歡騰，基督降生伯利恆。
聽啊！天使高聲唱：榮耀歸與新生王。
基督本有神形象，基督原是永遠王，
竟在末世從天降，藉童女生成人樣；
神性穿上血肉體，道成肉身何奧秘，
甘願作人同人住，以馬內利是耶穌。

宗教和外面的形式，並不能讓人得著真實的安息，也不能救人脫離罪惡的轄制。以美國為例：

　　公元1620年，五月花號（The May flower）帶著英國清教徒登陸美國。當年的冬天特別寒冷；大部分的移民都在飢寒交迫中死去，最後剩下的實在不多。後來印第安人對他們伸出援手，並教他們種地；沒想到竟然獲得大大的豐收。他們為了感謝神的賜予和印第安人的恩情，決定選一個日子在天剛亮時，鳴放禮炮、並列隊走進教堂，向神謝恩。到了傍晚，點起營火舉行盛宴來招待印第安人，以表達對他們感恩之心。這就是美國感恩節的由來。

　　由於美國的先民都是一班重生得救的真基督徒，而且都愛神，敬畏神，所以他們是以神的愛作為立國的根基，以《聖經》上的話作為憲法的依據。歷任總統皆是手扶《聖經》，向神宣誓而後就職。就連他們的鈔票上也標示著：「**In God We Trust**」；意思是：「我們信靠真神」。美國人的民情非常純樸，他們很有愛心也很守法。他們講求民主自由、尊重人權。無論任何人，只要是合法移入他們的國土，都會給予應有的照顧。尤其是對那些貧困無依、殘障人士及孤兒寡婦更是加倍的保護！連貓和狗他們也愛護備至。這些無私愛的美德都是遵循他們祖宗所傳承下來的，也是照著《聖經》上的吩咐（申二6-7，二四14-22）。

　　美國土地肥沃，人民豐衣足食，安和樂利。很多國家鬧飢荒，他們的糧食卻過剩。只要別的國家發生任何災難，第一個去救援的就是他們。他們的科技先進，軍事更是強大。建築的宏偉和工業的發達，幾乎沒有其他國家趕得上。若曾開車橫跨美國各州，就能欣賞到一望無際的大草原裡，有一群又一群悠然自得低頭吃草的牛羊；青山綠水中，有踢著輕快步伐的馬兒；碧藍的天空上，有不斷展翅飛翔的老鷹；加上各式各樣龐大的果樹園和葡萄園，種類繁多的蔬菜圃，畫面真是美不勝收！車子開個二十分或三十分種，就會遇見農莊。有的農莊住戶多一些，有的少一些。但無論多或少，總會有一所教堂。因為矗立在屋頂上的十字架，讓人很容易就認出來那是一所教堂。有人

說：「美國最多的就是教堂！」這話可能是真的。

有位聖徒告訴筆者：她在美國已經住了三十多年。過去，每到星期天，幾乎是十室九空，門也不鎖。全家老小，各個都裝飾得整整齊齊、漂漂亮亮的湧向教堂去作禮拜。對美國人那時崇敬神的熱誠，實在讓她很感動。除此，在美國有各式各樣的旅館，令人稀奇的是，無論是鄉村的小旅社或是城市中的大飯店，每個房間都會放著一本《聖經》；沒有一處例外。這印證美國確實是基督教國家！也確是高舉主的名！

因此，兩百多年來，神大大的祝福了這個國家，使他們成為超級強國，站在全世界領導的地位上（申二八1-14）。因為《聖經》上說：「**以耶和華為神的，那國是有福的；祂所揀選為自己產業的，那民是有福的。**」（詩卅三12）這句話在美國這個國家，完全得到證實和應驗（申十一13-16）。

現在我們終於明白，為甚麼會有那麼多人從各國各方，不顧生命的危險，不惜冒著忍受牢獄之災的痛苦，暫時拋棄親人，千方百計、利用各種不同的方式，也要偷渡到美國來；因為這裡實在是神所祝福的美地啊（申八6-10）！

可惜的是，這些年來，美國人在信仰上有的都已經落入傳統的宗教裡，雖然他們很注重作禮拜，也守安息日的規矩，卻不敬畏神。很可能早晨作禮拜，下午就作得罪神的事，連牧師和神父也一樣。有的神父竟然性侵兒童，這真是太得罪神了！在他們覺得性行為和同性戀根本不算甚麼，即使是總統、州長、市長、或參議員……也持有這種觀念。然而這卻是神所不允許的事（羅一26-27，利十八22，二十13，帖前四3-8）。

根據報導，有些美國人對家庭的價值觀也不如從前那麼健康了！很多家庭成員的組合非常複雜。男女雙方可能離過好幾次婚，又同時有了孩子，所以孩子們就各有不同的父母。試問，在這種環境中成長

的孩子那會有健康的心理呢？再加上性開放，後果就可想而知了。有的小女孩將生下來的嬰兒往垃圾桶一丟就算了！這真是何等得罪神！

2007年12月5日在美國，內布拉斯加州奧瑪哈市（Omaha）西路購物中心發生槍擊慘案。包括顧客在內共計八個人死亡，凶嫌也自殺身亡。殺人者是一個才二十歲的男孩子。很多人都彼此在問，這個孩子為甚麼要濫射殺人？後來才知道他成長過程非常的坎坷而複雜，父母在他三歲時就離了婚。從那時開始，他就生活在居無定所的漂泊中。住過各種不同的寄養家庭，也分別住在各式的戒護所，包括治療中心和集體收容所。甚至接受州政府心理評估……。據他的朋友說：「他很善良，他不會和人吵架，他是那種安靜型的人。他很想改變現狀，但是沒有人能夠幫助他，也沒有人聆聽他的心聲。他說過，很想自殺。」當筆者讀到這篇報導和這個孩子成長過程的可憐，曾數度流淚痛哭，尤其是讀到他留下的遺書，更是傷痛萬分。他在遺書中說：「……我不會指責你們放棄我……我已經崩潰了！撐不下去了！在我的一生中，我一直是一個垃圾，……我知道每個人都將會把我看成惡魔。但請諒解，我只是不想再成為我一生所關愛的人的負擔。」最後他說：「只想著我就要出名了！」他絕望的心態，真的沒有人了解。造成這種悲慘的不幸，其責任應該由誰來承擔呢？而那些被射殺的人和遇難的家屬，其不白之冤有誰為他們去伸訴呢？而社會大眾以及政府所付出的成本代價又要到哪裡去追討呢？實在求神憐憫！

諸如此類之事，現在在美國真是罄竹難書！還有更甚者，竟有少數的人找盡理由，想把基督從這個國家除掉。就連法院門前的招牌「十誡」也要去除！這真是何等讓神傷痛。他們已經慢慢的走向違背當初以基督立國的精神和法則了。因此，這些年來，神容許許多苦難臨到這個國家，包括經濟極端不景氣與天災人禍，如水災、風災、雪災、火災、震災以及恐襲，還有愛滋病的蔓延，最嚴重的是槍擊暴力和吸毒等問題。據報導，每年三萬兩千美國人死於槍口下。每天許多

的兒童和學生，因恐懼校園暴力而不敢上學，因此很多父母將孩子留在家裡自己給他們上課。這是何等令人憂心！當九一一事件發生後，有一位基督教的領袖在接受電視訪問時，曾說：「這就是離棄上帝的後果之一。」（申二八1-14，15-19，43-47）。

根據聯邦調查局的報告，去年美國發生逾一百四十萬宗的謀殺、強暴、搶劫和攻擊，暴力犯罪增加百分之一點九，其中謀殺增加百分之一點八，達到近一萬五千宗案件。這些暴力犯罪的受害人數相當於歐盟會員國愛沙尼亞（Estonia）非洲國家加彭（Gabon）的所有人口。（摘自《世界日報》2007年12月5日）請看！這是何等可怕的光景。

另據報導，目前有些美國召會，在主日崇拜的聚會裡，人數遠不如從前。主要的原因，乃是因為召會的光景太死沉、太荒涼、沒有生命、也沒有聖靈！以致讓許多人覺得去召會並沒有得著飽足，還不如利用週末和主日做一些自己喜歡做的事，如整理家務、外出旅遊、看看電視、休息休息、或吃吃餐館……等。總比坐在那冷寂的會場，聽那些死道理好多了！由於有的牧者雖然是奉著主名，傳講主話、作主聖工，但是卻過著不潔淨的生活！試想！怎麼可能有神的生命和聖靈傳輸出來呢！怎麼會有神的同在和祝福呢（林後三6）？

反觀其他各種宗教在美國卻是快速的成長，且上升的數字非常驚人。這已經說明有些美國人已經漸漸偏離了他們老祖先所信仰的獨一真神了！當然！大多數的美國人還是非常要主而且敬畏主。例如：某美國電視臺，曾訪問一位美國老姊妹。她已經九十二歲，還能自己駕車上街購物！有一次不幸遇到歹徒。那歹徒用手槍對準她說：「快把錢拿給我，不然就殺了你！」老姊妹很平靜的回答說：「你殺了我，我會去天堂，而你將來卻會下地獄。你這種犯罪行為，應該悔改，求主耶穌救你！」沒想到只用了幾句常見又簡短的話竟然讓那位歹徒的良心被扎透了，於是痛哭流涕的認罪悔改，接受了主耶穌作他的救

主！後來老姊妹還是給了他十塊錢，這說出神的話是很有權柄的（徒二37-38，路一39-41）。

《聖經》上說：「因為神的話是活的，是有功效的，比一切兩刃的劍更鋒利，能以刺入、甚至剖開魂與靈，骨節與骨髓，連心中的思念和主意都能辨明。」（來四12）雖然神的話如此有能力，但若不是一個潔淨的器皿，神的靈是無法通過的！可見老姊妹平時的生活是何等蒙神喜悅了。願神多方感動像老姊妹這樣的聖徒，該接受負擔為著自己的國家、執政掌權者、及所有的神職人員獻上迫切的禱告，使他們都懷著謙卑和感恩的心、過敬畏神的生活。更要讓他們體會，他們能擁有這些祝福，其源頭乃是神，不是他們自己有甚麼本事，所以一定要好好的珍惜（申六16，申十二28，代下七14-16，啟三3-6，拉九5-8，尼一4-10）。也求神記念他們的老祖先是如何的敬虔愛神，再將恩典賜給他們；讓所有執政者和召會領袖們都能有警醒的心，嚴肅的正視這些問題，不可以再無所謂。更求神賜給他們智慧，好知道如何帶領所有的人民，尤其是青少年；幫助他們恢復對主的愛心和信心、恢復健康的家庭生活、恢復讀經禱告的習慣、恢復認識《聖經》中的真理、恢復敬畏神的生活、脫離死沉的傳統宗教儀文……。讓這些消極局面完全扭轉過來，使這個國家永遠蒙神祝福（瑪二2-4，何六1-3，但九3-19）。

猶太人都嚴守安息日，在這日甚麼工都不可作，若有違反必被處死（民十五32-35）。

《聖經》上說：「神賜福給第七日，將其分別為聖，因為在這日神歇了祂一切創造和造作的工，就安息了。」（創二3）。

今天全世界每個機關團體都規定禮拜天休息，但很少人知道這是誰的命令？而且禮拜天為甚麼要休息？現在我們從《聖經》中找到了答案（出二十8-11）。

《聖經》上說：「又將我的安息日賜給他們，好在我與他們中

間作記號，叫他們知道我是那使他們分別為聖的耶和華。」（結二十12）禮拜天也是主耶穌復活的日子，所以神的兒女都到召會去作禮拜，感謝神的救恩（太二八1-7）。

神不僅將安息日賜給人，也將一切萬物都白白的賜給人。不是麼？空氣、陽光、雨水、以及田裡的菜、樹上的果和海裡的魚，那一樣不是白白的賜給人呢？（創九1-3，太五45，徒十四17，徒十七25，詩一○四10-35）。即使你花錢也只不過是付給賣方工資而已，因為他替你出了勞力，東西的本身是不要錢的，是不是呢？但願我們都能體會神的愛心，把感謝獻給祂（詩八）。

到了新約，主耶穌來了。祂廢掉所有的規條和律法以及儀文等……因為祂才是人真實的安息，也惟有祂才能拯救人脫離罪惡（太十二8）。約翰壹書三章八下至九節記著：「**神的兒子顯現出來，是要消除魔鬼的作為。凡從神生的，就不犯罪，因為神的種子住在他裡面；他也不能犯罪，因為他是從神生的。**」巴不得所有的宗教徒都能像撒瑪利亞婦人，在井旁遇見主耶穌。

附記

1862年至1863年是美國歷史上最黑暗的一年。當時為解放黑奴以致引起南北相戰。當時北政府外有強敵，內有內奸，以致屢戰屢敗。正在這嚴重關頭，總統林肯發一道命令，勸全國的人民禁食禱告神，那是1863年3月30日的事。5月9日在章司拉里的地方，北軍打敗了一仗，看起來神是沒有聽到禱告似的，當時南方軍隊更加驕傲，決定北伐。北軍失敗的消息傳給林肯總統時，他獨自一人在房子裡禱告神，並許願說，神若賜他大勝，他必終身向神盡忠。他又對施克勤將軍說：「這次戰爭是為神，為正義而戰，所以這一次神必扶助我們的將士，絕對能戰勝他們的。」次日在加資伯一戰，果然得了大勝，那

一勝利就決定了大局,以後北軍屢戰屢勝。這就是神聽了一國元首和全國人民禱告的見證(摘自《造就故事》)。

巴不得今日的美國總統也能效法林肯總統,讓美國永遠蒙神祝福!

安靜主腳前的姊妹
──伯大尼的馬利亞

伯大尼的馬利亞和姐姐馬大，兄弟拉撒路，三個人住在伯大尼的村莊裡，他們都非常愛主，常常接待耶穌（路十38）。尤其是馬利亞更是飢渴愛慕主的話。

有一次，主耶穌到她家裡，馬大忙裡忙外的跑個不停，而馬利亞卻安靜的坐在主的腳前聽主的話。因此，主誇獎她說：「**不可少的只有一件，馬利亞已經選擇那美好的分，是不能從她奪去的。**」（路十39-42）。後來，她兄弟拉撒路死了，主耶穌就來到他們村莊。馬大聽見夫子來了，立刻從房子裡跑到外面去迎接，可是馬利亞卻安靜的坐在家裡，直等到馬大叫她說：「**夫子來了，叫你。**」（約十一28）馬利亞才離開房子去見主，她真是一個安息的人。

拉撒路從死裡復活之後，馬利亞對主有了更深的看見，她深信主耶穌就是神的兒子，所以定意為主獻上一切。據傳：古時猶太人有個習俗，就是未婚女子都存有一瓶香膏，那是預備結婚之日用的，馬利亞和姊姊當然也不例外。

逾越節前幾天，主耶穌在西門家裡坐席，馬利亞拿著她的玉瓶跑到西門家中，把玉瓶打破，將香膏完全澆在主的頭上。當時連門徒都說她太浪費（太廿六6-9）。但馬利亞知道這樣做最值得，因為她裡面的眼睛已經被打開了，看見了將來的榮耀，這香膏又算甚麼呢！馬利亞的靈很柔細，她大概有預感，若不趕快抓住機會為主擺上，恐怕就沒有時間了，所以她等不及將來主到她家時再做這事，竟先跑到西門家裡去膏主。事實證明，馬利亞若稍微猶豫一下，她就失去機會了，因為主耶穌很快的被釘了十字架。在此給我們看見，馬利亞實在

是個聰明的童女，無怪乎主稱讚她說：「我實在告訴你們，普天之下，無論在甚麼地方傳揚這福音，也要述說這女人所行的，作為對她的記念。」（太廿六13）。

馬利亞的例證，應該讓我們得到啟示：在這末了的世代，我們必須抓住每一個機會愛主，而且要有清明的心思，敏捷的靈，能分辨是非，知道主的行動。

記得主耶穌在地上時，門徒曾暗暗的問祂說：「請告訴我們……你的來臨和這世代的終結，有甚麼兆頭？耶穌回答他們說，你們要謹慎，免得有人迷惑你們；因為將來要有許多人冒我的名來，說，我是基督，並且要迷惑許多人。你們要聽見打仗和打仗的風聲；要當心，不要驚慌；因為這是必須發生的，只是末期還沒有到。民要起來攻打民，國要起來攻打國，到處必有饑荒、地震。這些都是產難的開始。」（太廿四3-8）請看！今天的光景是不是這樣？

主耶穌接著又說：「那時，若有人對你們說，看哪，基督在這裡！或說，基督在那裡！你們不要信。因為假基督和假申言者將要起來，顯大神蹟和大奇事；若是可能，連選民也要迷惑了。看哪，我預先告訴你們了。……」（太廿四23-25，10-11，十35-36）。

請看，今天基督教的混亂光景，各宗派，各團體，分門別類，真是數不勝數，這不是與主耶穌說的完全吻合麼？對於這一點，我們必須特別小心。「基督在這裡，基督在那裡」基督究竟在那裡？主耶穌親口告訴我們：「神的國來到，不是觀察得到的；人也不得說，看哪，在這裡，或說，在那裡；因為看哪，神的國就在你們中間。」（路十七20-21）主的意思是說不管我們在哪裡，都必須享受基督作我們實際的生命；也就是說我們必須好好的在凡事上敬畏主、追求主，好讓我們能明白真理，免得被迷惑（詩一一九105，130）。

我們再看看民攻打民，國攻打國的情形，地震饑荒瘟疫的嚴重，這不也是和主說的完全吻合麼？（路二一10-11）。

另外，主也告訴門徒說：「**你們可以從無花果樹學個比方：當樹枝發嫩長葉的時候，你們就知道夏天近了；照樣，你們幾時看見這一切的事，也該知道那夏天近了，正在門口了。**」（太二四32-33）。

無花果是以色列的國花，所以它是預表以色列國。我們都知道這個國家已經亡了二千多年，猶太人分散在全世界各地，有的已經歸化了其他國家的國籍。如果以人來看，他們根本不可能復國，但是非常令人震驚，他們竟在1948年復國了，這個預兆說出無花果樹已經開始發嫩芽。接著，1967年以色列人又以六天閃電式的戰爭收復了耶路撒冷，這證明無花果樹不僅發嫩，也長了葉子（路二一24）。

根據《聖經》記載，在主回來以前，將出現敵基督，牠要高抬自己，甚至坐在神的殿裡，自稱是神（太二四15，帖後二3-4）。因此，聖殿必須重建①。前二個預兆都已經應驗，只等最後這個重建聖殿！這是魔鬼最忌恨的事（拉四4）。請看！今天的中東，是否是已經變成血腥之地了呢？

自從東歐和蘇聯開放以來，以及歐洲共同市場的走勢，無論是政治、經濟都朝向一個目標，就是要促使羅馬帝國復興起來，給即將出現的敵基督舖路。因蘇聯七十年的封閉，福音根本打不進去，如今大門打開了，神的福音就像洪水一般湧進蘇聯，成千上萬的人得救，場面實在感人，應驗了主說的話：「**這國度的福音要傳遍天下，對萬民作見證，然後末期才來到。**」（太二四14）。

還有一個現象，保羅說：「**但你要知道，末後的日子必有艱難的時期來到；因為那時人要成為愛自己者、愛錢財者、自誇者、狂傲的、謗讟者、違背父母的、忘恩負義的、不聖的、無親情的、不解怨的、好說讒言者、不能自約的、性情凶暴的、不愛良善者、賣主賣友者、鹵莽行事的、為高傲所蒙蔽的，寧願作愛宴樂者，不願作愛神**

---

① 主後七十年，羅馬太子提多，帶著軍隊拆毀了原來的聖殿（可十三）。

者；有敬虔的外形，卻否認了敬虔的能力；這等人你要躲開。」（提後三1-5，太十21，35-36）請看今天的情形是不是這樣？我們都要警醒預備。

神的使者，曾暗暗的對但以理豫言末世的現象。他說：「**但以理阿，你要隱藏這話，封閉這書，直到末時；必有多人來往奔跑（或譯：切心研究），知識就必增多。**」（但十二4）。

近些年來，經由許多專家，不斷的切心研究，使得科技日新月異，突飛猛進，發展到令人咋舌的地步。非常有可能在不久的將來，我們會看見很多「複製人」在街道上來往奔走。

還有一個現象，那就是電腦網路的進步，真可說是一日千里。傳遞信息之快，令人難以置信。加上形形色色的交通工具在陸地、海洋、航空、往來各國的穿梭無息，急速奔馳，似乎讓整個地球都已經變小了！而人們為著不同生活的需求，來往奔跑，幾無寧日。我們如果仔細對照這些豫言，不是完全吻合嗎？

神的使者並指示但以理如何警醒預備。他說：「**但以理阿，你只管去，因為這些話已經隱藏封閉，直到末時。許多人必得潔淨，成為潔白，且被煉淨，但惡人仍必行惡；一切惡人都不明白，唯獨通達人能明白。**」（但十二9-10）求主賜給我們智慧啟示和亮光，能以明白神話中的奧秘。

《聖經》中還有一段話值得我們注意：「**日月星辰將有異兆，地上的邦國也有困苦，因海和波濤的響聲，就驚惶失措。人由於懼怕，並等待那將要臨到天下的事，都嚇昏了，因為天勢都要震動。**」（路二一25-26）如果我們細心觀察，就不得不承認今天世界的情形與《聖經》所描述的情形是相吻合的。

請看！目前軍事的活動是不是已經發展至太空？武器競賽的國家都想在太空佔有一席之地。根據2006年9月6日《世界日報》的頭條新聞報導說：「歐洲首度探月無人宇宙飛船SMART-1（小型先進

科技研究任務宇宙飛船）3日按預定計劃，以每秒兩公里的速度撞擊月球表面，產生比預期強烈的閃光，為長達三年的太空任務畫下句點。……負責此次任務的ESA首席科學家傅殷表示，SMART-1以「角度非常淺的軌道」逐步接近月球，然後在月球表面彈跳，造成彷彿煙火秀的閃光，亮度比垂直衝向月表式還亮。ESA估計，此次撞擊可能在月表留下直徑三至十公尺、深度約一公尺的坑。……」這是何等令人震驚的信息！彼得弟兄說：「這一切既然都要如此銷化，你們該當怎樣為人，有聖別的生活和敬虔，期待並催促神的日子來臨？因著那日子的來臨，諸天被火燒就銷化了，所有的元素都要被焚燒而熔化。但我們照祂的應許，期待新天新地，有義居住在其中。」（彼後三11-13）或許有人說：「既然這樣，我們就甚麼事都不要做了。光讀經、禱告、聚會等著主回來就好了。」但這是不對的，我們應當照彼得和保羅所教導的在地上生活。他們說：「親愛的，你們既期待這些事，就當慇勤，得在平安中給主看為無斑點、無瑕疵的；並且要以我們主的恆忍為得救的機會，就像我們所親愛的弟兄保羅，照著所賜給他的智慧，也寫了信給你們；他在一切的信上也都是講論這些事；……」（彼後三14-16）保羅又說：「弟兄們，我對你們說，時候縮短了。從此以後，那有妻子的，要像沒有妻子；哀哭的，要像不哀哭；喜樂的，要像不喜樂；置買的，要像無所擁有；使用世物的，要像不浪費使用；因這世界的樣子正在逝去。」（林前七29-31）他們的總意都有一個共同的看見：就是讀經、禱告固然重要；但最重要的是過敬畏神，遠離惡事的生活，更不要被地上的人、事、物所霸佔。做任何事都應該更忠心，警醒忍耐著等候主回來（啟二二12-14）。

　　有這麼多的徵兆已經很明顯的告訴我們主來的日子實在近了。主親口說：「照樣，你們幾時看見這一切的事，也該知道那夏天近了，正在門口了。」（太二四33）又說：「一有這些事，你們就當挺身昂首，因為你們的得贖近了。」（路二一28）我們都要警醒預備！

　　有位老弟兄鼓勵我們要這樣預備，他說：「最好是獨自找一個安靜的地方，謙卑的跪在主面前，求主的光照亮我們的心；徹徹底底的將我們一生所犯的罪都認出來。一次不徹底，再來一次，一次再次！無論如何在主回來之前，要將積存在我們心裡的那些汙垢清除乾淨；讓我們大大小小所有的罪案都被消除，就如同從電腦中除掉檔案一樣！而且我們欠人的也要一一對付。」（太五26）這是必須要認真做的事。

　　前些日子，某國有一批基督徒聚集在一起又哭又叫的說：「某時某刻救主即將回來，他們在那裡迎接，然後上天國。」這實在是混亂神的真理。主要回來是肯定的，但是甚麼日子，甚麼時辰沒有人知道，連子也不知道，唯獨父知道（太二四36）。因此，保羅警戒我們說：「**我們求你們，無論有靈、或言語、或冒我們名的書信，說主的日子已經來到，你們的心思都不要貿然搖動，你們也不要驚慌。不要讓任何人用任何方法誘騙你們；因為那日子以前，必有背道的事先來，並有那不法的人，就是滅亡之子，顯露出來；他是那敵對、且高抬自己超過一切稱為神，或受人敬拜者的，甚至坐在神的殿裡，展示自己，說他就是神。**」（帖後二2-4）《聖經》上的話句句都要應驗。

　　事實上，我們只該作一件事，效法馬利亞，安安靜靜的活在神的家裡（召會）和主的面前，過敬畏神的生活，把一顆單純寶貴的心，像香膏一樣的獻給主，等候主的回來。主耶穌說：「**清心的人有福了，因為他們必看見神。**」（太五8）。

熱心服事的姊妹——馬大

　　馬大和妹妹馬利亞，兄弟拉撒路，一同住在伯大尼。他們的家稱之為「伯大尼之家」。他們都非常愛主，各有各的服事。馬大服事的事務瑣碎繁多，所以她可能不太安息。有一次，他們接待主耶穌和十二個門徒到家裡來，馬大由於太忙了，所以就發起怨言來，她對主說：「**主啊，我妹妹留下我獨自一人伺候，你不在意麼？請吩咐她同我作她分內該作的事。**」（路十40）。

　　主耶穌看見馬大煩躁不安息的光景，就帶著開導和安慰的口吻說：「**馬大，馬大，你為許多的事思慮煩擾；但是不可少的只有一件，馬利亞已經選擇那美好的分，是不能從她奪去的。**」（路十41-42）主的意思是告訴馬大，你不要只忙於外面許多事物，裡面要多加基督，惟有基督是無人奪去的。

　　馬大除了不夠安息之外，還有一個缺點，就是話太多。例如：拉撒路死了，主耶穌又不在伯大尼，她恐怕急得坐立難安，不知如何是好。後來主耶穌來了，她立刻衝到外面搶著對主說：「**主啊，你若早在這裡，我兄弟就不會死。就是現在，我也知道，你無論向神求甚麼，神也必賜給你。**」（約十一21-22）表面聽起來，她的話實在有信心，但是她有沒有信心。主最清楚，於是對馬大說：「**你兄弟必然復活。**」馬大回答主說：「**我知道在末日復活的時候，他必復活。**」（約十一23-24）。

　　這句話無形中否定了她剛才所說的：「**就是現在，你無論向神求甚麼，神也必賜給你。**」的那句話。接著主耶穌又對她說：「**我是復活，我是生命；信入我的人，雖然死了，也必復活；凡活著信入我的人，必永遠不死。你信這話麼？**」（約十一25-26）馬大回答

說：「主啊，是的，我信你是基督，是神的兒子，就是那要來到世界的。」（約十一27）馬大說了這話趕緊跑了，可能她怕主耶穌再問她其他問題吧！回到家對妹妹馬利亞說：「夫子來了，叫你。」（約十一28）其實主根本沒有叫馬利亞，這是馬大自己說的。

主耶穌來到拉撒路的墳前，吩咐人把墓前的石頭挪開。馬大想：拉撒路已經死了四天，那有不臭的道理，所以她很衝動的向主說：「主啊，他已經臭了，因為這是四天了。」（約十一39）主耶穌對她說：「我不是對你說過，你若信，就必看見神的榮耀嗎？」（約十一40）我們的主實在是滿了憐憫和體恤。祂不厭其煩的一再用機會教導馬大，讓她認識基督，認識站在她面前的這一位就是復活、就是生命。阿利路亞！

當筆者寫馬大姊妹的故事時，深處非常的蒙光照。我豈不也是這樣嗎？多少時候，因著不夠安靜在主面前，以至不僅口快、話也多，手快、活動也多。因此不知道做了多少錯事，說了多少不當說的話。但感謝主的憐憫，祂一再的以祂的話和祂的靈來教導祂的羊。

馬大姊妹，她也真是一位與主配合的人，因著她的謙卑受教，經過主的生命變化，她長大了。約翰福音十二章記著說：「逾越節前六日，耶穌來到伯大尼，就是祂從死人中所復活的拉撒路所在的地方。有人在那裡為耶穌預備晚宴，馬大伺候，拉撒路也在那同耶穌坐席的人中。」（約十二1-2）。同樣是馬大服事，卻與前兩次完全不一樣，我們沒有再聽見馬大說任何一句話。感謝主，馬大姊妹蒙福的點，在於她的謙卑與順服。如果她不是一個順服的人，一定會不服氣的說：「主啊，我整天忙碌，我妹妹甚麼也不作，你竟然還誇她。我說我兄弟會復活，並沒有錯啊。」假如馬大持有這種心理，後果就是不要服事了；當然，她也沒有機會被變化。可是馬大姊妹真是我們的榜樣，她不講理由，卻單純順服的接受主給她的帶領和教導。我們都要向她學習。

今天我們在召會生活中，也和馬大姊妹一樣，一旦服事過多，就會發怨言。許多時候，屬靈的道理知道的不少，但實際的看見卻不多。如果我們也學習馬大姊妹，不灰心、不氣餒，始終不離開主，活在召會生活中，相信我們靈裡的生命會長大，也會被變化成為精金寶石。

保羅說：「那藉著祂來到神面前的人，祂都能拯救到底；因為祂是長遠活著，為他們代求。」（來七25）。

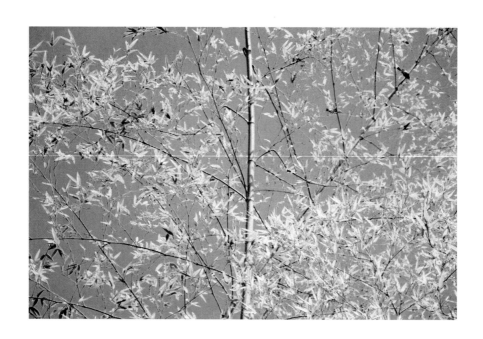

死裡復活的青年弟兄
——拉撒路

　　拉撒路是一位非常可愛的青年弟兄，他很可能沒有特別的恩賜，但他卻有從死裡復活的見證。讓我們稀奇的是，拉撒路從始至終沒有說過一句話，然而竟有許多人因著他的見證而信了主耶穌，可見福音不一定完全要靠口傳，最重要的是活出基督的美德來。

　　《聖經》上記著說：「耶穌素來愛馬大，和她妹妹，並拉撒路。」（約十一5）而且特別愛拉撒路，我們可以從主為拉撒路哀哭得到證明。當拉撒路病了，馬大和馬利亞就打發人去見主耶穌說：「主啊，看哪，你所愛的人病了。」（約十一3）。接下來，《聖經》上記載了拉撒路死裡復活的故事：「祂聽見拉撒路病了，……對他們說，我們的朋友拉撒路睡了，我要去叫醒他。……現在我們往他那裡去罷。……耶穌到了，就發現拉撒路在墳墓裡，已經四天了。……馬大對耶穌說，主阿，你若早在這裡，我兄弟就不會死。……耶穌對她說，你兄弟必然復活。……馬利亞到了耶穌那裡，看見祂，就俯伏在祂腳前，對祂說，主阿，你若早在這裡，我兄弟就不會死。耶穌看見她哭，並看見與她同來的猶太人也哭，就靈裡悲憤，又受攪擾，便說，你們把他安放在那裡？他們說，主阿，來看。耶穌哭了。猶太人就說，你看祂何等愛這人。其中有人說，這位開了瞎子眼睛的，豈不能叫這人也不死麼？耶穌又靈裡悲憤，來到墳墓前；那墳墓是個洞，有一塊石頭擋著。耶穌說，你們把石頭挪開。那死人的姐姐馬大對祂說，主阿，他已經臭了，因為這是第四天了。耶穌說，我不是對你說過，你若信，就必看見神的榮耀麼？他們就把石頭挪開，耶穌舉目向上說，父阿，我感謝你，因為你已經聽我。……

說了這話，就大聲喊著說，拉撒路，出來！那死人就出來了，手腳裏著布，臉上包著手巾。耶穌對他們說，解開，讓他走。」（約十一6～44）。

拉撒路可愛之處在於他默默地跟隨，不多言、不多語，只單純的見證主的復活。約翰福音十二章有這樣的記載：「逾越節前六日，耶穌來到伯大尼……馬大伺候，拉撒路也在那同耶穌坐席的人中。那時，馬利亞就拿著一磅至貴的真哪噠香膏，抹耶穌的腳，又用自己的頭髮去擦祂的腳，……有一大群猶太人知道耶穌在那裡，就都來了，不但是為耶穌的緣故，也是要看祂從死人中所復活的拉撒路。但祭司長商議，連拉撒路也要殺了，因為有好些猶太人，為拉撒路的緣故，離去並信入了耶穌。」（約十二1-11）這裡說出，若是你有復活的基督，人就因你得著生命。阿利路亞！

曾有一位姊妹，作她信主的見證，她說：「沒有人向她傳耶穌，她也沒有聽過福音，她所以會信主，是因為她的鄰居是個基督徒，行事為人，非常有美德。所以她主動要求那位鄰居，帶她去召會信耶穌。」可見神的兒女平時的生活，是何等的重要了。

主耶穌說：「你們是世上的光。城立在山上，是不能隱藏的。人點燈，也不放在斗底下，乃是放在燈台上，就照亮所有在家裡的人。你們的光也當這樣照在人前，叫他們看見你們的好行為，就榮耀你們在諸天之上的父。」（太五14-16）。願藉拉撒路的見證，使我們得到亮光，無論在那裡都是一個活基督的人。

患血漏的婦人
——抹大拉的馬利亞

　　抹大拉的馬利亞是一個可憐的女人，曾經被七個汙鬼附在身上。是主耶穌憐憫的心腸臨到了她，將她身上的惡鬼趕了出去，她才得了醫治。馬利亞為了答謝主的宏恩大愛，不僅隨著耶穌和門徒們周遊各城各鄉傳道，而且為著主的福音工作獻出她所有的財物（路八1-3）。

　　馬利亞跟隨主東奔西走，在當時交通不便的時代，實在不是一件輕鬆的事。很可能都是以步當車，一程一程的趕路，除了肉體上的勞累，還得忍受來自反對福音的逼迫、輕視、辱罵等。但馬利亞沒有怨言，她一步也不離開主，當主耶穌被釘在十字架上時，別人都走了，只有她一直等到主耶穌的屍首從十字架上取下來，被放在墳墓裡她才回去（可十五47）。

　　到了家之後她仍無法安心，結果，在七日的第一日清早，天還黑的時候，又獨自一個人跑到墳墓那裡去了。哦！誰敢呢？是甚麼力量使馬利亞忘記懼怕呢？沒有別的，因為馬利亞太愛主耶穌了。愛的力量使她根本沒有想到天還沒有亮，想到害怕（歌八6-7）。

　　她只想一件事，就是去找主，去看看我的主現在怎樣了。當馬利亞來到墳墓前，看見墓門的石頭被挪開了，這一下可把她急壞了，立刻回頭跑到彼得和約翰那裡，對他們說：「**有人把主從墳墓裡取了去，我們不知道他們把祂放在那裡。**」（約二十1-3，歌八6-7）。

　　彼得和約翰聽見主的屍首不見了，這還了得！不由分說，兩個人同時就跑向墓地。到了墓園，彼得和約翰還親自進入墳墓看個究竟，果然發現細麻布和裹頭巾還放在那裡，卻沒有主的身體。這兩個門徒看見這種情形，甚麼也沒說，就回到自己的住處去了（約二十4-10）。

然而馬利亞卻不肯走，她放不下心，所以她就在墳墓外面不停的哭：「主不見了，這怎麼辦呢？」一面哭，一面往墳墓裡看。馬利亞的心和馬利亞的眼淚實在摸著了主的心，主不忍再沉默了，於是向馬利亞顯現。對她說：「婦人，為甚麼哭？你找誰？」馬利亞以為是看守墓園的人，就回答說：「先生，若是你把祂移走了，請告訴我，你把祂放在那裡，我好去取祂。」（約二十11-15）「我好去取祂」這是一句何等令人感動的話。馬利亞似乎忘記，她要去取的不是一件東西，而是一具屍體，在如此漆黑冷寂的清晨，就算是一個年輕力壯的小伙子，也不敢輕易的說這種話，但馬利亞竟敢說。她沒有想到拿不動，她只想到一件事──一定要把主找到。至此主的心融化了，呼喚她說：「馬利亞。」馬利亞聽見這熟悉的聲音，她立刻會意過來，回應主說：「拉波尼（意思就是夫子）。」（約廿16）。

在這剎那之間，馬利亞有甚麼表現，《聖經》沒有詳細記載，只記著她用手摸主，很可能是馬利亞歡喜的撲上前去抱主罷！否則主不會說：「不要摸我，因我還沒有升到父那裡；你往我弟兄那裡去，告訴他們說，我要升到我的父，也是你們的父那裡，到我的神，也是你們的神那裡。」（約二十17-18）我們信馬利亞是欣喜若狂了，她若有翅膀一定會飛起來。大喊大叫：「我見到主了！我見到主了！祂已經復活了！祂已經向我顯現了。」阿利路亞！

馬利亞實在是一個知恩圖報的人，主救了她的性命，她也以捨命之愛回報主耶穌。難怪，主耶穌將祂自己毫無保留的賜給她了。大衛寫詩說：「我的魂哪，你要頌讚耶和華，不可忘記祂的一切恩惠：祂赦免你的一切罪孽，醫治你的一切疾病；祂救贖你的命不見朽壞，以慈愛和憐恤為你的冠冕；」（詩一〇三篇2-4）。

願神的兒女都能學習抹大拉的馬利亞是一個知道感恩的人。不僅向主感恩，也向那些在屬靈的路上，幫助我們生命長大的弟兄姊妹們感恩！

滿有信心和聖靈的殉道者 ——司提反

　　司提反在召會中雖然只不過是一位服事飯食的弟兄，但是他從神那裡領受的職分可是不同凡響。

　　《聖經》上說：「司提反，乃是滿有信心和聖靈的人，」又說：「司提反滿有恩典和能力，在民間行了大奇事和神蹟。」接著又說：「司提反憑智慧和那靈說話，他們抵擋不住。」（徒六5，8，10）從這些話裡，我們可以看出司提反乃是一位終日活在主同在裡的人。如果某地的召會有這樣的弟兄或姊妹，相信那地的召會一定是大蒙神的祝福。所以《聖經》記著說：「神的話擴長起來，在耶路撒冷門徒的數目大為繁增，也有大群的祭司順從了這信仰。」（徒六7）。

　　因著司提反絕對的愛主，神的話又擴長起來，加上許多祭司也信了耶穌，這就惹起魔鬼的眼紅，牠立刻起來攻擊。使徒行傳六章九節說：「當時有一些稱為利百地拿會堂的人，並古利奈、亞力山大、基利家、和亞西亞等各處會堂的人都起來，和司提反辯論。」光看這些人名、地名，就可以知道撒但是盡其所能的來圍攻司提反。他們不僅與司提反辯論，並且還煽動眾人作假見證陷害司提反，同時又聳動百姓，長老以及文士們，一同出來捉拿他（徒六9-12）。

　　當司提反被捉到議會時，他一點也不害怕，不但不怕反而面貌放光，好像天使一樣（徒六12-15）。並且向眾人大聲作見證，講到激昂之處，他開始罵他們說：「你們這硬著頸項，心與耳未受割禮的人，時常抗拒聖靈，你們的祖宗怎樣，你們也怎樣。那一個申言者不是你們祖宗所逼迫的？他們也把預先宣告那義者要來的人殺了，如今你們又把那義者賣了，殺了。你們受了那成為天使典章的律法，

竟不遵守。」（徒七51-53）司提反的話讓他們無法忍受，個個咬牙切齒，一擁而上把司提反拖到城外，用石頭打他（徒七54-58）。雖然眾人用石頭打他，他仍無懼色，相反地，他被聖靈充滿而且看見天開了，於是他大聲見證說：「**我看見諸天開了，人子站在神的右邊。**」（徒七56）《聖經》中論到主耶穌復活升天之後的情形時，都是說主耶穌坐在神的右邊（可十六19，弗一20，來十12）。獨有此處記著主耶穌站在神的右邊。可見司提反的殉道，連主耶穌都肅然起敬。最後司提反為那些打他的人禱告，說：「**主啊，不要將這罪歸與他們！**」說了這話，就睡了（徒七60）。司提反的死是榮耀加上榮耀，阿利路亞！

從司提反被圍攻至殉道，大數掃羅都在其中，《聖經》上說：「**把他推到城外，用石頭打他。作見證的人把自己的衣服，放在一個名叫掃羅的青年人腳前。……掃羅也贊同他被殺。**」（徒七58-60）掃羅雖然在那裡贊同，但我們深信司提反所傳講的福音，或多或少都會種在掃羅心中，這與他在大馬色被主抓住不無關係。讚美主！死了一個司提反，卻得著一個保羅。保羅被神得著之後，福音的大門完全被打開，神永遠的計劃也藉著他完全被揭示出來。阿利路亞！

主耶穌上了十字架之後，祂能大聲的說：「**成了！**」（約十九30）。試問，若是主不甘心釘十字架，還能說這話嗎？父神的旨意還能成就麼？因此主對門徒說：「**若有人要跟從我，就當否認己，背起他的十字架，並跟從我。因為凡要救自己魂生命的，必喪失魂生命；凡為我喪失自己魂生命的，必得著魂生命。**」（太十六24-25）在宇宙中有一個最悽慘的戰敗者，那就是魔鬼。牠用盡了千方百計將主耶穌釘上十字架！結果是弄巧成拙，反倒成全了神的旨意。阿利路亞！

有位牧師作了一個夢，夢見有人叩他的門。當他把門打開，竟看見一位天使手捧著冠冕、站在門外。他非常高興，就對天使說：「感

謝主！謝謝你送冠冕給我。」沒想到天使卻說：「對不起！我只是來問問某某老姊妹住在哪裡？因為這冠冕是給她的。」（原來這位老姊妹就住在牧師家的樓上。）牧師說：「你大概搞錯了吧！這位老姊妹中風多年，整天躺在床上，從來沒有為主作過工，又不識字，怎麼可能是給她的呢？」天使說：「她雖然躺在床上無法動彈，但是她時刻都在禱告與主說話。你每次講道那麼有能力，也是她為你代禱才有的呢！」這給我們看見在神的眼中，每一個人都是平等的；沒有地位高低之分，沒有貧富貴卑之別。

　　願藉著司提反的見證，使我們再重新得力，把自己完全獻給神。

將福音傳給非洲人的門徒
──腓利

　　腓利在順服主的引導和積極與主配合這方面，實在是我們的榜樣。

　　使徒行傳八章廿六至廿七節記載說：「**有主的一位使者對腓利說，起來，向南走，往那從耶路撒冷下迦薩的路上去，那路是曠野。腓利就起身去了。**」若是一個不受聖靈引導的人，定規不會去。既然是曠野，那裡根本沒有人煙，去那裡作甚麼呢？奇妙的是腓利連一句話都沒有說，「就起身去了」。到了曠野，出乎意料的看見一位有大權的太監，他剛去耶路撒冷作完禮拜回來，坐在車上念以賽亞書。這時聖靈又引導腓利說：「**你上前去，貼近那車走。**」腓利仍然沒有說任何話，立刻就跑向前去。當他聽見太監念以賽亞書時，他清楚了。原來主引導他來到曠野，是要讓他傳福音給這位太監。所以很大膽的問那太監說：「**你所念的，你明白麼？**」太監說：「**沒有人指引我，怎能明白呢？**」（徒八29-31）。

　　說了這話就邀請腓利上他的車與他同坐。腓利就抓住機會向他講起救恩的福音來。從舊約說到新約，從主的死說到主的復活，說到升天，和主是賜生命的靈，更說到信而受浸的必然得救等。這種生命的活話，恐怕作禮拜的太監從來都沒有聽見過。因此，他靈裡的眼睛被開啟了，他發現自己過去只不過是個有名無實的宗教徒而已。他們沿路往前走，突然到了有水的地方，這個太監等不及的對腓利說：「**看哪！這裡有水，我受浸有甚麼妨礙？**」腓利聽他這麼要求，當然非常高興，不過為了慎重起見，腓利對他說：「**你若是全心相信就可以。**」太監馬上說：「**我信耶穌基督是神的兒子。**」（徒八36-37）於是腓利和太監兩人下到水裡去，腓利就給太監施了浸（徒八38）。

由於這位太監被主得著，整個非洲的召會也有了起頭。因為這位太監是從埃提阿伯來的，那是含的後裔古實之地（賽十八1，創十6）。

試想，若是腓利不放下天然的觀念，一步一步的順服主的帶領，非洲召會還不知道要耽擱多久才能建立起來。腓利成就了神給他的託付，主的靈把腓利提了去。腓利的靈高昂到一個程度，他預嘗了被提的經歷（徒八39，林後十二4）。後來有人在亞鎖都遇見腓利，他走遍所有的城邑，傳揚福音直到該撒利亞（徒八40）。保羅到該撒利亞傳福音，就住在他家。《聖經》稱他是：「傳福音者」。他有四個女兒，都是說豫言的（徒二一8-9）。從以上的話，我們可以肯定的說，腓利從始至終都是忠於主的託付，沒有失去蒙召者的身分。同時我們更相信他平日的生活也一定是分別為聖的；否則他怎麼可能那麼清楚的聽到主的話，而立刻就能順從主的引導而與神配合呢？

《聖經》上說：「這些人未曾與婦女在一起受到玷汙，他們原是童身。羔羊無論往那裡去，他們都跟隨祂。他們是從人間買來的，作初熟的果子歸與神和羔羊；在他們口中找不著謊言，他們是沒有瑕疵的。」（啟十四4-5）。

到目前為止，尚有許多偏遠地區，神的福音還沒有傳進去。如果我們注意報導，就會知道在全球各地，每天不知有多少萬人相繼死去，他們從沒有聽見過福音，他們的靈魂都沉淪在地獄中，這是讓神非常傷心的！我們身為神的兒女，對此不能沒有感覺，我們必需棄絕天然的觀念，與神配合，投身在福音的行列裡。或獻上禱告、或獻出金錢、或答應主的呼召，前往各地傳揚神榮耀的福音，使神得著心滿意足（創一28，彼後三9）。願以下詩歌讓我們得到鼓勵。

> 信徒趕快遵命出去普天下，
> 通知他們神是如何慈愛，
> 使之深曉他已成功十字架，

並不願意一人滅亡悲哀。

請看，何止還有億兆的罪人，

受了捆綁一直事奉鬼魔，

無人前去通知救贖已成功，

救主已經得勝，死而復活。

世界各民族、各國、各方並各人，

我們都當前往傳揚恩典，

叫人知道，神是如何成肉身，

受死在地，使人永生在天。

應當記得救主已將快再臨，

機會一過就難再盡本分；

只怕有人是因你我不熱心，

不能得救，也不能進天城。

　　倪柝聲弟兄在《聖靈的水流》一書中有一段話很實際：「歷代被神使用的人，好像溪流中一塊一塊的踏腳石頭，聖靈在我們身上，要我們像一塊踏腳石頭，讓祂藉著我們往前去，這是我們最大的榮耀。如果祂從我們身上走不過去了，祂就另選一塊石頭走過去，祂若不藉著我們走出去，這就是我們最大的損失。聖靈是一天一天，一批一批地把人淘汰，把人擺在一邊，所以我們要在聖靈的那一條路上。許多人好像是被聖靈用盡了，聖靈無法再藉著他有所作為，所以只好重新在另一個人身上起頭。」求主憐憫！讓我們不是被主擺在一邊的人。

使福音得以傳給外邦人的關鍵人物——哥尼流

　　哥尼流是該撒利亞人，是義大利營裡的一位百夫長。他是個虔誠人，他的全家都敬畏神。多多賙濟百姓，常常禱告（徒十1-2）。

　　因著哥尼流有愛心，又常禱告且敬畏神。所以神藉著他將福音傳給外邦人，使徒行傳十章記著說：「有一天，約在午後三時，他在異象中，清楚看見神的一位使者來到他那裡，對他說，哥尼流。哥尼流定睛看他，驚怕說，主啊，甚麼事？天使對他說，你的禱告和你的周濟，已經上達神面前，蒙記念了。現在你要打發人往約帕去，請那稱呼彼得的西門來；這人在一個硝皮匠西門的家裡作客，房子就在海邊。」（徒十3-6）稀奇的是，天使沒有告訴哥尼流請彼得來作甚麼，而哥尼流竟然不問一聲，他就立刻差遣了兩個家僕和一個伺候的虔誠兵，前往約帕請彼得。還有一件事也很稀奇，當兩個家僕走了之後，哥尼流馬上把他的親朋好友都請到家裡來，坐滿他的屋子等候彼得前來。誰讓他這樣作呢？只有兩個原因（徒十24）：

　　第一，哥尼流是個很有愛心的人，對人滿了負擔。所以他常常賙濟百姓。

　　第二，哥尼流是個常禱告的人，所以他靈裡非常清明，對主的行動和託付非常清楚。

　　在他看來：天使既然吩咐請彼得來，一定要傳好的信息，既然是福音，就該與自己的親朋好友一同分享。哥尼流實在是一個與神配合的人。果然不錯，因著他的愛心和順服，讓神榮耀的福音臨到了外邦人。阿利路亞！我們不僅要感謝主，也要感謝哥尼流。若沒有他的愛心，我們這些外邦人還不知何時才能進入救恩之門呢！

　　彼得被請來，一進入哥尼流的家，看見這麼多人在等他，心裡非常受感動。哥尼流對他說：「**現在我們都在神面前，要聽主所吩咐你的一切話。**」（徒十33）彼得在這樣一個熱烈的氣氛裡，他的靈高昂起來，第一句話就說：「**我真看出神是不偏待人的，各國中那敬畏祂，行義的人，都為祂所悅納。**」然後彼得向眾人傳講神恩典的福音。當他講到：「**凡信入祂的人，必藉著祂的名得蒙赦罪。**」聖靈就迫不及待的降在一切聽道的人身上。彼得看見這種光景，喜樂萬分。他說：「**這些人既受了聖靈，與我們一樣，誰能禁止他們在水裡受浸？就吩咐他們在耶穌基督的名裡受浸。**」（徒十34，43，47-48）。這真是一次既榮耀又得勝的福音。讚美主！

　　讀了哥尼流的見證，使我們得到莫大的幫助，那就是我們必須對人有負擔。假如哥尼流是一個沒有愛心，對神的行動也不配合。試問，那天的福音會很美嗎？即使聖靈降下來，受惠的也只不過是他一個家而已。感謝主，神的揀選和預定是正確的。祂選上了這個既有愛心，又對神忠心的哥尼流，作祂的生命管道。而哥尼流能被神驗中並不是沒有條件，乃是因為他有一種蒙神悅納的生活（徒十4）。求主憐憫，使我們也有哥尼流同樣的愛心，過聖潔公義的生活，迫切禱告，廣傳福音。同時也把我們的家敞開，將所有的親朋好友鄰居都請到家中，與他們一同分享基督的豐富和榮耀。尤其要把那些久不聚會的弟兄姊妹尋找回來（去探望），使他們重溫父神的大愛。希伯來書十三章一至二節說：「**弟兄相愛要持久。不可忘記用愛接待客旅；因為有人藉此不知不覺的款待了天使。**」

正直嚴謹之耶穌肉身的兄弟
──雅各

　　主耶穌尚未受死之前，祂的弟兄們並不承認祂是神的兒子。但等到主復活升天之後，雅各卻完全轉變，不僅承認主是神的兒子，還成為召會的柱石，被神所大用的僕人（約七4-5，加二9）。

　　雅各非常注重活出基督的美德。他認為一個神的兒女必須在行為上彰顯主耶穌基督甜美的人性生活才能滿足神（雅二14-17）。因此他的服事滿了基督的愛，尤其對一些窮苦的弟兄姊妹更是加倍愛護，從他的話中我們可以得到認證。他說：「**我的弟兄們，你們既相信我們榮耀的主耶穌基督，便不可按著外貌待人。若有一個人戴著金戒指，穿著華麗衣服，進你們的會堂去，又有一個窮人，穿著骯髒衣服也進去；你們就重看那穿華麗衣服的人，說，請你坐在這好位上；又對那窮人說，你站在那裡，或坐在我腳凳下邊。這豈不是你們中間有了歧視，用惡意判斷人麼？**」（雅二1-4）雅各的服事是合乎神心意的，因為神最恨惡的就是高傲的眼（箴六17上）。

　　以下摘錄一則經典小故事與讀者分享，題目是：「美國史丹佛大學」的由來（人不可貌相）。

　　有對老夫婦，女的穿著一套褪色的棉布衣服，丈夫穿著布製的便宜西裝，事先也沒有約好，就直接去拜訪「哈佛」的校長。校長的秘書一看這兩個鄉下老土根本不可能與「哈佛」有甚麼業務上的往來，所以連理也不理他們。來訪的那位先生輕聲的對秘書說：「我們要見校長。」秘書很不禮貌的說：「他整天都很忙。」女士回答說：「沒關係，我們可以等。」幾個小時

過去了，那位秘書仍然不理他們，希望他們知難而退，自己走開就算了。但他們卻一直等在那裡。最後秘書只得去通知校長，然後說：「也許他們跟您講幾句話就會走了。」校長很不耐煩的同意下來。他很有尊嚴而且心不甘情不願的面對這對夫婦。女士告訴他說：「我們有個兒子曾在「哈佛」讀過一年書，他很喜歡哈佛，但是去年他出了意外而死亡。我丈夫和我想要在校園裡為他立一紀念碑。」校長並不被感動，反而覺得非常可笑，粗聲地回答說：「夫人，我們不能為每一位曾讀過『哈佛』而死亡的人建立雕像。不然我們的校園看起來會像墓園一樣！」女士很快的說：「不是，我們不是要豎立一座雕像，而是想捐一棟大樓給『哈佛』。」校長仔細的看著這對棉布衣的夫婦，然後吐一口氣說：「你們知不知道建一棟大樓要花多少錢？我們學校的建築物超過七百五十萬元。」這時，這位女士不講話了。校長很高興，心想，總算可以把他們打發走了。只見那位女士轉頭向著她丈夫說：「只要七百五十萬就可以建一座大樓？那我們為甚麼不建一座大學來紀念我們的兒子呢？」她丈夫點了頭以示同意。這時，「哈佛」校長覺得很混淆和困惑。就這樣，史丹佛先生和夫人（Mr. and Mrs. LelandStanford）離開了「哈佛」，到了加州，成立了史丹佛大學（Stanford University）來紀念他們的兒子。（摘自2007年11月29日《新生報》）

　　雅各在禱告生活中也為我們樹立了非常好的榜樣，他說：「你們中間若有缺少智慧的，就當求那厚賜眾人，也不斥責人的神，就必有賜給他的。只是要憑著信心求，一點不疑惑；因為那疑惑的人，就像海中的波浪，被風吹動翻騰。這樣的人，不要想從主那裡得到甚麼；心懷二意的人，在他一切的路上，都是搖蕩不定的。」又說：「你們沒有，是因為你們不求；你們求也無所得，是因為你們妄求，為要耗

費在你們的宴樂中。」（雅一5-8，四2-3）從這些話中，我們可以看見雅各對主和禱告的執著。

據傳，由於他經常跪著禱告，所以膝蓋的皮被磨得像駱駝皮一樣硬呢！雅各在禱告的服事上是認真而忠心的，值得我們學習。

假如我們仔細讀《聖經》，細心觀察神的行動，我們就知道聖徒的禱告對神推動他的工作是何等重要了。例如：神差遣摩西帶領以色列人出埃及，乃是因為以色列人的迫切呼求才實現的（出三9-10）。又如，召會的產生，乃是藉著一百二十位的聖徒，同心合意在耶路撒冷的一間樓房裡迫切禱告而帶下來的（徒一12-15，二1-11）。神的救恩能夠臨到我們這些外邦人，也是因著哥尼流天天守著最初的禱告才得到的（徒十1-3，44-45）。

歷世歷代以來，尚有許多例證，如：1904年在英國的威爾斯（Wales），有一次大的復興，就是藉著一位名叫伊凡羅伯斯（EvanRoberts）迫切禱告帶下來的祝福。他是一位礦工，沒有高深的學問，但卻是非常愛主，對靈魂特別有負擔，所以他常常一個人跑到廢礦坑中去禱告。他的禱告只有一個負擔，就是向主呼求說：「主啊，求你拯救靈魂，好叫世人得救。」其他的人看見他如此認真，都被他感動，也都紛紛加入了他的陣容。不久全坑的人都加進來，一同迫切向神禱告。終於得到了神的答應，賜下復興的烈火。據說：那一次的復興是空前的，幾乎全「威爾斯」的人都得救了！再沒有對象去傳了。讚美主！

願藉雅各的榜樣，使我們得到啟示與亮光，在有生之年積極起來投入禱告的行列，在生活和服事上活出基督的人性美德。

雅各書一章九至十一節說：「卑微的弟兄升高，就該誇耀；富足的降卑，也該如此，因為他必要過去，如同草上的花一樣。太陽升起，熱氣薰烤，草就枯乾，花也凋謝，美容就消沒了；那富足的人在他所行的事上，也要這樣衰殘。」

為真理站住之耶穌肉身的兄弟 ——猶大

主耶穌有四位兄弟，分別是：雅各、約西、西門和猶大（太十三55）。其中兩位被主所大用；一位是雅各（雅一1），一位是猶大（猶一1）。從猶大弟兄的著作中，我們可以看出他是一位敬畏神、認識神、也認識魔鬼、更認識審判的人！他說：「**親愛的，我盡心竭力要寫信給你們，論到我們共享之救恩的時候，就不得不寫信勸你們，要為那一次永遠交付聖徒的信仰竭力爭辯。**」（猶一3-4）在這一段話中，他勸我們要為神的真理而站住；也提醒我們要防備魔鬼，要過敬畏神的生活，專心等候主的顯現。他說：「**……看哪，主帶著祂的千萬聖者來臨，要在眾人身上行審判，……。**」（猶一14-15）。

筆者認識一位馬姊妹。她說，她生長在一個很偏僻的鄉村，從來沒有聽過「主耶穌」的名字。她能夠得到主的救恩，完全是神特別的憐憫，正如《聖經》上所說：「**祂在創立世界以前，在基督裡揀選了我們，……**」（弗一4）她說，她的一位非常要好的閨友，沒有生任何病突然過世了。這讓那女孩的全家都悲傷欲絕。說也奇怪，過了半天，那個姑娘竟然又甦醒了，活了過來。全村的人都議論紛紛，也都跑到她們家，問這問那，問她到底遇見了甚麼事……。

那位女孩子說，她好像做了一場夢，夢見有二個人用繩子捆住她的雙手，牽著她走到一個地方，那裡有一個火坑，裡面的火燒得很旺，裡面有很多人，大哭大叫極其痛苦。而且還有人不斷的被扔下去，但牽她的人並沒有把她丟下去。她正在那裡看的時候，火坑裡的火苗竄出來將她的頭髮都燒著了。當她抬手弄頭髮時，忽然發現在前

方不遠的地方，好像有些人正在唱歌歡樂似的，以後的事她記不得了。對這一件怪事，全村的人都嘖嘖稱奇。更怪的是，過了沒有幾天，那位女孩子竟然變成禿頭，全部的頭髮都掉光。大家都想不透這究竟是怎麼回事？雖然如此，隨著年月的逝去，沒有人再把這事放在心上。後來馬姊妹離開家鄉到縣城裡去，經人介紹認識馬先生，結婚生子，就更不會去想到這些陳年舊事了。

有一天她的鄰居關太太請她到召會聽福音，她為著給關太太面子就跟著她去召會。一進召會門就看了黑板上寫著五個大字：「最後的審判」她突然心裡一震，那天晚間所講的信息是：「樂園與火湖」。強調一個沒有重生得著神生命的人，沒有接受主耶穌替死救贖的人，死後就會被丟在火湖中受永遠的痛苦（太十八8-9，路十二5，十六19-24）。而得救的人，蒙主寶血洗淨罪惡的人，死了之後，乃是在樂園中等待復活（路十六25-26，路二三43，林前十五20-22，50-54，林後十二4，啟二十11-15）。

當馬姊妹聽見這樣的信息，簡直是呆住了，讓她想起她閨友身上所經歷的怪事，與今天傳道人和《聖經》上所說的不是完全吻合嗎？因此她一面流淚，一面決志接受救主耶穌做她的救恩！同時她也想到她的閨友，那位死而復活的女孩子，可否聽見福音呢？馬姊妹說，她每當想到主的奇妙救恩，都會感動的流淚。感謝主！這樣的見證實在激動我們的心，求主憐憫，讓我們都能振奮起來，積極的傳揚福音，拯救靈魂。如詩歌所說：

> 速興起傳福音！速搶救靈魂！
> 請你看千萬人天天沉淪！
> 莫塞住憐憫心，莫看重金銀，
> 鬆開手傳福音，趁著現今。

　　記得筆者幼年時，偶爾跟著父母參加親朋好友的葬禮聚集。早年殯儀館並不普遍，差不多都是在自家庭院搭一棚子，四圍圍上臨時圍牆，牆上掛著幾幅字畫，畫的內容雖有不同，但意義卻差不多，就是說閻王審判死人。若是這人生前欺詐人，就割下他的舌頭。若是貪了財，就被丟在油鍋去炸。若是犯了奸淫或是殺了人，就被丟到十八層地獄裡永不翻身……。那些畫面都塗上五顏六色，看起來格外嚇人。這種習俗很多人都見過。它是由何人發明設計，又是如何流傳下來，就不得而知了。但是無論如何，從古到今，「死後有審判」卻是深植在人的心裡。因此我們必須在生前就尋求解救之道（彼前二24）。

　　有一位青年人，生活放蕩、花天酒地，後來得了絕症。當他住在醫院時，有位神的僕人常常去看他，並且向他傳講神的救恩。他接受了主的救恩，心中很喜樂，很平安，因為他知道，主的血已經洗淨了他的罪，赦免了他永遠的刑罰。過了些日子，那位神的僕人又去看他，卻發現他滿臉愁容、憂傷萬分，就問他到底是甚麼原因？他回答說：「我快要離開這個世界了，馬上就要去見主，我雖然得救了，但是我帶甚麼給主呢？」說罷，哭泣不止，那位神的僕人，聽了他的話深受感動，便安慰他說：「你不要傷心，我會以你說的話，寫成一首詩歌，鼓勵聖徒出去，廣傳福音，若有人因著這首詩歌而得救，所得的果子都歸你，賞賜也歸你。」這首詩歌很有名，現將片段摘錄於下：

　　　我豈可去，雙手空空？
　　　豈可如此見主面？
　　　從無一日為主作工，
　　　未有擄物獻主前。
　　　從前犯罪所廢歲月，
　　　假若現在能贖回，

我必完全奉獻無缺，

樂行主旨不再違。

但願我們也有這樣的心願，珍惜每一天，為著靈魂和福音獻上一切。

神的僕人芬尼（Charles Grandison Finney）弟兄說：「**人世間沒有任何東西可以與人的靈魂價值相比擬，也沒有任何一種工作比得上捨棄世界去傳福音更寶貴！**」

每天，都會看到很多人來來往往。有的去上班，有的去上學，有的去買菜、去出差……但是最終要去哪裡呢？哪裡才是我們永遠的歸宿呢？要知道，我們無論活多久，總有一天必定會離開這個世界，到另一個地方去。有人說：「死亡的路上沒有年齡之分。」這話是真的！比如有的人在很年輕的時候就去世了。

正如《聖經》上所說的：「**無人有權力掌管氣息，將氣息留住；也無人有權力掌管死期；在爭戰時，無人能免役，邪惡也不能救自己的主人。**」（傳八8）所以我們每一個人都必須趁著還有今天，思考這個嚴肅的問題。

以賽亞五十五章六節說：「**當趁耶和華可尋找的時候尋找祂，相近的時候呼求祂。**」

聽從聖靈指示的門徒
——亞拿尼亞

　　亞拿尼亞在新約中只出現一次。他不是大使徒，也不是很有名氣的大弟兄，但是主給他的託付卻是重大而神聖的。使徒行傳九章記著說：

　　「當時在大馬色有一個門徒，名叫亞拿尼亞，主在異象中對他說，亞拿尼亞。他說，主啊，看哪，我在這裡。主對他說，起來，往那叫直的街上去，在猶大的家裡，尋找一個大數人名叫掃羅。看哪，他正在禱告，在異象中看見一個人，名叫亞拿尼亞，進來按手在他身上，叫他能看見。亞拿尼亞回答說，主啊，我聽見許多人說到這人，他在耶路撒冷向你的聖徒行了多少惡事，並且他在這裡有從祭司長得來的權柄，要捆綁一切呼求你名的人。主卻對亞拿尼亞說，你只管去，因為這人是我所揀選的器皿，要在外邦人和君王並以色列子孫面前，宣揚我的名；我要指示他，為我的名必須受許多的苦難。」（徒九10-16）。

　　亞拿尼亞聽見主既然這麼說，他沒有再講任何理由，十七節說：「亞拿尼亞就去了。」亞拿尼亞能這樣順服不是一件小可的事，因為當時的掃羅盛氣凌人到一個地步實在可怕。他向主的門徒口吐威嚇兇殺的話，並且他手上還有文書，可以合法的捉拿信耶穌的人，把他們捆綁起來，帶到耶路撒冷去。因此，亞拿尼亞這一去乃是生死的交託。但他沒有考慮自己的安危，就照著主的吩咐去作了。

　　亞拿尼亞進入那家，按手在掃羅身上說：「掃羅弟兄，在你來的路上向你顯現的耶穌，就是主，差遣我來，叫你能看見，又被聖靈充

溢。」（徒九17）實在是稀奇，就是亞拿尼亞這樣簡單的一個按手禱告，保羅的眼睛上好像有鱗片立刻掉了下來，原來的瞎眼完全復明。這個神蹟，使極端反對主，逼迫主的掃羅不得不謙卑下來而認罪悔改，接受主耶穌作他的救主，而且立即受洗歸到主名下（徒九18）。這給我們看見認罪悔改是得著神唯一的路。

1955年，那時筆者尚未接受主。有一天晚間，一位年長的信徒來探訪我，她問我說：「某某，你對這位主的感覺如何？」我說：「好像沒有甚麼感覺。」她說：「你向主禱告，認過罪嗎？」我說：「我又沒有做壞事，哪有甚麼罪！」她說：「這不是你做不做壞事的問題，是你一生下來就帶著罪（原罪）來的」（詩五一5，約壹一8-10）。

《聖經》上說：「**人所說的每句閒話，在審判的日子，都必須供出來。**」（太十二36）「難道你沒有說過別人的閒話嗎？」她坐了一會兒就走了。非常奇妙！她剛才說的那句「**人所說的每句閒話，在審判的日子，都必須供出來。**」一遍一遍的在我裡面說個不停。我突然想到，平時在辦公廳和同事們聊天，常常都是東拉西扯，有的沒的說了許多批評別人的話。將來接受審判，那該怎麼辦，越想越不安。到後來，只好跑到床上去禱告，當我跪下來向主說：「主啊，我是個有罪的人，求你赦免我的罪。」不知不覺眼淚竟然流下來。同時我發現，我從小就很麻煩，不知讓父母操了多少心，主讓我看見一件事，就向主認一件事，然後求主的血洗淨我的罪，赦免我的罪。禱告了多久，我記不清楚了，只知道當我醒來的時候，天已經亮了。起床之後，照往常一樣走到廚房去做早餐，不知道為甚麼，一股喜樂的流，充滿我整個全人，這真是奇妙！後來我才知道，原來藉著我的認罪禱告，神的生命已經進入我的心。感謝主！這說出了要得著神的生命，唯一的路就是承認自己是個罪人，向神徹底悔改。有一首詩歌說：

我生命有何等奇妙的大改變，自基督來住在我心。

喜樂潮溢我魂，如海濤之滾滾，自基督來住在我心。

這首詩歌是我接受主的寫照（可十六16）。我受洗之後，對人生有了極大的改變，改變得更喜樂，更有盼望（篇四22）。因著主的憐憫，我的外子和孩子也都相繼信了耶穌，感謝主！

我們信在大馬色城中，絕非只有亞拿尼亞這一個主的門徒。恐怕有才幹，有恩賜的弟兄不在少數，何以主單單選上亞拿尼亞這麼一個小肢體呢？讓我們回到主的話裡就清楚了。

《聖經》說：「**有一個人名叫亞拿尼亞，按著律法是虔誠人，為一切住在那裡的猶太人所稱讚。**」（徒廿二12）我們都知道猶太人的律法是非常嚴謹的，亞拿尼亞竟能被所有住在那裡的猶太人所稱讚，可見他的生活和操守是如何的聖潔。他不但在人的面前有美好的見證，最讓我們羨慕的是，他與主之間的親密關係。從他和主那一段不算短的談話，已經很清楚的說出他是一個不斷活在靈裡與主交通的人，否則絕不會當主叫他的名字時，他馬上有反應。更不會和主有那麼透徹的交談，就像是知己好朋友一樣。由於亞拿尼亞在靈裡給主絕對的地位，所以當主差遣他時他能馬上配合。事實上，我們每一個神的兒女，都可以成為通天的管道，問題是我們的生活是否配得上主的要求。

因為主是聖潔的，祂的靈絕對不能通過不潔的器皿。另外，我們的靈是否給主絕對的主權？如果是，我們將個個都是亞拿尼亞了。保羅說：「**非聖潔沒有人能見主。**」（來十二14下）

虔誠的少年人——提摩太

提摩太是一位很單純的年輕人，他的外祖母和母親都非常愛主（提後一5）。所以他從小就明白《聖經》（提後三15）。

毫無疑問，他的外祖母和母親一定是常常帶著他讀經，將《聖經》中的真理講給他聽，否則他怎麼可能從小就明白《聖經》呢？這提醒我們，培育下一代必須從小就開始，尤其是聖徒家裡的孩子，當他們剛剛開始學說的時候，就應該教他們叫主耶穌的名，就如同教他叫爸爸媽媽一樣。等到會聽故事時，應該講說神的故事。以最簡單的比喻，說出神創造的奧祕。讓他們知道宇宙的來歷，萬物的起源（詩三三6-9）。

告訴孩子為甚麼白天會出太陽，夜晚會有月亮和星星。大象和老虎是誰造的？小白兔、小松鼠、小魚、小蝦、它們都是從哪裡來的？美麗的山川河流是怎麼形成的？藉著傳講，讓孩子對神的事產生興趣，啟發他們的心靈更認識神，也可以講些《聖經》中的人物，以及名人傳記給他們聽。上學之後，可以帶他們讀些神的話，也教他們唱些簡短聖詩，讓他們從小就認識這位造物的主，祂是如何的愛世人，眷顧人，如此他們的一生都會受惠無窮。讓孩子學會自己禱告，喜歡閱讀有益身心的書刊。以免讓孩子陷入網路的毒癮裡。

有一則報導說，美國著名企業集團JCPenney創辦人James Cash Penney在他事業發展至巔峰時，遇見了經濟大蕭條，再加上他的朋友詐騙了他四千五百萬美金，以至精神崩潰，最後住進精神病院。他在醫院曾經三次自殺，但是都沒有成功。

有一天，他經過醫院中一個小禮拜堂，聽見一首小時候很熟悉的詩歌「天父必看顧你」，他馬上想起這是他母親教他的聖詩；同時想起

母親曾教導他的話「孩子，無論你人生遭遇任何的環境，永遠記住天父上帝必與你同在，必看顧你。」他馬上跪下接受耶穌為他個人的救主和生命的主。第二天，在眾醫生和護士的驚訝下離開醫院開始他人生新的一頁。後來再把他的營業集團帶到另一個高峰，今年JCPenney企業集團的收益高達美金一百八十億之多……！藉著「天父必看顧你」這首詩歌讓我們來享受神的愛（摘自2007年1月《新生報》）：

> 應當住在神恩翅下，神必定顧念你；
> 任何遭遇不要驚怕，神必定顧念你。
> 時因困難心中失望，神必定顧念你；
> 時遇險惡無處隱藏，神必定顧念你。
> 無一祈求他會推諉，神必定顧念你；
> 所有需要他必預備，神必定顧念你。
> 無論你遇何種試煉，神必定顧念你；
> 疲倦的人靠他胸前，神必定顧念你。
> 神必定顧念你，時時顧念，處處顧念；
> 神必定顧念你，神必定顧念你。

　　有位牧師說到他遇見神的經歷。他說，小時候母親常常帶著他禱告，並且經常對他說：「孩子，你要永遠記著，無論將來你走到哪裡，神都與你同在。他永遠愛你，永遠眷顧你。不管你遭遇多大的困難，當你孤單無助的時候，只要你真誠的求告祂，祂必定會搭救你……。」

　　讀大學時，他參加了籃球校隊。有一次和同學去別的學校比賽，他們同乘一輛車。由於路途遙遠，開車的同學可能太疲累，竟然睡著了。因此車身失去控制，剎那間連人帶車整個翻到山邊的公路旁的萬叢樹林裡。當時正值半夜，又沒有燈光，幾乎是伸手不見五指，周圍

漆黑一片；同學又都受了輕重傷，他們的哀嚎和呻吟聲聽起來又淒涼又可怕。雖然他沒有受傷，但也不知該如何是好。他又怕又急，真想馬上跑開，可是他不能。就在這緊急關頭，突然他的耳邊似乎響起了媽媽的聲音：「孩子，你要永遠記著……。」於是他用盡了所有的力氣，大聲呼喊：「主啊！主啊！我求你救救我！救救我！我和同學出了車禍，他們都受了傷。我求你救救我們！救救我們……。」他不停的求告，不停的呼喊。非常奇妙，五分鐘之後，他好像聽到遠遠的有車子駛過來的聲音並帶著微弱的燈光射在公路的前方。他立刻衝爬到公路上，雙手揮舞要他們停車。車子裡是一對青年夫婦，他將一切告訴他們，並請求他們幫助。這對夫婦非常熱心，立刻打電話聯絡救護車。很快的，他們都被送到醫院裡。

事情安頓妥當之後，他走到這對夫婦面前誠摯的向他們致謝，並探討他們何以會在半夜三更，開車到那種荒郊野外的鄉間……。那位男士對他說：「孩子，這是神差派我們來幫助你們的。我和我太太參加夏令營，今天晚間結束。當我要開車回家時，忽然有個念頭，覺得反正回家也沒有甚麼事，何不趁機多繞些路，也可以和太太多聊聊。繞來繞去，就繞到你們發生車禍的現場去了……。」這個神蹟奇事改變了這位牧師的一生，使他決志奉獻終生事奉神。

例如：近些時候風靡全球的籃球健將：「林書豪」（林來瘋）他的成功並不是偶然的！乃是因為他有愛主的父母。從小就常常帶著他禱告！讀《聖經》！教導他過敬畏主的生活。這讓他養成了一個非常謙讓宜人的好性格。而最難能可貴的是他從小就在召會中長大。所以對《聖經》中的真理特別有認識！雖然在環境中遭受許多的挫折，但他對主的信心從不動搖，也不埋怨。至終神大大的祝福了他（詩一二五1-2）。

願藉著這些見證讓我們得著智慧的心，教育下一代必須以神的愛和神的話為準則。有些父母仍然持守著一貫將父母神話的傳統觀念：

「天下無不是的父母，一切你都得聽我的。」因此造成上下兩代幾乎沒有溝通的管道。久而久之，使父母和孩子之間的感情疏離，甚至讓兒女們心中產生怨恨。因此，做父母的必須學習放下自己的主觀態度，給孩子們一些自由揀選的空間。其實，目前的孩子可說是最迷失的一代。由於學校、家庭、及社會在教育上不能協調，以致造成他們心裡的不平衡；加上功課壓力大，往往產生很多的後遺症。

據報導，青少年自殺和沉迷電玩、以及精神分裂、甚至離家逃課的事層出不窮。我們必須重視這個嚴肅的問題。

所以無論如何也要把孩子引導到主面前。使他們在心裡和品格上健康的成長。最重要的是常常帶他們禱告，讓他們認識主、得著神的光，知道做錯了事，要向主認罪，也要向父母認錯。如果我們有不對的地方，也應該謙卑的向孩子道歉。養成與孩子之間像似朋友一樣無話不談，讓他們心裡的壓力得以紓解出來。事實上，一個敬畏神的孩子沒有不孝敬父母的；而父母若能以神的愛、神的話、和神的法則，來教導孩子，那是一定成功的（出廿1-17）。

有位弟兄說到他小外孫女的見證：有一次，他女兒出差，將孩子交給他和他姊妹照顧。小外孫女才五、六歲左右，可是非常的聰明而且懂事。每天早晨起床後，總是將床單、棉被料理的整整齊齊，讓他和他的姊妹很驚訝；就問她：「你怎麼做得這麼好？是誰教你的？」她說：「沒有人教我。」他們又問她說：「那你為甚麼要這樣做？」她回答說：「我媽媽每天都這樣做，所以我也要這樣做。」這提醒我們，在生活中給孩子做榜樣是很重要的。

提摩太不僅在屬靈的生命上扎下很深的根基，在人性的美德方面也接受了非常完美的教育，所以他是一位極其仁義，懂得感恩，又有禮貌的人（腓二19-22）。

願藉提摩太的例證，使我們得著啟示，知道如何養育和教導我們的下一代。

　　《聖經》告訴我們，兒女是神賜給我們的產業（詩一二七3）。所以我們必須忠心的栽培他們。這不僅是我們的義務，也是我們的責任。如此才不會虧欠主。

　　箴言第三章五至七節說：「你要全心信靠耶和華，不可倚靠自己的聰明；在你一切的道路上，都要認定祂，祂必修直你的途徑。不要自以為有智慧；要敬畏耶和華，遠離惡事。」

基督的大使──保羅

　　保羅又名掃羅，他在沒有得救之前曾經殘害基督徒，在耶路撒冷的召會裡大遭逼迫時，他是個最厲害的角色，進到基督徒的家裡，連男帶女都下在監裡。可是等到他得救之後，卻一變成為神所大用的器皿。《聖經》新約廿七卷中有十四卷書都是保羅寫的，照著人的眼光來看，像保羅這樣迫害神兒女的人怎麼會被神揀選，作祂生命的管道呢？但是神揀選人不看他外面的行為，乃是看他的內心（撒上十六7，約七24）。

　　用保羅自己的話可以得到印證，他說：「我是猶太人，生在基利家的大數，在這城裡長大，在迦瑪列腳前，按著我們祖宗嚴緊的律法受教，我為神熱心，像你們眾人今日一樣。」（徒廿二3）他又說：「我從前是褻瀆神的、逼迫人的、侮慢人的；然而我蒙了憐憫，因我是在不信中，無知而作的。」（提前一13）。

　　現在讓我們看看，保羅是怎樣被主抓住的。使徒行傳九章有這麼一段記載：「掃羅仍然向主的門徒，口吐威嚇兇殺的話。他來到大祭司跟前，向他求文書給大馬色的各會堂，若是找著這道路上的人，無論男女，都可以捆綁帶到耶路撒冷。掃掃羅行路，將近大馬色，忽然有光從天上四面照著他，他就仆倒在地，聽見有聲音對他說，掃羅，掃羅，你為甚麼逼迫我？他說，主啊，你是誰？主說，我就是你所逼迫的耶穌。起來，進城去，你所當作的事，必有人告訴你。」（徒九1-6）。

　　這一幕奇特的經歷，簡直讓保羅承受不住，於是他仆倒在地上，當他再站起來的時候，兩隻眼睛都看不見了，只好讓人拉著他，走進大馬色城（徒九8）。令人稀奇的是，事先並沒有人告訴保羅，這對

他說話的是誰，而保羅何以會脫口而說：「主啊，你是誰？」他怎麼知道和他說話的就是主呢？可見主的光不僅把保羅的肉眼照瞎，同時也將他靈裡的眼睛照亮了。

接著保羅又說：「主啊，我當作甚麼？」主說：「你起來站著，我向你顯現，正是要選定你作執事和見證人，將你所看見我的事，和我將要顯現給你的事，見證出來；我要拯救你脫離百姓和外邦人。我差你到他們那裡去，叫他們的眼睛得開，從黑暗轉入光中，從撒但權下轉向神，又因信入我，得蒙赦罪，並在一切聖別的人中得著基業。」（徒廿六16-18）。

更稀奇的是，保羅聽了主的話之後，他沒有說任何一句話，卻在那裡連續三天，不吃不喝的一直禱告（徒九9-11）。他究竟禱告甚麼，沒有人知道，但我們深信，他一定是在那裡認罪，因為他迫害了太多的基督徒。他曾說：「在罪人中我是個罪魁。」（提前一15）後來，亞拿尼亞來到他面前，按手在他身上說：「掃羅弟兄，在你來的路上向你顯現的耶穌，就是主，差遣我來，叫你能看見，又被聖靈充溢。」（徒九17）非常奇妙，亞拿尼亞禱告過後，保羅的眼睛上好像有鱗片掉下來一樣，他立刻能看見了。於是馬上受了洗歸入主的名裡（徒九18）。像保羅這樣強悍的人，一旦被主得著，竟是如此的謙卑順服。

從這一天開始，保羅始終持守著他所看見的異象，無論遭受多大的苦難和逼迫他絕不偏離。他自己說：「論勞苦，是更多的；論下監，是更多的；論鞭打，是過重的；論冒死，是屢次有的。我給猶太人鞭打五次，每次四十，減去一下；給棍打了三次，給石頭打了一次，遇著船壞三次，在深海裡過了一晝一夜；屢次行遠路，遭江河的危險、盜賊的危險、同族的危險、外邦人的危險、……勞碌辛苦，論儆醒，是多次的；論飢渴、論不食，是多次的；論寒冷和赤身—除了沒有提起的事，還有為眾召會的掛慮，天天壓在我身上。」（林後十

一23-28）。

這麼多的試煉，若是換了一個信心不堅定的人，早就退縮了。他即使不回原來的地位去殘害基督徒，也可以改變一下生活的方式，或改變一下事奉主的態度，就不用受這麼多的苦了。

保羅的學問很大（徒廿六24），又是羅馬籍（徒廿二27-28），只要他肯偏離，肉體立刻舒服；但保羅沒有改變他的地位。他反倒說：「只是從前我以為對我是贏得的，這些，我因基督都已經看作虧損。不但如此，我也將萬事看作虧損，因我以認識我主基督耶穌為至寶；我因祂已經虧損萬事，看作糞土，為要贏得基督，」（腓三7-8）「我們在基督裡，若只在今生有指望，就是眾人中最可憐的。」（林前十五19）「我們原不是顧念所見的，乃是顧念所不見的，因為所見的是暫時的，所不見的才是永遠的。」（林後四18）「我為主耶穌的名，不但被捆綁，就是死在耶路撒冷，我也準備好了。」（徒廿一13）。

他不但不退縮連消極和灰心都沒有，即使把他下在監裡他仍是滿了喜樂（腓一18）。而且仍然不忘記傳福音，因此連皇室家裡的人也被他得著了（腓四22）。所以他能說：「亞基帕王啊，我故此沒有違背那從天上來的異象。」（徒廿六19）

另外，保羅在弟兄們配搭服事上也受了許多委屈和痛苦，有的弟兄說保羅是詭詐的，是用心計牢籠人的（林後十二16）。有的弟兄原本對保羅非常友善，可是因著保羅持定自己所看見的真理亮光，他們就對保羅像仇人一樣（加四16）。但稀奇的是，保羅並不恨他們。我們從他的話可以得到證實，當他論到基督的愛時，他說：「誰能使我們與基督的愛隔絕？難道是患難麼？是困苦麼？是逼迫麼？是飢餓麼？是赤身麼？是危險麼？是刀劍麼？……是死，是生，……都不能叫我們與神的愛隔絕……。」（羅八35-39）可是當他轉到對弟兄的愛時，卻說：「我在基督裡說真話，並不說謊，有我的良心在聖靈裡

同我作見證，我是大有憂愁，心裡不住的傷痛。為我弟兄，我肉身的親人，我寧願自己被咒詛，與基督分離。」（羅九1-3）這樣愛弟兄的人能有幾個呢？所以他能說：「知識是叫人自高自大，惟有愛建造人。」（林前八1下）。

保羅非常有屬天的權柄，不僅能醫病，趕鬼，甚至能叫死人復活（徒廿9-12）。連他的手巾和圍裙，只要放在人身上，病就痊癒，鬼也跑了（徒十九12）。並且他還有三層天的經歷，聽見過隱祕的言語（林後十二1-4）。可是他從不驕傲，相反地，非常謙卑。他說：「這不是說，我已經得著了，或已經完全了，我乃是竭力追求，或者可以取得基督耶穌所以取得我的。」（腓三12）「免得我傳給別人，自己反不蒙稱許。」（林前九27）「惟恐我現在，或是從前，徒然奔跑。」（加二2下）。

保羅對主忠心順服，對眾人愛心包容，但是對自己卻非常嚴謹，即使受了這麼多苦，這麼多委屈，也從不發一句怨言。他說：「我雖不覺得自己有錯，卻也不能因此得稱義，但察驗我的乃是主。所以在那時以前，甚麼都不要論斷，直等主來，祂要照出暗中的隱情，也要顯明人心的意圖，那時各人要從神那裡得著稱讚。」（林前四4-5）「我因此操練自己，對神對人常存無虧的良心。」（徒廿四16）。

保羅愛靈魂的心，更是值得我們敬佩，他總是以基督的心為心。他說：「弟兄們，我願意你們知道，我所遭遇的事，更是為著福音的進展，以致我的捆鎖，在御營全軍，和所有其餘的人中，已經顯明是為基督的緣故。並且大多數的弟兄們，因我的捆鎖，在主裡篤信不疑，越發放膽講說神的話，無所懼怕。有的人傳基督，是因著嫉妒爭競，也有的是因著好意：這一等是出於愛，知道我是為辯護福音設立的，那一等宣傳基督，卻是出於私圖好爭，並不純潔，想要加重我捆鎖的苦楚。這有何妨呢？或假意，或真誠，無論怎樣，基督究竟被宣傳開了，為此我就歡喜，並且還要歡喜；」（腓一12-18）這樣認識

神的人，在今天的基督教界裡究竟有多少呢？

保羅在《聖經》裡曾說過幾段話，給我們留下非常好的榜樣，如：「愛不可假冒，惡要厭棄，善要貼近。愛弟兄，要彼此親熱；恭敬人，要互相爭先。慇勤不可懶惰，要靈裡火熱，常常服事主。在指望中要喜樂，在患難中要忍耐，在禱告上要堅定持續，在聖徒缺乏上要有交通，待客要追尋機會。逼迫你們的，要為他們祝福；只要祝福，不可咒詛。與喜樂的人要同樂，與哀哭的人要同哭。……反而『你的仇敵若餓了，就給他吃，若渴了，就給他喝，因為你這樣行，就是把炭火堆在他的頭上。』你不可為惡所勝，反要以善勝惡。……我們剛強的人，應該擔待不剛強之人的軟弱，不求自己的喜悅。我們各人要叫鄰舍喜悅，使他得益處，被建造。」（羅十二9-15，20-21，十五1-2）「我雖從眾人得了自由，卻自願奴役於眾人，為要多得人。向猶太人，我就作猶太人，為要得猶太人；向律法之下的人，我就作律法之下的人，（雖然我自己不在律法之下，）為要得律法之下的人；向律法之外的人，我就作律法之外的人，（對神，我不是在律法之外，反而對基督，我是在律法之內，）為要得律法之外的人。向軟弱的人，我就成為軟弱的，為要得軟弱的人。向眾人，我成了眾人所是的；無論如何，總要救些人。凡我所行的，都是為福音的緣故，為要與人同享這福音。」（林前九19-23）從保羅說的這些話中，我們可以感受到他的心腸竟然與主耶穌一模一樣（路十九7）。

走筆至此，聯想到我們的國父孫中山先生，他有一句名言「博愛！」孫先生是一位虔誠的基督徒。在他一生中曾給很多人題過字。他每次都題同樣的兩個字「博愛」。有人問他說：「您為甚麼總是題這兩個字呢？」國父回答說：「除了『博愛』之外，還有比這個更重要的嗎？」1925年3月11日，孫先生的病已經非常沉重，他深知自己即將離開這個世界，但他很坦然！他對圍繞著他床榻前的親朋好友，以及與他一同並肩作戰的同志們說：「我是一個耶穌的信徒、奉神使

命到人間與魔鬼爭戰。我死了也要人知道我是一個基督徒。」接著他說：「我革命所以能成功，乃是完全依賴神的恩助。」第二天九時三十分，孫先生就安息在主的懷裡（摘自1997年3月21日《廣州日報》）！國父的見證和他的名言「博愛」將永遠留在人們的心裡，讓後輩的人得到莫大的激勵！

由於保羅完美無缺，所以神將自己永遠終極的計劃啟示給他。因此在他的著作中告訴我們：神的旨意乃是要得到一個團體的新人，這新人就是基督的身體，也就是祂的召會（弗一23，二11-18）。因為原來的舊人（亞當）已經失敗了。

但是，讚美主！這位新人基督耶穌，祂是得勝的！祂不僅得勝，而是大得勝，全得勝。祂勝過天，勝過地，勝過一切執政的，掌權的，有能的，主治的，不但是今世的，連來世的也都超過了！又將萬有都服在祂的腳下。祂是召會的頭，我們是祂身體上的肢體（弗一19-23）。為著建造這個身體，我們每個肢體都要各按各職盡功用，使基督的身體快速成長，迎接主的回來（弗四11-16，西三1-4）。阿利路亞！

在神的眼中全地上只有兩個人，一個是亞當所豫表的舊人（沒有神生命的人）。一個是基督所豫表的新人（重生的人）。感謝讚美主！我們何等有福能在這新人裡有份。保羅說：「**這樣，你們不再是外人和寄居的，乃是聖徒同國之民，是神家裡的親人，被建造在使徒和申言者的根基上，有基督耶穌自己作房角石；在祂裡面，全房聯結一起，長成在主裡的聖殿；你們也在祂裡面同被建造，成為神在靈裡的居所。**」（弗二19-22，四3-6，啟二一2）。

保羅弟兄還告訴我們：「**凡事卑微、溫柔、恆忍，在愛裡彼此擔就，以和平的聯索，竭力保守那靈的一**」（弗四2-3）保羅實在是主忠心的僕人，他的負擔竟然與主耶穌的負擔一模一樣。當主耶穌要離開門徒時，曾一再懇求父神，要保守門徒合而為一（約十七21-

23）。我們都該看見這個光。

根據報導也照著《聖經》有一則關於耶路撒冷聖殿根基的記載，這是歷史上真實發生過的事：遠在公元前九百七十年，以色列境內爆發了嚴重的傳染病，短短的三天之中即有七萬人死亡。使得人心惶惶。但是非常奇妙，當瘟疫傳染到阿珥楠和亞勞拿的禾場時，耶和華神就吩咐滅城的天使住手，讓天使收刀入鞘，以色列人中間的瘟疫就止住了。而且這塊本來只是放禾捆的禾場，竟成為以色列人建造聖殿的根基（撒下廿四15-16，代上廿一14-16，18-19，26-28，代下三1-2）。這究竟是為甚麼呢？

按著猶太人的經典，達爾牧德上有一則弟兄相愛的感人故事。原來在這塊摩利亞山的禾場上，住著耶布斯人的一對兄弟——阿珥楠和亞勞拿。他們雖然已經分家，但彼此仍然非常相愛，兩人的禾場也相連在一起。哥哥阿珥楠家裡人口多（代上廿一20），弟弟亞勞拿家人口少。到了收成的時候，弟弟想，哥哥家人口多，需要糧食也多，應該送些給他；於是在半夜裡，暗暗的背些禾捆到哥哥的倉裡。而哥哥心裡也想，弟弟家雖然人口少，但他畢竟還年幼，更應多給他一點。所以也利用夜間，背些禾捆放在弟弟的倉裡。就這樣一連三天，兄弟兩人暗暗的將禾捆送來送去。讓他們詫異的是，為甚麼自己倉裡的禾捆一點也不見少？到了第四個晚上，那夜月光特別亮，當兄弟彼此背著禾捆到對方倉房的途中，竟然在禾場相連處碰見了。這時，兩個人終於知道了為何這幾天自己的穀物並無減少的原因。於是兩個人不約而同地扔下手上的穀物，緊緊抱在一起而哭了。

這兩個兄弟抱在一起哭泣的地方，正是耶和華神吩咐天使住手，瘟疫止住之處。神並揀選他們的禾場作為以色列人建造聖殿的根基，因為這是一個愛的禾場（撒下廿四18-19，代上廿一28）。

您知道嗎？耶布斯人阿珥楠和亞勞拿的禾場是在摩利亞的山上，那正是亞伯拉罕獻以撒的地方（創廿二1-13）。亞伯拉罕因著愛神，

將獨生子以撒獻給神。以撒因著愛父親，就默默的甘心被獻為燔祭。神因悅納亞伯拉罕沒有將獨生子留下不給祂，就即時預備了一隻羊羔代替亞伯拉罕的兒子。這隻羊羔的被殺豫表了神的憐憫和大愛，賜下祂的獨生子基督為我們受死，使我們的罪得赦免（羅五6-11）。

請看！這裡的愛是何等的完全；在這山上充滿了神的愛、人的愛、父子的愛、和兄弟的愛。因著這些愛的因素，神讓所羅門在這裡建造了聖殿。這給我們看見，只有神的愛能戰勝「瘟疫」（消極），也只有愛才能作建造祂的居所的根基；因此今天我們若要建造基督的身體，也必須學習保羅願意付出無私的愛，才能達到建造的實際。因為愛是建造一切的根基（弗五1-2，加五14-15，代上廿一26-28，約十五12-17）。

詩篇第一百三十三篇說：「看哪，弟兄和睦同居，是何等的善，何等的美！這好比那上好的油，澆在亞倫的頭上，流到鬍鬚，又流到他的衣襟；又好比黑門的甘露，降在錫安山；因為在那裡有耶和華所命定的福，就是永遠的生命。」

當然，人天然的好並不配建造基督的身體，惟有經過重生的靈長大到我們裡面，變化我們成為精金寶石才配建造（啟廿一18-20）。

《聖經》上說：「耶和華如此說，天是我的座位，地是我的腳凳；你們要在那裡為我建造殿宇？那裡是我安息的地方？……這一切都是我手所造的，所以就都有了；但我所看顧的，就是靈裡貧窮痛悔、因我話戰兢的人。」（賽六六1-2）這已經很清楚了，神所看重的是謙卑的心，看別人比自己強的靈，及敬畏祂的人。也就是說我們要多享受神、在生活中多經歷神、被神充滿。因為惟有我們被神的愛和靈充滿，我們才有力量愛神和人。當我們弟兄姊妹在主裡彼此相愛時，基督的身體就得了建造（羅十二2，林後三18，弗二21-22，四11-16，約十三34）。

若是我們放縱肉體不敬畏神，那將攔阻神生命在我們靈裡的擴

展。因此保羅弟兄說：「因為照著肉體的人，思念肉體的事；照著靈的人，思念那靈的事。因為心思置於肉體，就是死；心思置於靈，乃是生命平安。」（羅八5-6）感謝讚美主！保羅弟兄給我們的引導是何等超越，我們真該謝謝他（加五16-24，弗四17-24）。

保羅為著主的見證，曾多次被下在監裡，最後為主殉道。當他即將離世的時候，他以最豪邁的語氣說：「那美好的仗我已經打過了，當跑的賽程我已經跑盡了，當守的信仰我已經守住了；從此以後，有公義的冠冕為我存留，就是主，那公義的審判者，在那日要賞賜我的；不但賞賜我，也賞賜凡愛他顯現的人。」（提後四7-8）這樣有把握的話只有主耶穌說過。

當主耶穌即將離世的時候，祂向父神禱告說：「父啊，時候到了，願你榮耀你的兒子，使兒子也榮耀你；……我在地上已經榮耀你，你交給我要我作的工，我已經完成了。父啊，現在求你使我與你同得榮耀，就是未有世界以先，我與你同有的榮耀。」（約十七1-5）阿利路亞！

看了保羅的一生實在讓我們羨慕。現在我們終於明白他為甚麼受了那麼多苦，也不偏離主，始終過敬畏神的生活了。那是因為保羅在大馬色親自聽見主的說話；在他跟隨主的路上，有過三層天的經歷。所以他實在是看見了永世的榮耀，因此他覺得他所受的苦是值得的。巴不得，所有神的兒女都能看見他所看見的，而將自己更多獻給愛我們的神。

讓我們向主獻上一個共同的禱告：「主啊，求你指教我們怎樣數算自己的日子，好叫我們得著智慧的心。」（詩九十12）願榮耀歸給父神直到永遠！阿們。

附記

有一則新聞報導！讀來令人鼓舞。題目是：「經濟差，基督徒轉向家庭召會。」現將內容摘錄片段，與讀者分享。

「為了應付經濟不景氣，很多美國基督召會都開始轉向家庭召會聚會。人數越來越多，已經達到一千二百萬人！

這些家庭召會的成員，包括各行各業，各個階層，他們聚會不拘任何形式，也沒有特定的牧師，聚會的地方也很自由，有的在家庭裡，有的在職場上，甚至在咖啡店裡！他們聚會的重點不在於聚會的本身，乃在於對神有真實的敬拜和享受。讓基督成為生活的中心！因著家庭聚會的地方普遍，所以很容易傳福音，也很容易把親朋好友領到聚會中來，讓他們認識神，明白真理……。」（摘自《世界日報》2010年11月3日）

得到這樣的信息，我們不得不低頭敬拜神的全能和全智。這些年來，美國這個國家，雖然是滿了消極，但由於他們的老祖先愛神，所以神不棄絕他們！竟然興起了這種人所測不透的環境，讓神的兒女和百姓歸回神的家！讚美主。

從前人們都很習慣去大會所聚會，當然那也很好，不過人數可能太多，所以大家都很陌生，誰也不認識誰，聽一篇道，各自回家，久而久之，就覺得枯燥無味。然而藉著家庭召會，讓人與人之間的距離拉近了。而且大家都很敞開。

家庭召會最大的特色是讓每一位聖徒都有參與感。可以自由讀《聖經》，自由禱告，自由唱詩，彼此訴說在生活中如何經歷神的恩典。這樣的聚會，是會讓神和人都得飽足的（林前十四26，弗四12-16）！

詩篇一百廿六篇說：「當耶和華使那些被擄的人歸回錫安的時候，我們好像作夢的人。那時我們滿口喜笑，滿舌歡呼。那時列國中

有人說，耶和華為他們行了大事。耶和華為我們行了大事，我們就歡喜。耶和華阿，求你使我們被擄的人歸回，好像南地的河水復流。」（1-4）。

我們都要接受負擔，為著神這奇妙的作為獻上至誠的禱告。讓這聖靈的烈火越燒越旺，燒遍美國各城、各鄉、各鎮、各市，每個角落，也燒遍全球六大洲（路十二49）。使神的見證與金燈臺布滿在全球各地，使這團體的新人快速的成長，讓神的光照亮整個宇宙，讓神的榮耀和他的名得到完全的彰顯，迎接主的國度降臨。阿利路亞！

願藉以下的詩歌，作為本書的結尾。

「神在每個時代，聖靈的水流從未間斷一直有！流過古聖，又流到眾召會裡頭。看哪！祂正前進不停留。祂在尋求往前的出口，有誰願作踏腳的石頭，跟著聖靈一直向前走，讓神旨意完全得著成就。現今是身體的時代，一千兩都要擺出來，尊崇聖靈的主宰。跟隨榜樣的領率，讓聖靈水流的澎湃不受到你我的阻礙，使主新路的見證大大展開！」讚美主！

後記

密迦

　　感謝主！本書自1984年執筆到1994年出書，共計花費近十年時間，中途曾停下好幾次，主要的原因是心存戰兢，深覺自己渺小軟弱，學識有限，能否配寫《看！〈聖經〉中這些人》！是否能將自己所看見的那一點亮光寫得完全！然而心靈裡的負擔始終過不去。讚美主！是神的憐憫和恩典，終於能將這本書呈現在讀者面前，在此向主獻上敬拜和感謝！並且感謝為本書寫序的弟兄和青年聖徒，在百忙之中幫忙校正抄寫、打字；同時也感謝秀威出版社的協助，更感謝許許多多為本書效力、代禱的弟兄姊妹，求主祝福每一位。

　　除了感謝弟兄姊妹之外，更祈求主用祂恩典和寶血厚厚地遮蓋這本書，並使用這本書。榮耀歸給主！

　　因著深處尚有未完的負擔，及弟兄姊妹的鼓勵，在此版本中增寫了十位人物（一至四版是六十位人物）。謹此說明。

讀後感一

許克榮

　　前年出國，有位姊妹送給我幾本書。書名是《看！〈聖經〉中這些人》。在國外期間，詳讀了本書兩遍，回國後除了自留一本繼續閱讀外，其他的都送給朋友們，所謂「好書與好友分享」。其中有位成功大學工管研究所的所長，幾十年來，他的夫人都是一個人去召會聚會，他從不奉陪，但讀了此書之後，他就受洗了，此後便常去聚會。因此，深信本書是文字佈道的一本好書。

　　本書選自舊約四十五位人物，新約二十五位，合計七十位。我曾經先後拜讀了十多遍，每讀一遍在靈性上即有增長。深信作者寫這本書時，一定有聖靈作工，這位作者是蒙福的；有幸讀到這本書的人，也是有福的，我就是其中的一位。對一位尚未蒙恩的人來說，每聽到「聖經」二字，內心裡即感覺到很嚴肅，讀起來不是一知半解，就是興趣缺乏。作者把《聖經》中知名的人物，以說故事的方式，彙集成書，讀起來引人入勝；若再與《聖經》對照來讀，不再感覺枯燥乏味，反而覺得趣味盎然。若不是聖靈作工，哪會有這種收穫。《聖經》中這些人物，除了三一神之外，沒有一位是聖潔的，即使是貴為君王，或屬靈先知，亦非白璧無瑕。他們的行事為人，固有許多值得我們效法之處，但也有若干缺失，值得我們警惕，引為鑒戒。本書的作用，在積極方面，增長靈性；消極方面，不失為一本警世之作。

讀後感二

姜楊靜園

　　感謝主，在一次偶然的機會讀到《看！〈聖經〉中這些人》這本書。我越讀越甜美，靈裡的眼睛更明亮，似乎屬靈的竅豁然開朗了。因此非常寶貝這本書，連著讀兩遍。不僅如此，並介紹給我的親家母，她說：「讀了這本書，會叫人屬靈的胃口大開，並且懂得讀《聖經》。」我兒子也有同感。為了更仔細的咀嚼這本書，我和兒子每天晨更時開始讀。當讀完最後一個人物時，我兒子說：「哎呀！《聖經》這麼好，我以前都不懂，早知道我會天天讀《聖經》，這本書太好了。」由此可見證，作者撰寫此書時，一定有神的靈與她同在，所以當人閱讀時，才能感動人的心。

　　作者密迦透過屬靈的認識和剖析，將《聖經》中新舊歷史人物的一生和結局描述得如此精確，這些人的經歷實在是我們的借鑒和榜樣。這本書詞句流暢，忠於《聖經》，深入淺出，人人會讀，人人能懂，如果對照書中的《聖經》節，細細的讀，就能明白真理，更能認識宇宙獨一的真神。

　　感謝神的憐憫，讓我和兒子以及親家母有幸能讀到這本書；我也由衷的希望有更多的人，尤其是青少年和尚未認識神的朋友都能讀到這本暮鼓晨鐘，震憾人心的好書。

Do思潮09　PA0089

看！聖經中這些人

作　　者／密　迦
編　　審／井迎兆
責任編輯／辛秉學
圖文排版／楊家齊
封面設計／蔡瑋筠
攝　　影／井迎兆

出版策劃／獨立作家
發 行 人／宋政坤
法律顧問／毛國樑　律師
製作發行／秀威資訊科技股份有限公司
　　　　　地址：114 台北市內湖區瑞光路76巷65號1樓
　　　　　電話：+886-2-2796-3638　傳真：+886-2-2796-1377
　　　　　服務信箱：service@showwe.com.tw
展售門市／國家書店【松江門市】
　　　　　地址：104 台北市中山區松江路209號1樓
　　　　　電話：+886-2-2518-0207　傳真：+886-2-2518-0778
網路訂購／秀威網路書店：https://store.showwe.tw
　　　　　國家網路書店：https://www.govbooks.com.tw

出版日期／2016年10月　BOD一版　定價／470元

獨立作家
Independent Author

寫自己的故事，唱自己的歌

看!聖經中這些人 / 密迦著. -- 一版. -- 臺北
市：獨立作家, 2016.10
　　面；　公分. -- (Do思潮；9)
　BOD版
　ISBN 978-986-93630-0-6(平裝)

　1.聖經人物　2.聖經研究

241.099　　　　　　　　　　105016996

國家圖書館出版品預行編目

讀者回函卡

感謝您購買本書，為提升服務品質，請填妥以下資料，將讀者回函卡直接寄回或傳真本公司，收到您的寶貴意見後，我們會收藏記錄及檢討，謝謝！
如您需要了解本公司最新出版書目、購書優惠或企劃活動，歡迎您上網查詢或下載相關資料：http:// www.showwe.com.tw

您購買的書名：＿＿＿＿＿＿＿＿＿＿＿＿＿＿＿＿＿＿＿＿＿＿＿

出生日期：＿＿＿＿＿年＿＿＿＿＿月＿＿＿＿＿日

學歷：□高中 (含) 以下　　□大專　　□研究所 (含) 以上

職業：□製造業　□金融業　□資訊業　□軍警　□傳播業　□自由業
　　　□服務業　□公務員　□教職　　□學生　□家管　　□其它＿＿＿

購書地點：□網路書店　□實體書店　□書展　□郵購　□贈閱　□其他

您從何得知本書的消息？

　□網路書店　□實體書店　□網路搜尋　□電子報　□書訊　□雜誌
　□傳播媒體　□親友推薦　□網站推薦　□部落格　□其他＿＿＿＿＿

您對本書的評價：(請填代號　1.非常滿意　2.滿意　3.尚可　4.再改進)

　封面設計＿＿＿　版面編排＿＿＿　內容＿＿＿　文／譯筆＿＿＿　價格＿＿＿

讀完書後您覺得：

　□很有收穫　□有收穫　□收穫不多　□沒收穫

對我們的建議：＿＿＿＿＿＿＿＿＿＿＿＿＿＿＿＿＿＿＿＿＿＿＿

＿＿＿＿＿＿＿＿＿＿＿＿＿＿＿＿＿＿＿＿＿＿＿＿＿＿＿＿＿＿＿

＿＿＿＿＿＿＿＿＿＿＿＿＿＿＿＿＿＿＿＿＿＿＿＿＿＿＿＿＿＿＿

＿＿＿＿＿＿＿＿＿＿＿＿＿＿＿＿＿＿＿＿＿＿＿＿＿＿＿＿＿＿＿

11466
台北市內湖區瑞光路 76 巷 65 號 1 樓

獨立作家讀者服務部 　　收

‧‧

（請沿線對折寄回，謝謝！）

姓　　名：＿＿＿＿＿＿＿＿＿　年齡：＿＿＿＿　性別：□女　□男

郵遞區號：□□□□□

地　　址：＿＿＿＿＿＿＿＿＿＿＿＿＿＿＿＿＿＿＿＿＿＿＿＿＿

聯絡電話：(日) ＿＿＿＿＿＿＿＿＿＿　(夜) ＿＿＿＿＿＿＿＿＿＿＿

E-mail：＿＿＿＿＿＿＿＿＿＿＿＿＿＿＿＿＿＿＿＿＿＿＿＿＿